法院的可视化管理

邹碧华·著

国家出版基金项目
NATIONAL PUBLICATION FOUNDATION

法律出版社 LAW PRESS · CHINA

法院的可视化管理

整理补充成员

（按姓氏拼音排序）

何　帆　李则立　刘　峥　陆　伟

缪景好　钱逸颖　孙海峰　韦钦平

许思思　俞小海　张　枫　张　新

《演讲的碧华》（水彩） 邹连德

邹碧华父亲邹连德先生于2017年1月18日创作

序　一

2014年12月10日，上海市高级人民法院党组成员、副院长邹碧华在工作中突发心脏病不幸因公殉职，年仅47岁。邹碧华同志投身司法事业26年，始终秉持“公正为民、敢于担当、忠诚敬业、崇法尚德”的职业精神，将自己的一生都奉献给了人民司法事业，赢得了人民群众和社会各界的普遍赞誉。

2015年1月6日，习近平总书记作出重要批示：“邹碧华同志是新时期公正为民的好法官、敢于担当的好干部。他崇法尚德，践行党的宗旨、捍卫公平正义，特别是在司法改革中，敢啃硬骨头，甘当‘燃灯者’，生动诠释了一名共产党员对党和人民事业的忠诚。广大党员干部特别是政法干部要以邹碧华同志为榜样，在全面深化改革、全面依法治国的征程中，坚定理想信念，坚守法治精神，忠诚敬业、锐意进取、勇于创新、乐于奉献，努力作出无愧于时代、无愧于人民、无愧于历史的业绩。”

邹碧华同志在长期的司法实践中，始终将维护人民群众合法权益作为司法体制改革和法院信息化建设的目标，将促进司法公正作为毕生追求。作为一名优秀的专家型法官和法院管理者，他在信息化、可视化管理等方面深入研究、大胆创新，在法院系统率先探索可视化管理机制，运用大数据、云计算等现代化科学技术手段，为上海法院信息化建设作出了重要贡献，也为推进全国法院信息化建设提供了宝贵经验。针对涉诉信访管理问题，他带领团队自主研发信访投诉监控系统，把所有来信来访网络化，实现领导批示、信件流转、进度监控全面信息化、可视化，避免了信访件“石沉大海”。针对执行管理薄弱环节，他提出“分段制约、分权制衡”理念，探索分段式执行流程管理，改变了传统的“一人包办到底”办案方式，将执行活动分为接待、查控、强制和研判四个阶段，各个环节都变得可视、可控。针对审判流程不够公开、透明的问题，他大力推进审判管理的可视化、干警成长的可视化等一系列管理机制，让法院工作的各个环节更加流畅、高效、透明，工作要求、标准、内容、问题、成效、评价“一目了然”，改变了人民法院传统的管理模式，为全国法院信息化建设起到了很好的示范带头作用。

《法院的可视化管理》一书是邹碧华同志生前根据司法实践和自己的研究思考形成的理论成果。可视化管理是典型的信息化管理，核心是让信息实现可视化，实现管理的透明化。借助信息化手段，在人民法院构建可视化管理模式，有利于促使审判管理方式由粗放型向精细化转变，执行管理方式由结果导向到程序导向转变，队伍管理方式由单一静态管理向全面动态管理转变；有利于消除司法活动中的暗箱操作，让司法活动更加直观、清晰、全面地展现在当事人和社会公众面前，确保司法公正，不断提升司法公信力。

希望本书的出版，能够让大家深刻认识人民法院推进可视化管理的意义，凝心聚力、勇于创新，以信息化重塑审判执行流程，更好地服务法官办案、服务群众诉讼、服务司法决策，提升审判质量效率。也希望借此书的出版，更好地传承勇于担当、改革创新的“邹碧华精神”，激励全国法院广大干警在法治道路上不忘初心、砥砺前行，做邹碧华式的好法官、好干部，创造出无愧于时代、无愧于人民、无愧于历史的光辉业绩，为全面依法治国、建设社会主义法治国家作出积极贡献。

是为序。

最高人民法院院长　周强

2017年3月23日

序　二

让正义以看得见的方式实现

习近平总书记深刻指出:“司法是维护社会公平正义的最后一道防线。公正是司法的灵魂和生命。”“如果司法这道防线缺乏公信力,社会公正就会受到普遍质疑,社会和谐稳定就难以保障。”英国哲学家培根曾经说过:“一次不公正的审判,其恶果甚至超过十次犯罪。因为犯罪虽是无视法律——好比污染了水流,而不公正的审判则毁坏法律——好比污染了水源。”这些论述深刻揭示了司法对于维护社会公平正义的极端重要性。

党的十八大以来,党中央全面推进依法治国,党的十八届三中、四中全会对深入推进司法体制改革作出重大部署。习近平总书记强调:“要努力让人民群众在每一个司法案件中都感受到公平正义,所有司法机关都要围绕这个目标来改进工作,重点解决影响司法公正和制约司法能力的深层次问题。”公正司法,提升司法公信力,努力让人民群众在每一个司法案件中感受到公平正义成为司法体制改革乃至整个司法工作的总目标,是人民法院的职责使命。

法谚云:“正义不仅要实现,而且要以看得见的方式实现。”人民法院是国家的审判机关,担负着维护社会公平正义的重任。如何实现“努力让人民群众在每一个司法案件中感受到公平正义”这个总目标?中央政治局委员、上海市委书记韩正同志对上海法院提出,建设“阳光司法、透明法院”。阳光是最好的防腐剂,可以让正义以看得见的方式实现。推进法院的“可视化管理”,构建开放、动态、透明、便民阳光的司法机制,让司法过程看得见,让权力运行看得见,让群众监督看得见,是实现这个总目标的重要途径。

《法院的可视化管理》是碧华同志生前未完成的遗作，这是他在担任上海市长宁区人民法院院长和上海市高级人民法院副院长期间，针对司法实践中存在的问题，深入思考、积极探索，通过点滴的业余时间积累，形成的研究成果。他逝世后，这部遗作的电子版在他的一个U盘中被发现，打开U盘，本书的篇章结构基本完整，但个别章节只留下了大致的思路，有的观点见诸于邹碧华同志的一些演讲稿、讲话稿，还未来得及整理，还有的部分只有寥寥几语，未来得及展开。经过碧华同志生前的朋友和同事的整理、补充、修改、完善，《法院的可视化管理》一书与大家见面了。

本书具有以下特点：

第一，体现了开创性，实现了现代管理理论与法院管理实践的"无缝对接"，为法院管理提供了方法论。碧华同志认为："所谓可视化管理，就是让管理者有效掌握组织信息，实现管理上的透明化与可视化。首先要让问题浮现出来，让问题看得见，其次是要通过对问题的深入剖析，让原因看得见，再次是让解决问题的方法看得见，最后是让行为后果看得见。真正的可视化管理，不是要束缚谁、管住谁，而是要把工作变为充满活力和创造力、持续改善、持续提升的过程，成为尊重人、激发人、塑造人、成就人的过程，推动形成充满活力、生机勃勃的团队。"我深以为然，它抓住了管理的精髓，值得我们认真学习、深刻领悟、自觉践行。

第二，体现了实践性，运用了大量法院管理实践的真实案例，打通了理论研究和实际应用的"最后一公里"。彼得·德鲁克在《管理的实践》中谈到，"管理是一种实践而不是一种科学或一种专业"，所谓"纸上得来终觉浅，绝知此事要躬行"。碧华同志作为法院管理者，亲自带着团队去探索、研究、分析问题，这部书记录了大量由他主导或亲身经历的典型案例。特别是他在担任长宁法院院长期间，对长宁法院进行了"解剖麻雀"式的深入研究，提升法院的整体工作水平，非常具有借鉴意义。

第三，体现了时代性，运用多学科知识前瞻性地提出"接地气"举措,对司法实践具有重要的指导意义。孟建柱书记强调:"实行司法责任制,不是片面强调'去行政管理',更不是'去管理监督',而是院庭长行政管理的内容、方式、方法要作改革:从微观的一般个案审批、文书签发,转向宏观的全院、全员、全过程的案件质量效率监管和把握。"新一轮司法改革之初,落实司法责任制,"让审理者裁判,由裁判者负责",对要不要审判管理曾引起过争议。上海法院司法改革的实践证明,审判权的"独立"行使不等于不要"监督","去行政化"不等于"去审判管理"。司法改革中要研究的应是如何遵循司法规律,改进工作方法,提高管理的质效。全书分为导论和十个章节,从可视化的理念出发,研究了法院管理中不可视的问题,具体提出了目标管理、绩效管理、群众工作管理、价值导向管理、执行流程管理等理念,这些均与当前的司法改革进程、法院的审判工作、"数据法院""智慧法院""文化法院"建设的发展方向高度契合,很有价值。

2014 年 12 月 10 日,碧华同志在工作中突发心脏病不幸因公殉职。碧华同志英年早逝,震动了整个法律界和社会各界,"法官当如邹碧华""燃灯者邹碧华"成为社会各界对他的最高评价。2015 年 1 月,习近平总书记作出重要批示,称他为"新时期公正为民的好法官、敢于担当的好干部",号召党员干部特别是政法干部要向邹碧华同志学习,努力作出无愧于时代、无愧于人民、无愧于历史的业绩。中共中央组织部、中共中央宣传部、最高人民法院、中共上海市委分别追授他"全国优秀共产党员""时代楷模""全国模范法官""上海市优秀共产党员"等荣誉称号。在中央开展的"三严三实"专题教育中,邹碧华同志位列十大先进典型人物之一。邹碧华精神已经不仅仅是上海法院的宝贵财富,在全面深化改革、全面推进依法治国的今天,他的精神已经成为全社会崇尚法治的象征。

在碧华同志离去的两年多时间里,他所魂牵梦绕的司法改革事业不断向前,上海法院的司法责任制改革、人员分类员额制改革、法官职业保障制度的建立、知识产权法院的建立、跨行政区划法院的建立、"阳光司法、透明法院"建设、"数据法院""智慧法院"建设、"文化法院""健康法院"建设等均取得了阶段性成效，一些改革取得了历史性的突破，具有里程碑意义，为全国提供了可复制、可推广的经验，促进了上海法院审判体系和审判能力现代化的提升。相信他书中的未竟心愿，会在不断前进的司法事业中得到回应。法院管理也将在不断发展的司法实践中趋于完善。邹碧华同志的精神必将教育、引导和激励一大批有志于推动中国法治事业发展的人不忘初心，上下求索，奋斗终身！中国特色的社会主义法治道路必将越走越稳健，越走越广阔！

《法院的可视化管理》一书，充分展现了碧华同志对法治的信仰，对正义的追求。本书的出版是我们对碧华精神的传承，是我们对碧华同志的缅怀。

是为序。

上海市高级人民法院院长　崔亚东

2017 年 4 月 5 日

致　谢

手捧书稿，百感交集。两年多前，当韦钦平女士提及找寻碧华书稿并整理出版一事时，我的内心是矛盾挣扎的。家中的一切还保留着原来的样子，仿佛明天他就会出差归来，我迟迟不舍翻动整理他的物品，但是每每走过他的书房，看到一摞摞书堆，想起一个个他伏案耕耘的深夜，以及那些我们关于可视化管理在法院、银行如何具体运用的探讨和争论……我知道这是碧华的愿望。找到那个U盘后，对于书稿的出版我仍有犹豫。一来，书稿只是初具雏形，整整两大章节尚未完成，其余章节也需要大量数据和案例的支撑论证；二则，作为一名法官的妻子和企业法律工作者，我深知法官们日常工作的繁重，加之又是司法改革的关键时期，我实在不忍加重各位领导、好友和同仁的负担。

感谢上海市高级人民法院崔亚东院长、郭伟清副院长、陈亚娟副院长和长宁法院陈萌院长、胡国均副院长等领导的全力支持和关心鼓励；感激韦钦平社长、最高人民法院何帆、刘峥法官、上海市高级人民法院张新、陆伟、张枫、李则立、俞小海、上海市长宁区人民法院孙海峰、许思思、缪景好、钱逸颖法官等好友、同仁的一路坚持和辛勤执笔。

特别感谢最高人民法院周强院长在百忙中拨冗作序！

感恩所有参与此书整理补充、编辑出版的法官们，如长宁法院金练红、王俊、王建平、孙卫平、章晓琴、丁辉、王惠林、许君、汪露、刘洁、张环法官，以及更多未闻其名的朋友们的默默付出和无私投入。

因为你们，碧华对法院可视化管理的那些想法和感悟才得以付梓；因为你们，所有怀念碧华的人们又多了一份慰藉寄托。

感谢你们！感谢有你们！

唐海琳
2017年3月

目　　录

导论:构建法院内部的可视化管理模式

——深化司法改革的必由之路

当前,新一轮司法改革的重要内容在于要消除司法内部的行政化,消解司法外部的地方化,实现司法队伍的职业化。消除司法内部的行政化,落实司法责任制,建立职责明晰、权责统一的审判权运行机制,并不意味着要去除组织化,更不意味着要去除管理化。相反,在当前我国的司法语境下,加强司法活动的可视化管理非常必要和必须。

一、可视力理论与现代社会管理

可视力理论在西方管理学中被广泛应用,已经成为西方管理学的基础性理论。日本管理学家远藤功在其著作《可视力——实现可视化管理的五种方法》中便系统地阐述了可视化管理的理论和实践。

所谓可视化管理,是指让管理者有效掌握组织信息,实现管理上的透明化与可视化,使组织流程更加直观、内部信息更加透明可视。在可视化管理中,能够使组织实现可视化的技术被认为是管理的核心技术。通过可视化的管理,有利于确保组织管理目标的实现,有利于发现组织目标实现的路径,有利于发现组织实现目标过程中存在的问题、原因及解决办法,使问题从发现、分析到解决成为一个持续的看得见的过程。

(一)可视化管理在现代社会管理中的重要作用

现代社会管理的难点不仅在于发现问题及原因,找到解决问题的方法,更在于要形成长效机制,即形成持续发现和解决问题的机制。

而可视化管理有助于解决这些难题。

1. **可视化管理有助于及时发现问题。**在现代社会管理中，可视化意味着让问题及时浮出水面，变得一目了然。通过可视化管理，使得问题及时被发现，有利于问题的抓早、抓小，有利于我们抓住解决问题的最佳时机，将问题解决在初始阶段，将隐患消灭在萌芽状态，否则一旦错过最佳时机，着手既晚又慢，就会付出极大代价，甚至不可收拾。

2. **可视化管理有助于发现问题的根源，即隐藏在问题背后的问题。**如当前社会公众就法院执行工作的投诉一直居高不下。我们调研发现，投诉主要集中在调查不力、执行款不及时发还等几个关键环节上；经过我们进一步深入分析，又发现关于调查不力投诉的主要原因并非调查的力度不足，而是申请执行人并不知晓法院为案件执行所投入的大量人力、物力。由此，通过数据的可视化分析，我们便找到了执行工作中与当事人的沟通不力这个引发投诉的重要根源。

3. **可视化管理有助于找到解决问题的方法。**对问题根源的探寻过程，就是解决方法的显现过程。我们对事物发生发展原因的分析程度，决定了我们找到破解难题方法的力度。如要解决管理者抓不住重点的问题，就要让工作目标看得见；要解决工作中要求不明而引起的不规范问题，就要让工作要求看得见；要解决下属工作敷衍的问题，就要让其工作现状与工作要求及与其他人的差距看得见；要解决工作中各行其是、工作方法把握参差不齐的问题，就要让工作方法程式化。

4. **可视化管理有助于形成长效机制。**发现问题、解决问题本身并不难，难在要实现发现问题、解决问题工作机制的长效化。通过可视化管理，可以使我们发现问题、解决问题的过程、行为、方法、经验等被其他社会组织、个体成员可复制、可推广、可实施，进而形成工作的长效机制。

（二）可视化管理的作用机理

可视力理论之所以能够成为现代管理学的基础性理论，可视化管

理之所以能够在现代社会管理中发挥重要作用。其作用机理在于:

一是可视化管理使问题更加容易显现。通过管理的可视化,实现管理目标活动中存在的各种问题清晰可见,便于管理者及时发现。

二是可视化管理使责任人更加容易显现。通过管理的可视化,组织活动的各个工作步骤、各项工作任务以及任务的承担者都相对明确,可以使管理者更加容易找到问题发生的责任主体。

三是可视化管理使改进状态更加容易显现。在可视化的管理视野中,各项活动在每一个阶段的状态、发展程度都比较明了、确定,因此,在原有基础上的每一次改革、每一次改进的效果同样能够容易显现出来。

四是可视化管理使行为更易监控。通过管理的可视化,有助于让每个组织成员的工作状况看得见,每个成员的行为都完全呈现在管理者的视野之内,因此,组织成员的行为都处于可控状态。

五是可视化管理使价值导向更加容易彰显。根据行为心理学的观点,传统的管理方法只关注结果。这种管理方法存在一个严重的认识误区,即未意识到行为对结果的决定性。因为结果是由行为造成的。一个结果的发生,是由一系列行为连续作用的结果。事实上,要改变结果,必须改变行为。行为决定习惯,如果没有改变习惯,要想改变结果几乎是不可能的。在可视化管理中,要更注重关注行为,而不是只关注结果。

(三)可视化管理对个体成员的作用意义

一是可视化管理可以让个体成员产生责任感。可视化有助于每个人都能看清楚自己的工作现状与工作要求之间的差距,从而对自己的行为后果产生预判。在责任机制明确的情况下,人们通常就会更加努力,缩小自己的工作与工作要求之间的差距。这样,工作质量自然能够得到提升。

二是可视化管理可以激发个体成员的自尊心与竞争心。通过可视化,让人看清自己与他人工作绩效的差距。在自尊心的驱使下,人们通常都不愿意输给别人,从而充分激发自己的事业心和竞争力。

三是可视化管理可以激发个体成员的紧迫感或效率感。心理学研究表明，人们在面临危机、威胁及风险时会产生紧迫感。对于迫在眉睫的危险，会立即作出应急反应。可视化管理可以让人看清楚自己的工作进度与进度要求之间的差距，一旦把每个人的工作效率排序，排在末端的人会非常容易加快工作节奏，由此，人的紧迫感就被激发出来了。

四是可视化管理可以让个体成员更容易产生控制力。会开车的人都知道，驾驶员什么时候应该降低速度、什么时候应该加油，是因为汽车上的仪表盘会及时提醒驾驶员应该注意的关键行为，让驾驶员能够时时知道车速，汽车的油量、水温等信息。这些信息处于可视化状态，可以使得驾驶员及时了解，从而判断自己该做的事情。

二、法院内部的可视化管理对深化司法改革的价值

（一）司法活动的可视化对司法改革的价值以及现存障碍

目前，我国法院大都沿用行政化的管理模式。这种传统的管理模式存在三个方面的弊端：一是命令服从性；二是非确定性；三是不透明性。而在深化司法改革过程中，深化司法公开，推动司法活动的可视化对于改革法院行政化的管理模式的重要意义毋庸置疑。

1. 司法公开可以破解司法内部的不透明问题。深化司法公开，将司法活动的全过程、各领域都展现在当事人、社会公众面前，不仅可以有效消除司法权力运行的不透明，还可以增强当事人和社会公众对司法活动的有效监督。

2. 司法公开有助于促进改革命令式的司法管理模式。正如周强院长在全国法院司法公开工作推进会中指出的，司法公开作为司法改革的突破口，推进司法公开有利于促进司法公正、提升法官能力、强化责任意识、防止司法不公、统一法律适用。深化司法公开有助于改革目前的司法管理模式，确保审判管理监督权的行使符合司法规律，恪守职责范围，遵守程序规范，进而确保审判权的依法独立公正行使。

3. 司法公开有助于解决司法过程中的可视力不足的问题。阳光是最好的消毒剂。司法活动越公开,公正司法就越有保障,司法就越有公信力。所以,司法公开应当成为我们坚定不移追求的工作目标。

但从目前的司法现实来看,还不宜赋予司法公开过高的期待。司法公开在当前仍然有一定的局限性。这种局限性主要由以下三个方面决定:一是法院发展的历史局限。这种局限主要是由我们当前所处的社会主义初级阶段的基本特征决定的。二是社会容忍度还存在局限。近年来,虽然社会公众的权利意识、法律意识大大提升,要求司法公开的诉求越来越明确,但要求公开的内容、公开的程度上与实现全面司法公开还存在一定的差距。三是公开的动力存在局限。例如,如果能够让各法院的信访投诉情况对外公开,或许会有利于解决法官作风不好的问题。但事实上,该数据非常难以采集。因为信访投诉信息化系统虽然可以采集群众投诉的数据,但各法院在输入该项数据时,往往基于“面子”心理,不会如实填写数据,因而该项数据是不完全的。

基于上述的局限,我们不难看到目前全国法院在公开的内容、范围、方式及渠道等方面都还有限,通过互联网对社会公开的信息虽然大幅度上升,但仍有大量内部信息难以对外公开,如死刑判决数、信访投诉数等。在不能完全做到全面对外公开的情况下,大力推进法院内部可视化管理就成为必然选择。

(二)可视化管理对于推进审判权力运行机制改革的价值

审判权力运行机制改革是此次深化司法体制改革的重要内容。而在这项改革中,许多改革项目都可以通过加强内部可视化的方法深入推进。

一是要实现权力界限可视化。审判权力运行机制改革的关键点在于理顺审判权与审判管理权、审判监督权之间的关系,规范院长、庭长审判管理监督权的范围与方式。而通过可视化的管理方式,设置院长、庭长的“权力清单”,让院长、庭长明确审判管理职权内容,设置权力的“负面清单”,让各位院、庭长明确不得行使的权力内容,使审判管理监督权力范围可视化。

二是要实现权力行使过程的可视化。在审判权运行过程中，许多行为决定了审判权力运行的正当性。例如，是否及时依法立案、是否公正地采信当事人提交的证据、是否及时为当事人采取财产保全措施、是否及时发还执行款项等，这些行为实现可视化，审判权力行使的公正性才有保障，司法公信力才有可能得到保证。

三是要实现群众评价的可视化。在审判权力运行机制改革中，通过建立法院外第三方评价机制，建立监督联络信息服务平台，为当事人、社会公众、律师以及特约监督员、人民陪审员等监督评价法院工作搭建沟通交流平台，确保群众评价可视化，有效转化为改进法院工作的意见建议。

四是要实现法官评价的可视化。要确保审判权力依法独立公正行使，需要建立科学合理的法官业绩考评机制，健全法官考评委员会，完善法官考评标准和规则，通过建立合议庭成员之间的互评机制、上级法院对辖区下级法院的评价机制，使法官清晰明确自己的工作状态。

五是要建立衡量司法改革的评价体系。在推进改革过程中，不仅要将司法改革内容项目化，还要建立衡量评价司法改革成效的评价体系和评价标准，对每一次改革的成效进行有效评估，以明确改革的进程与进度，避免改革方向的盲目性和改革举措的反复性。

三、法院内部运行中的“不可视”问题

必须指出的是，这里所说的“不可视”，是相对而言的。有的法院可能解决得好一些，可视化程度比较高；有的法院可视化程度低一些，问题表现得严重一些。

中国传统文化比较强调模糊哲学，习惯于定性而不是定量分析，因此在管理实践中往往存在一些认识盲区，如重数量性评价，轻质量性评价，各法院对结案数及结案效率等指标都较为重视，但质量性评价的指标非常少，不能客观反映法官的审判质量和办案水平；又如，资源配置的效率问题也难以考察。因此，在法院管理中需要通过可视化

加以改进的方面很多，如虽然全国法院在绩效数据方面已经取得了相当大的进步，27 项绩效数据已经实现了可视化，但这些数据的背后，仍然存在一些缺陷。概括来讲，在法院管理中存在价值导向看不见、评价标准看不见、工作状态看不见、群众是否满意看不见、长效机制看不见、管理水平看不见、计划目标看不见、计划落实看不见等几种看不见的情形。

四、法院管理可视化程度较低的原因分析

目前，法院管理的可视化程度较低。究其原因，主要表现为“五个不到位”：

一是认识不到位。一些管理者不仅没有认识到可视化对于加强法院管理的重要价值和必要性，而且对于法院管理因不可视而导致的各种问题尚未认识到位，由此造成了对法院运行过程中的可视化问题重视不够。

二是能力不到位。一些管理者阅读信息的能力参差不齐，难以通过可视化的管理手段，通过分析数据发现司法活动中存在的异常现象和发展趋势，从而加强相关领域的管理力度。

三是信息整合不到位。近年来，法院开发了大量应用管理系统，但各个系统之间未能实现信息共享，以致形成“信息孤岛”，各种信息呈现碎片化倾向。例如，财务系统与审判执行流程管理系统未能对接，导致实践中对执行代管款的管理混乱，不能做到单单对应、单单清。又如，人事管理系统与审判执行流程管理系统未能有效对接，导致人力资源配置分析难以进行。

四是硬件基础不到位。如对于立案、接待等场所的可视化管理，取决于全程录音、录像设施的安装，如果未能做到全覆盖，就难以做到可视化。

五是管理机制不到位。主要表现为信息失真或者不能客观分析相关信息。信息失真，或是出于部门或单位的狭隘利益，或是信息采集出现问题，或是出于主观偏差。当信息失真后，就会导致法院管理

难以实现可视化。

五、大数据技术与可视化管理模式的构建

实践证明,主观性的评价方法容易出现管理盲区以及评价失真等现象,而数据失真在审判权运行过程中表现得较为明显。要推进审判权力运行机制改革,克服管理盲区和数据失真现象,应当借助信息化手段,利用大数据技术,全面构建可视化管理模式。

一是推行“走动式管理”方法。所谓走动式管理,是20世纪下半叶西方管理界风行的方式,提倡实地调查,从现场发现问题。群众路线是我们党的传家宝,“从群众中来,到群众中去”是我们党的优良作风,但近年来,落实群众路线、坚持实地调查的工作作风有弱化的迹象。实际上,只要到现场查看,就可以发现场所管理、设备维护、工作态度、工作方法等存在许多现实问题。

二是建立信息技术保障系统。如在立案窗口、庭审、信访接待等环节进行全程录音录像,在执行环节采用移动式视频设备,既可以为执行法官提供保存证据等工作帮助,又可以使执行工作全程留痕,有助于解决执行工作不可视、难管理等问题。

三是整合数据化管理系统,丰富基础数据体系的可视化能力。近年来,法院信息化已经经历了相当一段时间的发展,已经形成了许多管理应用系统,如审判流程管理、执行流程管理、干部业绩档案、财务管理、工作台账等诸多系统,但目前各个系统之间还缺乏有机联系,还存在一定的信息壁垒,还不能发挥出大数据的应有功能。

四是建立群众投诉分析系统,让群众意见看得见。不仅要建立健全法院对外沟通交流平台,让群众的投诉意见能够有效、畅通地反映进来,同时要建立对群众的投诉意见进行多元、深度分析机制。既要分析群众意见合理与否,更要分析群众合理意见所指向问题的症结所在,破解方法在哪里,从而真正将群众意见转化为改进法院工作的有益途径。

五是充分运用大数据,建立数据的综合多元分析机制。运用大数

据,推动可视化的管理,一是要强化直观化的数据表达系统,帮助数据阅读者能够迅速把握相关问题。二是要建立关键行为的数据挖掘系统。三是要建立数据结果的综合分析应用机制。首先,可以运用结果分析方法,透过投诉结果发现我们工作中存在的问题,如针对裁判结果、文书制作等结果性事实的分析。其次,可以运用数据分析方法,发现审判执行及其他工作中存在的大量问题。最后,可以运用行为分析方法,从行为细节中发现问题。

行为分析方法是管理学上比较常用的方法。这种方法对于行为细节、操作规范、工作习惯等方面的问题发现、规范和培训具有较为重要的意义。专项行为抽查等即可列入此类方法。通过对法院接待人员的接待行为、法官办案行为等的分析,可以发现我们在工作方法、工作作风、制度规范、管理机制等方面存在的问题。

日本管理学引进可视化分析技术后,开始取得一定成效。通过行为分析进行管理后,带来的效果超乎预期。他们引进的技术包括行为分解、制作核对清单、记分卡制度等构成的评价体系。管理者重新将下属凝聚在一起,并逐渐营造出了良好的工作氛围。在行为分析过程中,先是对行为主体的行为进行分解,发现与其直接相关的关键行为,然后,反复重复这些行为,并对行为的效果进行测评。接下来,自觉重复效果显著的行为,达到强化的目的,最后将测评得到的行为数值反馈给行为主体,以便调动行为主体的积极性。这种方法强调关注行为,并且要对行为进行测评,可以有效地帮助行为主体成长,并长期保持效果。

六是建立内部结果公示系统,让价值导向看得见。主要是把相关问题、相关方法以及管理者的态度和措施及时向组织成员传递,使大家迅速了解,从而尽快获得实施效果,包括公报、公示、通报、通知、网络、会议传达等。例如,奖励或惩罚信息上网公开,即可迅速达到广为人知的效果。

结语

社会发展到今日,信息技术尤其是大数据技术已被广泛应用到社会管理的各个方面；司法改革到目前，更需要借助信息化手段，构建起可视化的管理模式，消除司法活动中存在的不可视问题，让司法活动更加直观、更加清晰、更加全面地展现在当事人和社会公众面前。不仅实现法院管理的目标，确保司法公正，而且让社会公众因见证司法而信赖司法，不断提升司法公信力。

第一章　什么是可视化管理

第一节　可视化管理的起源

“可视化”与社会治理的渊源，可以从19世纪发生在伦敦市的一次霍乱谈起。

1831～1854年，英国流行过四次大霍乱，上万人患病死去。当时，由于细菌学研究尚不发达，许多专家认为霍乱经由空气传播，根本无法防治。只有年轻的伦敦医生约翰·斯诺对此持怀疑态度。

斯诺发现，其他传染病一开始都表现为寒颤、头疼和高烧，而霍乱患者的最初反应却是从消化系统开始，看上去更像吃了不干净的东西。为进一步探察真相，他从伦敦死亡登记中心要来所有霍乱死者的详细住址，把每个地址都用黑点标记在伦敦地图上。结果，所有黑点都分布在布罗德大街与牛津街交汇处的一个水井附近，死者都是周边居民，时常从水井取水饮用。

斯诺进而发现，霍乱流行前，布罗德街40号一户人家的小孩出现霍乱症状，家人把给小孩洗尿布的水直接倒进排水沟，而这个排水沟与布罗德街水井并未完全隔离。

斯诺没有发现导致霍乱的病原体，但他创造性地使用空间统计学，用可视化方式查找到传染源。伦敦后来据此重建公共供水设施，并配备了过滤装置。“斯诺的霍乱起源地图”，也成为可视化手段应用于公共管理领域的一个经典案例。后来，每当医学专家遇到棘手的传染病问题时，都会追问：“我们的布罗德街水井在哪儿?”

图1-1　霍乱起源地图

那么,什么是“可视化”呢?字面含义上推敲,就是“让……看得见”。具体到管理领域,则是让组织架构中存在的问题或异常情况及时浮出水面,变得一目了然。这样一来,管理者就可以及时分析问题,查找原因,并以最快的速度拿出解决办法或改善方案。这种将发现问题和及时改善相结合的管理方法,就被称为可视化管理。

可视化管理最初用于工厂的现场管理,后来逐渐延伸到企业管理的各个方面,进而应用于酒店、医院及其他服务业的管理。捷安特、杜邦等美洲、欧洲、亚洲公司纷纷采纳这种管理模式,取得了非常好的业绩。国际上,一些政府机构(如美国宇航局)也开始采用可视化管理。

在企业管理领域,“可视化管理”的概念较早出现在日本企业。远藤功先生撰写的《可视力——实现可视化管理的五种方法》一书,比较系统地阐述了可视化管理的理论和实践。

在他看来,企业的可视化管理是指依托信息化手段,让管理者有效掌握各类信息,进而实现管理上的透明化与可视化,这样一来,管理效果就可以渗透到企业的人力资源、供应链、客户管理等各个环节。换言之,可视化管理强调的核心理念是有效掌控、有效解决、有效监督。

可视化管理能让企业的流程更加直观,并能得到更有效的传达,从而实现管理的透明化。美国密歇根大学的艾伦·沃德教授对丰田的精益生产模式进行研究以后认为,精益生产方式由五个步骤组成,即观察、发问、模型化、讨论、实施。其核心技术就是可视化:首先通过观察让生产中的问题看得见,然后通过发问、模型化及讨论,让问题的原因及改进措施看得见,最后通过实施获得结果,要求改进结果看得见。

如今,可视化不仅是一种管理模式,也发展成为一种管理文化。例如,日本制造业已经把可视化管理奉为制胜法宝,注重培养智慧型一线员工,强调所有员工和管理者能够看见问题,并且去分析和解决问题。

需要强调的是,真正的可视化管理,不是要束缚谁、管住谁,而是要把工作变为充满活力和创造力、持续改善、持续提升的过程,成为尊重人、激发人、塑造人、成就人的过程,推动形成充满活力、生机勃勃的团队。

第二节　可视化管理的内容

管理学界有句名言:“管理者越有权,那么他离一线实际就越远。在奥林匹斯山顶作出的决定通常在山下都行不通。”按照远藤功先生的理论,若想强化管理的实效性和可操作性,企业管理必须做到问题的可视化、工作状况的可视化、工作进度的可视化和工作方法的可视化。管理者如果能够做到把工作中发生的异常状况、工作实际与工作要求之间形成的差距、发生的问题及其原因、问题所造成的后果等情况都可视化,就能取得非同小可的成效。

具体而言,问题的可视化包括异常情况的可视化,并揭示成因、体现、效果和走势;状况的可视化包括工作进度情况、个体差异、个人绩效;顾客的可视化包括顾客的具体反馈、总体结构、需求描述;方法的可视化包括组织运行的隐性规律,如果不能做到方法的可视化,操作模式就不会具有可复制性或可推广性。除上述内容外,企业的价值观、工作的长效机制,都可以纳入可视化的范畴。

可视化管理的主要原理在于:通过对组织管理目标、方法和机制的信息分析与研究,确保组织成员与组织其他资源最高效的配置,使之形成可视化的状态,从而实现从行为、过程到结果的全面提升。

可视化管理的主要任务在于:第一,确保组织管理目标的实现;第二,发现组织目标实现的路径;第三,发现组织实现目标过程中存在的问题;第四,找到解决问题的方法;第五,使问题从发现、分析到解决成为一个持续看得见的过程。

第三节　可视化管理的优点

无论是现代企业管理,还是政府机构的行政管理,通常存在四大难题:一是难以发现问题;二是难以发现问题的深层原因;三是难以发现解决问题的方法;四是难以形成持续发现和解决问题的长效机制。

而可视化管理有助于解决上述四个难题。

一、可视化管理能够让问题浮出水面

发现问题是解决问题的前提。不能及时发现问题,就会导致“滥竽充数”现象的存在。齐宣王让南郭先生混迹于300人的吹竽队中合奏,自然无法发现他不会吹竽的问题。齐湣王之所以能发现南郭先生的问题,是因为他要求每个人独奏。单独演奏,就是让每个人的工作能力可视化的方法。其实,一个组织在正常运转时是不需要管理的,只有在出现“问题点”和“异常”现象的时候,才需要管理。管理就是针对“问题点”和“异常”现象进行的管理。而可视化管理的任务,则是让潜伏在日常运行机制下的隐性问题转化为显性问题。

实践中，各类问题千变万化，有的比较明显，一眼就能看出；有的比较隐蔽，短期难以显现。以法院为例，长期存在干多干少、干好干坏一个样的问题，还存在工作作风、审判方法、群众意识不到位等问题。有些问题长期存在，我们却对之熟视无睹，甚至习以为常。当然，熟视无睹和习以为常本身就是严重的问题。

上述现象，其实涉及管理中一个常见问题：实现量化是否就是可视化？其实，量化不等于可视化。量化在很多情况下，是实现可视化的前提，量化的程度和方法也会决定可视化的效果，但仅有量化也是不够的。从量化到可视化，中间有很长的路要走。以机关综合部门忙闲不均问题为例。表面上看，每个人都是正常考勤，办文办件数量也大致持平。但细究起来，有的人办理的全部是重要文件，有的人只是起草通知或传真。有的人办文质量较高，不需要领导投入太多精力核改，几乎一次过关；有的人敷衍塞责，反复修改也无法过关，文稿最后几乎由领导本人重写。所以，进行业绩评价时，不能光看办文办件数量多少，还要看办了什么内容、什么类型的文件，投入了多大工作量；不能光看具体承办人是谁，还得通过信息化平台的全程留痕功能，看看核改人、签发人修改了多少内容，判断最初文稿质量如何。

可视化管理强调让工作状况可视化，从而实现问题的可视化，让我们长期熟视无睹的问题浮出水面，让熟视无睹本身也成为问题浮出水面。这其中，问题定位的准确性和发现问题的及时性非常重要。

第一，可视化管理，强调问题定位的准确性。让问题浮出水面，不仅仅是要让人意识到有问题，而且要让人一看就知道有什么问题，是谁的问题。换言之，要让隐性问题变成显性问题，让问题一目了然，这才是可视化的基本要求。

有时候，问题表面上可视化了，但反映出来的情况与实际情况并不相符，所以不是真正的可视化。例如，裁判文书校对质量高低，在审判实践中参差不齐。为了使问题一目了然，可以采用抽查统计法。比如，每人每月抽查三篇文书，抽查其中的差错数。一个月度内的差错数自然具有一定的偶然性，但当数据积累到一年或者两年以后，文书校对差错率就成为相对清晰的一项校对评价指标。书记员在校对中存在的问题就一目了然了。如果认为这样就能实现可视化,那也未免太过草率。

事实证明,这个数据仍然是有问题的。在一次对书记员校对差错数据进行分析时,我们发现有些平时工作状态很好的书记员差错率很高。经过深入分析,发现问题出在差错率的计算方法上。我们最初的差错率计算是以案件数作为分母的,没有区分案件的难易程度和文书的篇幅长短。这样,那些承担疑难案件而且篇幅较长的文书校对任务的书记员,长期积累下来,数据上看就非常吃亏。后来,我们改用了每千字数的差错数。这样一来,结果就比较清晰,评价也相对公正。上面这个例子可以看出,可视化必须一追到底。否则,就不能透过现象看到本质。

记得我担任长宁法院院长后,第一次参加全市法院院长季度例会。会上下发了全市法院的质量效率评估数据。我一看,其中有一项"信息输入差错率"指标位列全市末位。于是,我回院后立即开会,要求各位分管院长在自己分管的部门抓一下。一个季度以后,再次拿到数据,我一看,差错率仍然居高不下,继续"领跑"全市法院。我意识到上次的工作部署没有解决问题。于是,回到院里,我要求技术部门对差错率数据进行了数据分解,将各部门、各承办人的差错数进行分别统计。统计结果公布后,情况迅速改变,到年底,该项数据结果转为优异。

为什么第一次将"信息输入差错率"问题告诉大家,大家已经看见问题了,但改进效果不佳呢?实际上,第一次并未实现问题的可视化,大家并没有看见这些差错到底是谁的问题,都不认为那是自己的问题,自然不会下大力气去解决问题。第二次将数据分解到部门和承办人后,是谁的问题和责任就一目了然了。所以,有些问题,看上去很清楚,但实际上并不清楚。在我们的管理中,还有许多类似的似是而非的问题。要解决这些问题,只有通过可视化。

第二,可视化管理,强调发现问题的及时性。问题看得见,有利于针对问题抓早抓小。问题点、异常情况及时浮出水面，有利于抓住解决问题的最佳时机。这相当于把“火灾”消灭于萌芽状态。如果错过最佳时机，着手既晚又慢，最后就会付出极大代价，甚至不可收拾。

实施可视化管理，其核心在于随时发现问题并抓住最佳时机解决问题，而这就等于抓住了组织发展的机会，从小处、近处说，这可以确保机会不流失，从大处、远处说，这可以打牢事业基础。

二、可视化管理有助于发现问题的根源

需要特别注意的是，在管理上，问题的“原因”与问题的“根源”是两个完全不同的概念。在管理效果上有着完全不同的含义。

《大野耐一的十条训诫》[1]一书，在第2条“一旦开始就不要放弃，半途而废会助长惰性”中的第一部分举过一个非常精彩的案例。

加入丰田公司有5年时间的员工D刚刚加入提高新车型生产效率的团队，也是第一次与大野先生有直接接触。大野先生命令他到某零件厂商那里去指导看板（生产、搬运时适用的传票）的使用方法。

虽然那个零件厂商也采用了看板方式，可是由于不习惯使用方法，总是造成看板的丢失。为了应急，D总是补加看板，这种做法非常危险。万一丢失的看板被找回来，那么就等于有两份订单，产量也会变成两倍，这就会造成过剩的库存浪费。

大野先生知道后非常生气，命令D将看板找回来。D几经搜索，终于在零件箱的底下发现了看板。D的工作当然不是寻找看板这么简单，大野先生要求他调查看板丢失的原因，寻找改善的方法并防止问题的再次发生。

D在调查之后发现，由于零件箱上的油非常多，所有贴在箱子上的看板都被黏到了箱子底下。于是他提出把看板贴在箱子的侧面。从此以后，看板就再没有丢失，看板方式也在那里彻底地贯彻了下来。

---

〔1〕［日］若松义人：《大野耐一的十条训诫》，崔柳译，机械工业出版社2009年版，第30～32页。此脚注相关内容系整理人员根据作者原文提示补充，参考图书版本与作者写作时参考版本不同。

从此事例中,我们看到,管理不仅要看到问题,更要看到问题背后的问题,要看到问题的根源。可视化管理,正是致力于让问题的根源浮出水面。比如,我们判断案件质量通常从改判发回率来看。似乎被二审法院改判发回的案件就是质量不好的案件。可是,这个数据真的能看得出质量吗?

其一,二审法院改判发回案件分为四种情况:事实认定错误、程序错误、法律适用错误、案件特殊需要。而其中既有法官审判水平的原因,也有当事人诉讼及举证能力的原因。所以,发回改判率高低不一定能说明法官水平的高低。其二,不同类型的案件难度不同。有些类型的案件上诉率、改判发回率就是较其他类型的案件高。其三,未被改判发回的案件质量一定高吗?未必。我们不少维持原判的案件存在许多质量瑕疵。这种瑕疵,由于依赖人工查找,因而无法进行准确判断。

对问题根源的探寻过程,也是一个解决问题方法的显现过程。我们对原因的分析程度,决定了我们找到方法的力度。比如,要解决管理者抓不住重点的问题,就要让工作目标看得见;要解决工作中要求不明而引起的不规范问题,就要让工作要求看得见;要解决下属工作敷衍的问题,就要让其工作差距看得见;要解决工作中各行其是、工作方法的把握参差不齐的问题,就要让工作方法程式化。

三、可视化管理有助于形成长效机制

许多人在聊天时都容易聊到一个话题,即一任领导一套做法,换一任领导通常会换一套做法。我们的许多工作经常被后任领导推翻。吉姆·柯林斯在《从优秀到卓越》一书中写道,“**能够从优秀跨越到卓越的公司,有个基本特点——领导人往往不是特别突出。领导离开一段时间对公司的影响远没有想象中那么大**”。[1]反之,在我们的管理实践中,领导在与不在大不一样。领导在的时候,大家都夹着尾巴工作,努力在领导面前表现;领导不在的时候,不同的状态立刻就暴露出

---

〔1〕[美]吉姆·柯林斯:《从优秀到卓越》,俞利军译,中信出版社2009年版。

来了。

作为领导者和管理者，发现问题、解决问题本身并不难。只要真正从内心重视，以领导者、管理者的智慧，要解决一件棘手的难题应当不在话下。但从管理学角度看，最难的，应当是形成一套能够持续发现问题、持续解决问题、持续改善组织的机制。要想持续发现问题，就必须形成持续发现问题的机制；要想持续解决问题，就必须形成持续解决问题的机制，就必须形成促使相关责任人不断发现问题和解决问题的机制。

我曾经任职的上海市长宁区人民法院，在案件执行中采用传统的一人一案的管理机制时，执行投诉量居高不下。后来改革采用了可视化程度相当高的流程分工管理机制之后，执行质效全面提升，执行投诉大幅下降，并且呈现出持续向好的状态。可以说，可视化管理在形成机制方面，主要是形成工作状态可视的机制、让工作与工作标准之间差距可视的机制、让后果看得见等一系列机制。

四、可视化管理有助于打破陈规陋习

任何一种不良现象的存在，都在传递一种信息，这种信息会对所有的组织成员产生影响力。领导者面对这种不良现象的态度和处理方法，也是一种信息。正向态度将传递给下属们正向信息；负向态度，则将这种不良现象予以放大。

以执行力为例，我国许多机关、单位都有大量制度，但制度的执行却存在执行力不足的情况。每个单位都会有人违反规章制度，但违规却未必都会受到制裁。有的领导或因害怕得罪人或因心慈手软，总是以“下不为例”为由放纵下属的违规行为。久而久之，类似行为不断重复发生，制度于是成为虚设。

记得有一次，我到法庭去旁听案件，因为事先未跟底下打招呼，所以，在法庭里看到了一些真实情况，法庭里有一盏日光灯灯管坏了，一闪一闪，而且还发出难听的声音。窗帘有一半已经脱落，且布满灰尘。窗外人来人往，对法庭审理形成了干扰。法庭席有一块挡板已经脱胶。墙上的时钟已经晚了将近二十分钟……所有这些,说明我们的后勤管理完全松弛。法官也丝毫不以为意。

更为可怕的是,我们对这些现象已经见怪不怪、习以为常了。熟视无睹说明了什么问题?说明这些本来看不到的问题已经习以为常,管理者已经看不见问题,已经不把这些问题当作问题了。说明我们的管理制度未得到有效执行,说明相关岗位的工作人员职责未得到履行,说明未履行职责的行为未被管理者发现,更未得到及时纠正,说明违反职责的行为不会被处罚,亦无须纠正。只有通过可视化,才能让管理者看到问题,让人人发现问题,让违规者无处可遁、自惭形秽。

五、可视化管理有助于优化知识资源

一个组织的持续进步,必须建立在对过去的经验教训总结提炼的基础上。真正的积累,是经验的积累、做事方法的积累、运行机制的积累。一个组织,如果能够随时随地将实践中产生的好的工作方法、程式积累起来,转化成定型化的管理机制,这个组织就将具有无穷的发展活力。因为这样就意味着,这个组织是在前人基础上不断积累、不断进步。

由于人一般都很聪明,能够解决出现在他面前的难题,因而,我们许多人就养成了自己解决问题的习惯。但这样一来,就会出现一个情况——经验无法共享。下次其他人遇到类似的问题时,就需要重新进行研究。甚至在同一时期,一个组织内部不同人会从事同一疑难问题的研究,形成资源的巨大浪费。

记得新《刑事诉讼法》施行的时候,我们注意到高级人民法院准备做一个新旧《刑事诉讼法》对比的表格,后来发现中级人民法院也在做这件事情,不久最高人民法院做好的对比表格下发了。从这个范例中可以看出,信息不能共享带来的人力资源的浪费是巨大的。

有的部门要求记录工作日志。事实证明,这个习惯对于进行工作总结、管理评估等都具有非常重要的作用,对于备忘也具有非常重要的作用。一些管理有序的企业都能做到的习惯,但在我们法院管理中，即使是管理者，也有不少人不善于做工作日志。有的虽然记录了，但非常凌乱，时过境迁，往往查阅起来非常困难。还有一个问题，就是工作日志的利用率特别低。很少会有人愿意采用这种方法去做计划。

一个组织如果想要成为卓越的组织，就必须让所有的成员都养成重视知识和文化积累的习惯，而且要设法让积累具有可视性，便于共享、复制和传播，使每条经验都能发生倍增的效用。

六、可视化管理有助于提升工作绩效

只关注结果的传统管理方法存在一个严重的认识误区，即未意识到行为对结果的决定性。因为结果是由行为造成的。一个结果的发生，是由一系列行为连续作用的结果。事实上，欲改变结果，必须改变行为。

例如，上海法院实行归档报结制度很多年了，但我所在的法院统计下来，从结案到归档，书记员的工作效率差异特别大。最快的一天，最慢的需要二十多天。为什么书记员之间的归档效率差异这么大？经过了解，发现书记员的工作习惯有较大差异。效率高的书记员在收到当事人提交或寄交的证据材料后，会立即在上面注明收到的时间及当事人姓名，而效率低的书记员收到材料后只是往卷里一放，等到要归档的时候，才想起来要注明当事人姓名，此时，他已经忘记是哪一方当事人提交的了，问承办法官和审判长，大家都想不起来了。只好去查庭审记录。一件本来一分钟都不需要就能完成的事情，结果折腾了半天还没完成。显然，不同的工作习惯会产生不同的工作效率。如果没有改变习惯，要想改变结果几乎是不可能的。像上面说的这件事情，尽管庭里开会时强调大家要提高归档效率，但慢的书记员始终很慢。这就是行为习惯不可视造成的管理结果。相反，如果把那些影响结果的习惯改变掉，归档效率就会大幅度提升。像上述情况，后来采用了关键行为要点式的管理讲评，情况就得到了改善。

心理学研究表明，人们在面临危机、威胁及风险时会产生紧迫感。对于迫在眉睫的危险，会立即作出应急反应。可视化管理可以让人看清楚自己的工作进度与进度要求之间的差距。对于那些有流程节点的事情,及时让人知道进度,非常容易让人保持工作进度。对于那些具有拖延习惯的人,在效率状态不明确的情况下,拖延会成为十分自然的事情。但一旦把每个人的工作效率排序,因为拖延而排在末端的人,会加快工作节奏,以免自己的拖延暴露在人们的视野之中。由此,人的紧迫感就被激发出来了。

所以,要改变行为,就必须看得见是什么行为造成了某一结果。可视化管理不仅要求我们看到结果,更要求我们看到行为,看到采取这种行为的动机或原因。只有弄清人们的行为动机或成因,才能真正去改变人们的行为,才能确保我们希望的结果发生。如此一来,工作绩效才能得到提升。

总之,可视化管理的优点有很多,概括而言,大致包括以下几个方面:一是可以让干多、干少、干好、干坏一目了然。二是可以让人产生责任感。三是可以激发人的自尊心与竞争心。四是可以激发人的紧迫感或效率感。五是让人更容易产生控制力。六是可以让人更容易找到质效提升的方法。

第四节　可视化管理的方法

可视化管理首先追求的是让问题看得见,其次是让原因看得见,再次是让解决问题的方法看得见,最后是让行为后果看得见。其中,还涉及价值导向看得见。具体而言,主要有以下几种方法可以做到可视化管理。

一、现场可视化

这一方法主要出现在现场管理中。先进的现场管理,要求工作现场必须时时处处处于“看得见”的状态。

之所以强调现场管理,是因为管理中存在官僚主义倾向。有人通过研究官员的报告行为发现,通常情况下,发生自然灾害时倾向于放大灾害后果;发生人为事故时倾向于缩小或掩饰事故后果。所以,不深入现场,会很难发现问题。

实施“看得见的”管理,其出发点和立足点就是如何把管理中的问题、异常现象显现出来,使之变得一目了然。比如,“5S”现场管理方法,就是典型的现场可视化的方法。

实地调查也属于现场可视化的方法。实地调查就是从现场发现问题。许多问题只要一到工作现场,就能发现。例如,到接待室看看,就能发现接待场所管理状况,是井然有序、整洁明亮,还是混乱不堪、卫生不佳,是态度诚恳还是冷漠粗鲁,一目了然。通常到现场查看可以发现许多问题,如场所管理、设备维护、工作态度、工作方法等。

二、数据可视化

数据分析能够发现工作和管理中存在的大量问题。这也被认为是管理上最有效的方法。目前我国法院普遍比较重视从数据中发现审判、执行及其他工作中存在的问题。

数据分析方法必须进行工作量化。为了实现数据分析,还必须建立信息化系统。为此,必须对工作进行步骤化、流程化和标准化,对结果进行图形化或表格化。

三、流程可视化

形成可持续的支持性管理体系,比如导入管理台账系统,将每项工作的责任人、时间进度、任务内容、标准要求等都详细地形成台账系统,并让每个人都能看得见自己的工作台账,以便随时进行监督和控制。同时,以台账为基础,形成督促体系,即能有效提升执行力。

如果查看台账系统成为法院上下的共同习惯,就能以“看得见的”方式加深每一个人对自己手头工作的整体理解和深入把握。这也有利于形成团队作用、发挥团队凝聚力,并实现组织绩效改善。

四、行为分析法

通过专项抽查,可以对具体行为进行分析,从行为细节中发现问题。通过对法官办案行为、裁判结果、文书制作、接待方法、群众投诉等进行抽查分析，可以发现我们在工作习惯与方法、工作作风、制度规范、管理机制等方面存在的问题。这种方法是管理上比较常用的方法。

在行为分析过程中，先是对行为主体的行为进行分解，发现与其直接相关的关键行为，然后，反复重复这些行为，并对行为的效果进行测评。接下来，自觉重复效果显著的行为，达到强化的目的，最后将测评得到的行为数值反馈给行为主体，以便调动行为主体的积极性。这种方法强调关注行为，并且要对行为进行测评。可以有效地帮助行为主体成长，并长期保持效果。

日本企业引进可视化分析技术后，开始取得一定成效。通过行为分析进行管理后，带来的效果超乎预期。他们引进的技术包括行为分解、制作核对清单、记分卡制度等构成的评价体系。管理者重新将下属凝聚在一起，并逐渐营造出了良好的工作氛围。

五、公示方法

这种方法主要是把相关问题、相关方法以及管理者的态度和措施及时向组织成员传递，使大家迅速了解，从而尽快获得实施效果，包括公报、公示、通报、通知、网络、会议传达等。例如，奖励或惩罚信息上网公开，即可迅速达到广为人知的效果。标准公开、过程公开、问题公开、绩效公开和奖惩结果公开，都被认为是可视化管理的基本方法。

第二章　为什么要引入可视化管理

第一节　可视化管理有可能运用于法院吗

一、法院管理与企业管理有本质区别

法院与企业最大的不同，便是司法的性质。司法是国家向社会输送正义的一种方式，其功能是惩罚失范行为、解决矛盾纠纷、确立行为准则。法院内部管理的对象是高度智慧化的职业群体。这与一般产品生产者或服务提供者相比，有着天壤之别。

法院管理有着自己的特点。有人曾经形象地说，法院管理总结起来有“三不”，即“看不见、管不着、受不了”。意思是法院内外平常有许多事情领导是看不见的，法官下班以后在什么地方、跟什么人在一起、在干什么事情，都是看不见的，院长有许多事情根本管不着，但一旦出了问题又会让人受不了。这“三不”其实也正好把法院管理的三大特点描述出来了：

一是权力运行的行政化。其表现很多，比如，法官套用行政级别，内部机构采用行政科层制，事务安排实行垂直命令等。这种运行方式与司法管理规律不相适应。

二是权力行使的分散性。法院的案件数量很大，但都分散在各个法官手中。这种情况下，管理者不可能看得到每个人手头的每个案件是如何办理的，更不可能看到案件审理执行过程中的每个细节。

三是权力行使的自主性。法律适用的过程必须高度仰赖法官的智慧，法律赋予了法官非常大的自由裁量空间。这就决定了法官具有相当大的自主权。这也是法院管理的难点之一。应当说，法官自主性

与管理的现实需求之间存在巨大的冲突。

二、可视化管理并非企业管理的专利

其实,可视化管理并非只有企业管理中能用。各国管理实践表明,可视化管理不仅适用于制造企业,也适用于酒店、银行、保险公司、大学等机构。

美国教育界也非常积极地提倡采用实证方法来加强对教育领域的管理。乔治·布什当政时期,曾经提出了一个《不让一个孩子掉队法案》(也称 WWC 工程)。这项计划涉及一些对抽象性问题的判断和评价,如教育方法的科学性。该计划通过收集所有与教育相关的实证研究及相关数据,在此基础上进行各种维度的分析,并将结果公之于众,试图使抽象问题能够以可以看得见的方式进入公众视野。

可视化管理之所以可以进入各种领域,是因为行为、过程、结果等的可视,是一切管理的内在要求。法院管理同样需要使工作状态、工作目标、价值导向等看得见。

三、法院管理亦具有可视性

法院管理,虽然看上去许多事情比较抽象,并非十分直观清晰。但如果认真深入地分析,我们会发现法院管理在许多方面都具有可视性。通过一定的手段和方法,许多被认为看不见的事情,都是可以看得见的。

例如,办案效率可以通过结案天数等数据看出来;办案质量可以通过二审改判发回和申诉改判发回等数据看出来;群众满意度则可以通过投诉、申诉、服判息诉等情况看出来。而庭审质量、文书质量等,均可以找到相应的方法实现可视化。至于文印、档案、书记员记录、调研法宣、警备保障等综合性工作,虽然与审判、执行工作有着较大差别,但仍然可以通过相应的方法实现可视化。

第二节 运用可视化管理的必要性

一、当前管理中存在的问题

《中国青年报》曾经报道,2011 年 4 月,J 省在排查瘦肉精过程中发现:从 H 省和 S 省的两个县调往 J 省的生猪中,检测出生猪尿样中含有瘦肉精。4 月 2 日,J 省农委向 N 市发出紧急文件,要求全省暂停调运和销售上述两地的生猪,不要让之流入市场。N 市农委于 4 月 8 日转发上述文件,N 市商务局生猪定点屠宰办公室(以下简称屠宰办)于 4 月 15 日收到该文件。此时,文件所涉生猪已经在市场销售一空。然而,这则新闻里面,没有任何一个部门认为自己有责任。

记者在调查中发现,加急文件走了 14 天。J 省农委办公室确认,那份文件他们当天就发下去了,他们只负责下发到各市农委,不直接向商务局发,至于 N 市农委怎么转发的文件,不得而知。同时,这份文件到底是怎么到达 N 市商务局的,J 省委农委办公室的人说不清。更耐人寻味的是,N 市农委和商务局都认为,这件事情不在他们的职责范围内。

事实上,关于查处瘦肉精的文件每年都有,专项整治检查也年年都有。从国务院下发文件,到农业部、商务部、公安部、卫生部、工商总局、质监总局等九部门联合发文查处,几次牵头发文的部门不一样,联合发文的部门数量也不相同。如此多的部门、如此高密度地专项整治,却管不住瘦肉精,问题到底出在哪里?

类似的现象无论是在政府机关,还是在法院,或多或少都时有发生。

2008 年 6 月,我到上海市长宁区人民法院赴任院长后,发现了一些问题,引起了我的思考。

第一,当事人联系不上法官。我连续收到投诉信,都是关于打电话找法官找不到的问题。最多的一封信中,3 天内打了 33 个投诉电话都没有找到人。后来,我发现,这个问题非常普遍。同时,我也注意到,院里曾于2007年制定了一个关于如何转接电话的规定。根据这个规定,如果电话打进来时法官不在,接线员应当依次把电话接到书记员、内勤、值班长或者庭长处。按照这一规定,就不应该发生当事人找不到法官的问题。但事实上,无人接听电话的事情却是经常发生的现象。这充分说明,有制度不执行比没有制度更可怕。

第二,代管款经常长时间无人确认。我们的财务部门定期将收到的代管款项列成清单在内部网络上公布,要求各相关部门前去确认,以便加强管理和及时发放。但非常奇怪的现象是,公布的清单总是一直挂在那里,最后越积越多,最久的已经超过了五年。这些代管款,有的是财产保全的担保金,有的则是被执行人交付的执行款。有些执行款,挂在账上几个月的也有。一方面是执行难,另一方面执行到位的款项却又不及时处理、发还给申请执行人。

第三,执行调查效率低,一个案件过了四五个月还没有完成调查是常态现象。还有些超审限或超执限的案件控制不力,因为各种原因,这些案件躺在柜子里睡大觉,迟迟不见动静。

第四,结案不均衡。月底突击结案习惯导致法官总是到下半个月尤其是临近季度末、月底时才开始紧张起来。这样就带来了法官下半月经常加班的情况,书记员也只能随之加班。与之相随的是,档案室、物业、食堂也必须跟着加班。这个习惯年复一年、日复一日,非常难改变,强调了很多次也没有用。后来,我们采取了一些特殊措施,情况才得到好转。

第五,裁判文书差错率高。裁判文书印制完毕后经常因为再次发现差错而重印,重印的数量大。这个问题持续了很长一段时间。文印室的同志说看着那一摞摞文书因重印而作废,心里感觉非常难受。

第六,改发原因反馈滞后。当时,审监工作有二审改发案件的原因分析制度,发回重审的案件必须进行改发原因分析。审监庭会把初步的原因分析发送给各个审判庭。根据制度规定,各庭应当在一定期限内把各自的意见反馈给审监庭。但实践中,审监庭必须一遍又一遍地催促各庭反馈意见,不堪其烦。这种现象,也在一年又一年地重复着。

第七,法庭设备维护状况不佳。我经常到法庭旁听案件。有一次,我注意到一间法庭里的法庭席因为时间长了面板有些翘起来了。后来我又到那个法庭去了好几次,发现那块翘起来的面板始终没有修好。有的法庭里,灯管坏了一直没有人去换。有的窗帘挂钩掉下来也一直没有人装回去。庭审结束后,空调和灯都不及时关闭,大门敞开,令人心痛。其实,这些看上去细枝末节的琐碎事情背后隐藏着大量管理上的问题:法官和书记员看见了没有人报修;没有人报修是因为他们认为这件事情与自己无关;负责法庭设备维修的后勤人员很长时间没有巡检;没巡检的原因是根本没有人要求他们巡检;没有人要求巡检是因为从来没有制度规定要这么做;没有制度这样规定是因为大家都觉得法庭设备破烂对司法公正的形象不会有影响……

第八,审计鉴定评估导致诉讼迟延。2011 年,长宁法院信息系统上公布的数字达 70 余件。后来,我们对之进行了深入调查,发现有 10 余起案件根本就没有送过鉴定。我院审监庭向各审判庭发出指令,要求各部门把所有送审计鉴定评估案件的卷宗移交给审监庭。结果,有许多承办人不愿意把卷宗移交出来。最后费了很大劲总算收上来。结果一查,查出一大堆问题。我到长宁法院以后,我们曾专门针对审计鉴定评估出台过一个规定。这次查出的问题中许多在我们的规定中都有,但实践中法官们根本就没有遵守这些规定。

我们法院管理中存在这样或那样的问题并不可怕,可怕的是大家都不把这些当作问题。时间一长,渐渐地变得熟视无睹。

二、问题的成因——不可视

上文中 N 市农委、商务局出现的效率低下、执行力弱的问题以及我们法院在日常管理中发生的一系列问题,其原因是什么?

究其根源,是因为我们的管理中缺乏关键要素——可视力。比如在上述情形中,责任看不见、效率看不见、工作现状看不见。政府的文件流转,其效率未能进入管理者和社会公众的视野,引起的后果都不需要承担责任。只要按照规定的程序走文，机关里的每一个人就都是安全的，都不会承担任何责任。这样，尽管文件中涉及的问题十万火急，但没有人会认为自己有责任对该份文件作加急处理。

中国传统文化比较崇尚模糊逻辑，强调经验和概念，习惯于定性而不是定量分析。比较忽视科学、技术性的规范。我们办事方式比较强调弹性，应变力较强，适应力强，擅长灵活变通。强调处理好人际关系，一团和气，管理中不太愿意因循规则，不愿意得罪人，"和稀泥"的方式较为普遍。强调中庸和平衡。在领导方式上，讲究深藏不露，问题和原因不能说得太白，许多时候要靠下属自己去悟。而下属在汇报工作时，也经常采取大而化之的方法，这样就比较容易过关。因而，在这种文化背景下进行的管理，其本质就是"治人"，管理的方式则是"人治"。

在我看来，法院管理中存在八个"看不见"。这里所说的"看不见"，是相对而言的。有的法院可能解决得好一些，可视化程度比较高，但也有的法院可视化程度比较低，问题表现得就会更加严重一些。

1. 价值导向看不见

目前，我们在管理的价值导向上，还存在较为明显的结果导向，晋升重考试考核，轻日常工作表现，难以调动广大法官日常的工作积极性。不少领导经常会在工作报告中强调，要坚持正确的价值导向。但真正落实到实际工作中时，又往往看不到这种价值导向。例如，有的领导到年底评先进时，经常会作出与实际工作状态不相一致的"平衡"。一些工作表现并不算出色的人员会被表扬、奖励，而那些工作表现较好，但不太会在领导面前表现的人反而会名落孙山。

有时候，领导虽然口头上强调某一方面的工作要求，但在价值导向上并未得到充分展示。例如，有的领导经常说法官要注意加强做群众工作，但在绩效考核时，却并未把群众工作效果放进去。

再以少年审判工作为例。现行绩效评价体系，完全是以结案数、结案效率等指标为核心构建。但少年审判工作往往需要以庭前考核、法庭教育、判后回访等工作为核心。这样，少年审判的中心工作——

教育挽救青少年，在我们的结案绩效体系中就没有任何体现。

2. 计划目标看不见

许多干部在工作中不擅长制订计划和目标，经常容易出现顾此失彼的现象。计划性差，其中一个重要的表现就是经常性的加班加点。当然，加班加点并非全然因此产生。有的工作，临近控制节点才想起来，于是一件平常就应该办妥的事情，变成了一件紧急的事情。还有的工作，领导问起的时候才想到要做，结果一下子措手不及、手忙脚乱。

3. 计划落实看不见

许多工作布置下去，时间一长，经常如泥牛入海、杳无音信。领导不催，下属不办。这也算是机关工作中的一些非常有特色的现象。旧社会官场上还有一种官场恶习，下属对上司的命令内心里不想落实，就采用所谓"软顶"的办法，称之为"荫干"。这种做法在今天的机关工作中已不多见，但并没有完全杜绝。

执行力是管理中一个十分重要的难题。法院管理中亦同样存在这一难题。执行力弱的一大表现，就是工作计划不能落实。有些部门，计划制订得很好，但执行情况如何，却心中无底。有的根本没有检查督促过。到年底一总结，除了"成效显著"这类抽象评价之外，问题依旧。

4. 评价标准看不见

工作评价标准，是管理上的一个重要手段。但非常遗憾的是，我们的许多工作经常会出现评价标准不明晰等问题。例如，我们经常举办的庭审评比，就缺乏比较清晰明确的评价标准。法官驾驭庭审能力的高低，不光看开庭效率和对当事人的态度，还取决于许多不确定因素（见民事案件庭审规范考评表）。至于裁判文书评比，情况也大体如此，单纯用篇幅长短或内容繁简来评价，不能真正反映法官的说理能力和水平。

表2-1 民事案件庭审规范考评表

项目	内　容	得分
例行事项（15分）	1. 是否准时开庭（3分）	
	2. 是否宣布法庭纪律（3分）	
	3. 是否询问当事人、委托代理人等有关情况（3分）	
	4. 是否宣布合议庭或独任审判人员名单等有关情况（3分）	
	5. 是否告知诉讼权利、义务（3分）	
法庭调查（40分）	1. 是否对原告的诉讼请求进行了审查，以使其诉讼请求明确、具体（4分）	
	2. 是否对原告的诉讼请求所依据的事实和理由进行审查，确定原告主张的法律关系，并在该法律关系基础上进行审理（5分）	
	3. 是否对被告的答辩（反诉）主张和理由明确与否进行了审查（5分）	
	4. 归纳当事人争议焦点是否准确、清晰（5分）	
	5. 是否围绕争议焦点引导当事人进行举证（4分）	
	6. 是否引导当事人对他方的证据进行质证（4分）	
	7. 是否对经过质证的证据进行认证（4分）	
	8. 通过庭审案件基本事实是否清楚（5分）	
	9. 是否对应释明的事项进行了释明（4分）	

续表

项目	内容				得分
法庭辩论（18 分）	1. 是否保障充分、平等地行使诉讼权利（4 分）	得分	调解方式结案（36 分）	1. 是否保障充分、平等地行使诉讼权利（4 分）	
	2. 是否指挥得体、有秩序地进行（4 分）			2. 是否指挥得体、有秩序地进行（4 分）	
	3. 各方的观点、意见是否已经呈明（4 分）			3. 各方的观点、意见是否已经呈明（4 分）	
	4. 与本案争议无关的意见、观点是否予以提醒和制止（3 分）			4. 与本案争议无关的意见、观点是否予以提醒和制止（3 分）	
	5. 当事人对本案的最后意见陈述是否明确、清晰（3 分）			5. 是否依法调解（4 分）	
法庭宣判（18 分）	1. 是否依法、规范地进行宣判（4 分）			6. 调解过程是否规范、合法（4 分）	
	2. 宣判词是否阐明案件基本事实、基本证据、法官基本观点、判决主文是否清晰、明确（12 分）			7. 调解能力、技巧把握（5 分）	
	3. 是否告知上诉权利、当事人签名、宣布审理结束、闭庭（3 分）			8. 调解内容是否合法（5 分）	
附加分数（9 分）	1. 法槌使用是否准确（3 分）				
	2. 开庭熟练程度印象（3 分）				
	3. 合议庭分工配合是否默契（3 分）				
总评分					

各单位日常都会布置很多工作，但这些工作到底如何完成才算好或者不好，存在哪些技术性要求，标准并不十分明确。这样一来，工作中就会发生不少无效劳动、低效劳动，敷衍对付现象时有发生。还有的法院虽然有工作标准，但未向大家公示，所有部门和人员各行其是，工作质量、效率难以得到提高。

5. 工作状态看不见

干多干少看不见、干好干坏看不见，是法院管理中比较常见的老大难问题。机关每年进行的先进评比，经常会出现互不服气的情况。许多人都认为自己才是干得最多、最好的。其根源，就在于我们在管理中不能做到工作状态看得见。由于平时不积累工作数据，到年底考核评比时，因为缺乏数据基础，大家凭感觉甚至根据领导意思评比，结果努力工作的同志屡屡吃亏，表现平平的却屡屡被照顾，很大程度上影响了大家的积极性。工作状态看不见，还表现为无效劳动看不见、工作习惯看不见以及方法优劣看不见等问题。这样一来，工作中存在的问题自然就看不到了。

6. 公众评价看不见

在目前管理过程中，我们往往重内部评价，轻外部评价；重法律评价，轻社会效果评价。

司法为民也是我们年年要讲的事情，但严格地说，每一位法官或审判辅助人员对待当事人的态度怎么样，接待方法或能力如何，管理者未必心中有底。这里有几种情况：一是法官接待现场工作状态如何，办案过程中对待当事人的态度如何，我们不一定看得见。二是当事人的投诉是否有道理，很难作出判断。三是判决是否公允，是否充分考虑了当事人相关的各种因素，我们无从判断。四是在出现结案利益与群众工作要求冲突时，法官能否把群众利益看得重一些，很难看清楚。有时，苦口婆心做点工作，一起矛盾就会化解掉，但并非每个人都会愿意多说这几句、多跑这几次。对于那些被评为先进的典型人物，大家对其工作状态看得很清楚，但大多数法官的工作情况其实处于模糊状态。

7. 长效机制看不见

机关管理文化比较推崇发号施令、就事论事式的模式。管理者往往更多关注某件事处理得如何如何。一件事情发生以后，关注点往往在于紧急处置，然后追究责任，但机制上的原因却容易被忽视。事后的分析或对策也较为粗浅，一份处理报告上通常会写上“制度不健全”以及“制度执行不严格”等字样。至于具体是哪一项制度不健全，为什么制度未能起作用，则无人深究。

8. 管理水平看不见

对管理水平的评价，是一件非常困难的事情。从哪些方面入手，如何确立客观的评价标准等，都需要具备一些专业的判断。但我们对管理水平的判断，基本上只有一些主观印象的评价。

在日常管理中，存在重办案，轻管理；重制度性建构，轻制度性落实的情况。虽然制定了大量规范，但同时也有相当数量的规范未落到实处。对于法院管理人员（如院长、分管院长、庭长、审判长）的业务管理能力、管理情况尚缺少一种客观、科学的评价标准体系。

目前，我们组织、人事部门对干部的评价，基本上只能通过年度述职，单是德、能、勤、绩、廉五个要素也很难评判其管理能力。

第三节　法院可视化管理的可行性

一、法院管理要素可能实现可视化

可视化的方法很多，包括现场调查、数据分析、文本分析等。这些方法可以为我们解决法院管理中的许多问题提供方法。现场调查，可以为法官的庭审水平、接待当事人的工作态度等提供依据。文本分析可以对法官的裁判文书制作质量、水平等作出判断，还可以评价其对法律适用的准确性、法律推理的逻辑性。

数据分析的力量就更加强大了，在大数据时代，这几乎是可视化管理的核心技术。审判活动、工作方法、工作作风、管理活动、当事人、法官、司法服务等各方面，都可以通过数据分析来进行管理。尤其是一些看上去比较抽象的问题，也可以通过可视化方法呈现。

那么，抽象的审判行为是否可能实现可视化呢？必须承认，审判行为与企业生产行为有着本质区别，不能简单地像生产流水线那样实现可视化。但是，审判行为也有许多规律性的东西。例如，经过对超过 18 个月审结的老案的统计分析，可以发现诉讼迟延最为常见的原因是“五个不固定”，见图 2－1。

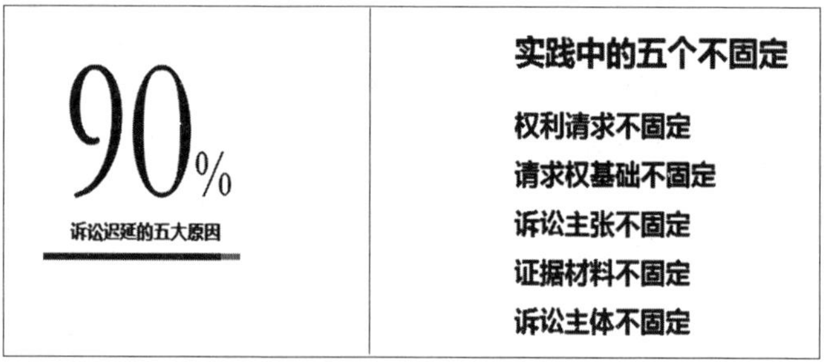

图 2－1

通过这五个不固定,就可以分析法官在法律适用方法上存在的问题,并及时找到管理上必须加以改进的地方。

又如,如何判断裁判文书的质量,一直是审判管理中存在的一个难题。但如果对裁判文书进行文本分析,就可以对裁判文书进行质量评定。文本分析如何进行,又是一个常见的难题。但如果采用“九个一致”的检查方法,就可以让裁判文书在逻辑结构方面存在的问题浮出水面。如图 2－2 所示。

诉辩称与卷宗记载一致
诉讼主张与请求权一致
原告诉称与被告辩称一致
证据陈述与诉讼主张一致
诉讼争点与诉辩主张一致
认定事实与事实争点一致
判决理由与法律争点一致
判决主文与诉讼请求一致
引用条文与判决主文一致

图 2－2

这九个方面的一致性要求,可以进行裁判文书质量和逻辑性分析。

对于审判行为中艺术性的一面,应该充分尊重法官。当然,这些方面显然是仁者见仁、智者见智的评价。但无论如何，水平高下，社会自然会有分晓。对于审判行为中技术性的一面，则应建立起技术性评价标准体系，使之从不同的角度、不同的层面可视化。在具备了审判思路和逻辑结构判断的基本要素后，如果再加上主观性评价体系，比如，抽样调查、现场评分、面试等，就可以对法官的办案能力或水平进行评价了。

二、可视化管理的基本条件已经具备

可视化管理之所以具有可行性，有三方面的原因：

其一，管理的专业性逐步上升。随着法院近年来的发展，法院对管理越来越重视，各级法院纷纷设立审判管理办公室。审判管理的专业性越来越强。同时，对审判管理的专业化分工也在逐步细化。与之相伴的一个现象就是，法院领导和审判管理部门在管理分析能力上有了较大提升。

其二，管理的基础数据逐步完善。随着信息化水平的不断提升，法院管理者所能获取的数据越来越多、越来越深入细致，数据范围覆盖了法院工作的各方面。如某基层法院可掌握的基本数据有：审限内结案率、执限内执结率、月均存案工作量、当前存案工作量、均衡结案度、18 个月以上未结案数、30 个月以上未结数、延长审限未结率、民商事调撤率、民商事调解率、民商事撤诉率、一审民商事普通程序调解率、一审服判息诉率、一审民商事服判息诉率、二审瑕疵改判发回率、申诉率、民商事案件申诉率、裁定再审率、生效案件改判发回率、实际执行率、执结率、初执标的清偿率、执行标的清偿率、案均执行标的清偿率、向上级法院投诉率、立案投诉率、平均审理天数、平均审限天数。

其三，科技手段正日益渗入管理细节，为管理可视化创造了越来越多的条件。比如，我们现在的庭审录音录像系统、接待窗口的录音录像系统、二维码、手机 APP 以及互联网，都为我们提供了全新的可视化手段。

第三章　愿景与目标管理的可视化

第一节　愿景、目标定位与目标管理

美国管理学专家加里·胡佛在研究许多新兴大型跨国公司的成功经验以后指出：**“伟大的组织之所以成功，是因为组织的领导者能够看到别人看不到的东西，提出别人没有提出来的问题，然后制定自己的方针，将洞察力与策略结合起来，描绘出一幅独特的组织蓝图。”**[1]这里所说的组织蓝图，就是指组织的愿景。胡佛在其《愿景》一书中，将清晰与持久作为组织体愿景的两大重要条件，这也说明实现组织体的愿景是一场目标清晰的持久战。在全球范围内，以组织体的共同愿景引导企业走向行业之巅的成功案例比比皆是。如迪斯尼在建立之初提出“把欢乐带给世界”的愿景，“让每个人都拥有一辆汽车”则是汽车大王亨利·福特在一百年前为福特汽车打造的愿景。在管理学上，“愿景”已经成为组织体能否实现组织使命与价值的关键所在。

根据管理学已有研究，“愿景”至少可以为组织体提供以下四个方面的价值：

第一，引导与激励组织成员共同向组织体的目标迈进。

第二，整合成员的个人价值观并形成组织体的特有理念，以此形成组织体的文化竞争力。

第三，改善组织体内部领导层与下属的关系，将原有的劳资关系转变为领导与下属之间可信赖的伙伴、合作者关系。

---

〔1〕［美］加里·胡佛：《愿景》，薛源、夏扬译，中信出版社2003年版。

第四,形成组织体的未来意向,引导组织体的资源投入向未来目标流动。

随着基层法院收案数的逐年递增,审判压力也日益增大。就基层法院管理而言,“愿景”又能够为我们提供什么价值呢?拿提升审判质效来讲,这几乎是每家法院的任务与目标,当我们将“让人民群众在每一个案件中感受到公平正义”作为法院及法官的共同愿景并将这一愿景通过特定方式转变为法院全体成员的目标时,势必会对审判质效形成正向的推动作用。

那么,简单的“愿景”二字对法院使命与价值而言,是怎么发力的呢?我们来看图3-1。

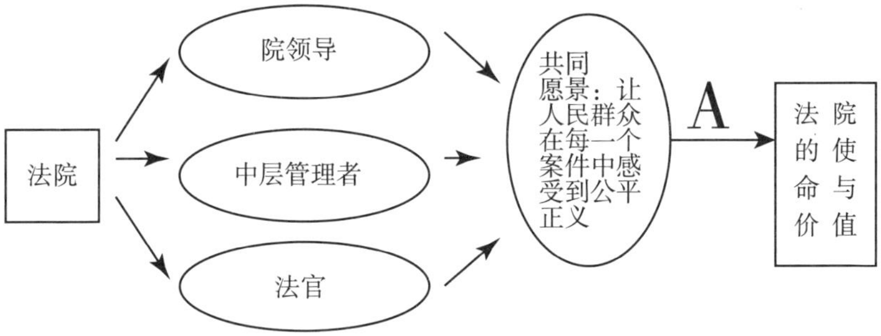

图3-1 法院愿景与使命息息相关

仔细观察这个图可知,法院领导确立愿景或许并非难事,而将领导的愿景转化为中层管理者以及成员法官的共同愿景,并在此基础上通过一定方式“A”实现使命与价值则并非易事。

也就是说,虽然愿景对组织体的使命与价值的实现十分重要,但假若未将愿景转化成全体成员的目标,愿景也就仅停留在口号层面。那么,如何将愿景转化为目标呢?这里,我们必须要对愿景进行目标定位(见图3-2),并通过目标管理实现组织体的愿景。

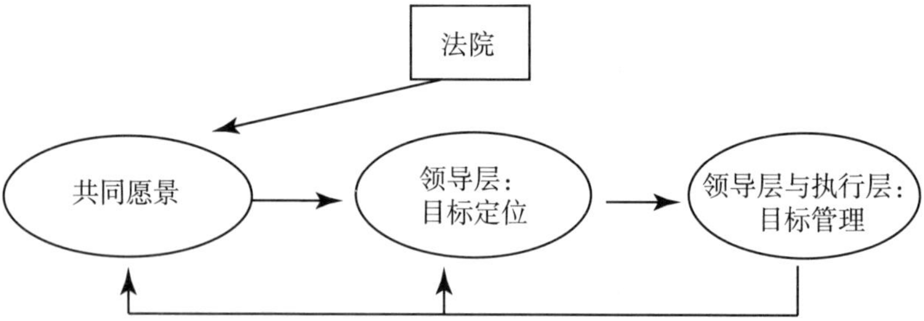

图 3－2　目标定位直接影响法院共同愿景的实现

如果说提出法院的愿景并进行目标定位主要是法院领导层任务的话，那么通过目标管理实现愿景则是领导层与执行层的共同任务与责任。“目标”与“管理”并不是管理学上的特有词汇，在我们法院工作中，出现频率非常高，如法官根据收案量定下月结案不低于10件的目标，部门负责人要对本部门的人员、业务以及其他事项尽到的管理责任。但是，“目标管理”并不是“目标”与“管理”的简单组合。

什么叫目标管理？它源于美国管理学专家彼得·德鲁克，他在其著名的专著《管理的实践》一书中，首先提出了“目标管理和自我控制的主张”〔1〕。他认为，第一，企业的目的和任务必须转化为具体的目标。第二，目标能够帮助企业实现自我控制。一个企业如果没有清晰的目标，就不能有效指导员工的生产和管理活动。那样，企业的规模越大，人员越多，发生内耗和浪费的可能性就越大。

目标管理又被称为“管理中的管理”。

从心理学的角度看目标的自我控制作用。〔2〕

---

〔1〕［美］彼得·德鲁克：《管理的实践》，齐若兰译，机械工业出版社2009年版，第98页。

〔2〕此处原文涂红，作者未及详述。

第二节　愿景及目标管理在法院管理中的重要性

一、法院愿景与共同目标

简单命令式的管理方式已经被淘汰,而优秀的领导者总是善于将领导层的意志转化为全员的意志,将一个个分散的个体组合成一个整体。许多法院都面临着巨大的信访压力。如何有效预防矛盾激化成为摆在基层法院院长面前的难题。如果只是简单地发布一道命令要求大家预防矛盾激化,效果通常不会理想。但如果能将"预防矛盾激化"转化为全体干警乐意接受的共同目标,就会取得理想效果。因为许多矛盾在初期,往往会表现出隐性的特点,并不容易被人们发现。如果人们不是发自内心地去观察当事人的矛盾纠纷的状况、当事人心理状态的变化,不去关注自己的言行可能对当事人产生的刺激等,矛盾就会很容易出现激化状况。一旦发展到激化状态,为时已晚。预防矛盾激化需要多个部门、多个环节、多个人共同努力。如果不是共同努力,很难预防矛盾激化结果的发生。

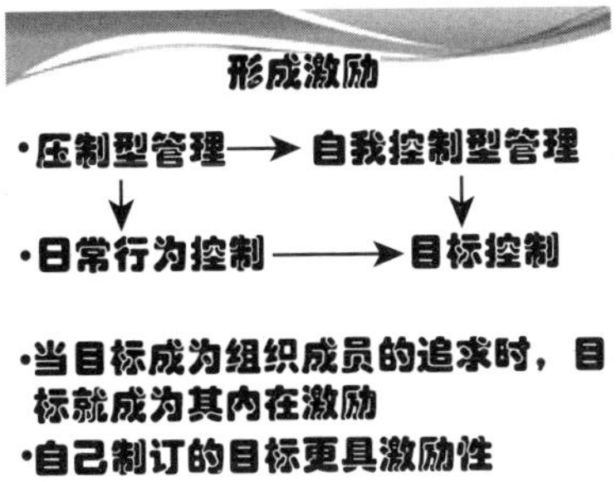

图 3－3

将法院愿景转变为共同目标,就成为成功管理的前提。既然是共同目标,就不再是以往法院院长们的单方决策,即便最后是以法院院长书面或口头方式表达出来,其间也必须经历与业务庭中层领导及法官、书记员、文员的意见交流与建议汇总。例如,为促进法官与律师良性互动,共同营造良好司法环境,确保司法公正,长宁法院曾于2010年制定了包括法官在庭审中应避免随意打断律师发言,在庭审中不得使用训斥、嘲讽等不尊重律师的语气和语言,不宜当着当事人的面指责、批评律师,更不得向当事人发表贬损律师的言论等"法官尊重律师十条意见",倡导法官在审判活动中遵循尊重、理解、友善原则,合法、合理、合情地处理好与律师的关系,这期间历经了近两年的酝酿,并充分听取、吸收了一线承办法官的意见。所以,要想将愿景转化为全员的共同目标,在确立目标之前以及确立目标的过程中,必须有成员的共同参与,也正是基于普通成员能够"参与"到法院目标的确立环节,才形成了组织的整体合力。

二、目标定位:领导力必需的素质

确定目标和发展战略,是领导者必须具备的素质。每个人都会有自己的目标或理念,比如想考上某所大学,想从事某种职业,想为法治事业作贡献,等等。但一个人如果没有实现目标的战略,那目标会很难实现。所以,目标管理必须强调战略的重要性。中央党校给学员提的要求中,战略思维是十分重要的方面。领导干部必须要有战略思维。没有战略思维,就看不到长远,谋划工作就到不了位,也无法知道工作方向。战略思维能力对组织体目标与使命的实现是至关重要的,苹果前CEO乔布斯1985年因被苹果公司董事会撤销经营大权而离开苹果。苹果公司曾一度濒临绝境。乔布斯1996年回归苹果后,采取了一系列复兴苹果的措施。在所有措施中,他认为,最重要的是为苹果的未来设计蓝图,即为苹果发展制定了基本战略。事实证明,乔布斯的战略思维对苹果的发展起到了决定性作用。

三、领导层与执行层需产生共振:人造心脏中的秘密

当组织的大政方针和战略目标确定以后,管理者的使命是什么?接下来的工作就是战略目标的执行与实现。

有一个例子与这两个要素十分贴切,这就是关于人造心脏的例

子。有很多人因为心脏存在这样或那样的问题,很早就去世了。随着医疗科技的发展,有人研究出了人造心脏。我们正常的心脏功率相当于1.7瓦的发电机,这是很小的功率,但现代科技却能够制造出任意瓦数功率的人造心脏。科学家成功地制造出了大概两瓦左右的人造心脏并安装到了病人身上。但科学家发现,这种与正常心脏功率相仿的人造心脏无法把血液输送到人体需要的器官去。于是,科学家就把功率加大,当人造心脏的功率加大到30瓦时,血液可以输送到各个器官了。但这个大功率的人造心脏只让受体存活了一个小时。其原因是人造心脏功能太大,产生的巨大压力引起了器官功能的衰竭。科学家进一步研究发现,正常心脏有一个非常微妙、非常精巧的功能,就是在心脏上面有一个膜。这种膜会产生一种振动。这种振动会带动人体的血管产生共振,共振会让血管也产生传送力。这是人体自然生长出来的精巧功能。人造心脏不具备这种功能,自然就会产生"心有余而力不足"的现象。

这个例子可以为我们带来什么样的启发呢?我们很多决策是领导或者中层干部的想法,但当我们提出战略方针并把相应的任务布置下去后,我们工作人员执行不下去,执行不了。尽管领导很着急,但在我们将任务层层传递下去时,力量逐渐衰小。就像这个人造心脏一样,一定需要领导层将传递任务的压力提高到一定程度,才能将任务及目的传递到执行层面的末梢去,就像只有将人造心脏的功率无限放大后才能将血液传递到器官中去一样,可是,这种单纯靠施压传递命令的方式往往取不到好的效果,即便实现了目标,也会让我们的员工疲惫不堪。换句话说,我们在实现战略目标的过程中,单纯依靠领导层是没有办法实现这个目标的,必须让整个系统动起来,让领导层与执行层产生一种共振,这样才可能实现我们的战略目标,人造心脏的例子就说明了这个问题。

四、采取目标管理的益处

具体来说,目标管理存在至少五个方面的价值。第一,形成激励;

第二，明确任务和责任；第三，提高效率；第四，自我管理；第五，有效控制。

（一）形成激励

传统的管理模式被称之为压制性管理，也叫权力性管理，靠发号施令，你要去做什么事情，我安排你去做，所以叫压制性的管理。按照目标管理确立起来叫自我控制性管理，你不能对他管头管脚，因为没法监控他。领导层将任务布置下去后，他不可能一天到晚跟在人家后头看工作做得好不好，任何领导层都没有那么大的力量监督你。只有在资本主义发展初期时，有一种现场监工的方式可以实现这种监督，但早就被淘汰了。所以压制性管理已经让位于自我控制性管理，这是历史的必然。其中，从对日常行为的控制转向对目标的控制，这是最大的改变。自我控制性管理之所以处以优位，就是因为当一个目标成为全体组织成员的共同追求的时候，目标就会对他形成内在的激励，因为这个目标的实现，将来可能跟绩效考核、收入以及职业的发展相关，与人生的价值感、成就感有密切关系的时候，人们会主动自觉地将这项任务圆满完成，而不需要别人站在身边刻刻紧盯、时时监督，这是目标管理很重要的价值，并且如果自己参与了这个目标的制定，激励性更加显著。“人一旦开始对一项任务负全责，并且一切是由自己说了算的时候，便会不由自主地追求完美”。[1]

明确的目标具有激励作用。离加州 21 海里的地方有一个小岛，曾游泳 38 海里横渡英吉利海峡的美国女英雄弗洛伦斯计划从这个小岛游到陆地。由于英吉利海峡的长度为 38 海里，所以所有人都认为她游完这 21 海里应该是毫无悬念。但事实上，她在半途中感觉筋疲力尽。这次任务以失败告终。后来，她在总结失败教训时说，之所以感觉自己筋疲力尽，是因为那天大雾，她看不见陆地，于是感觉陆地遥不可及，不知道自己还要游多远才能达到。其实在她放弃的时候，距离目标海岸只有 1 海里。心理学研究认为，人们在目标不清晰的情况

〔1〕［美］卓尔·考茨曼：《目标决定成败》，许效礼、王祥钢译，中信出版社 2011 年版，第 12 页。

下，容易出现动力缺失现象。[1]

日本著名的马拉松选手山田本一，1984 年是第一次参加国际马拉松赛，在有众多来自肯尼亚、乌干达等非洲国家的选手参加的大赛上，出人意料地获得了冠军。这是非常罕见的。很多记者采访他有什么秘密？他说他依靠的是智慧，而不仅仅是体力，记者们都觉得他有点故弄玄虚。十年后他写了一本《自传》。书中说道，最初他练习马拉松的时候，设计的目标是到终点的目标，但他尝试了很多次都坚持不下来。后来他养成了一个习惯，在所有正式比赛前他都要到现场去仔细观察比赛的线路，看完线路之后他会做出很多标志。比如说跑完一公里处会有一家银行，再跑完一公里时有一所学校，再跑完一公里会有一家酒店等，然后他就将这些按公里划分的目标记在心里，正式比赛的时候他就一个目标一个目标的跑，所以跑下来感觉并没有那么累，很轻松。从这两个结果截然不同的案例不难看出，目标感给我们在完成工作任务的过程中带来的感受对任务的完成是有影响的。在法官办案的过程中，存在大量这种因缺乏明确且具体的目标导致的筋疲力尽的现象。在我家乡那边的基层法院，我做过调查，他们区县基层法院一个法官包括调解在内的案件每月接 9 到 10 个案子就觉得累得已经要趴下了，而我们长宁法院每个法官除诉调对接中心的案件外，每个月需要结 15 至 18 个案子。换句话说，他们的承办法官在没有目标感的激励的情况下没有成就感，很多法官在办案时一直叫苦叫累，与缺少目标的激励有很大关系。[2]

（二）明确任务和责任

明确任务就是指目标管理能够让组织的管理者及其成员明确组织的总目标，分工以及各自的任务，每个人职责清楚，职责清楚以后，在具体任务的执行上就可以保证高效率。所以，明确任务和责任既可

---

〔1〕 此自然段，原文涂红，参见弗罗伦斯查德威克，http://fo. ifeng. com/xinlingwuyu/detail_2011_02/22/4788014_0. shtml，浏览时间：2016 年 8 月 16 日。

〔2〕 此自然段，原文涂红，参见山田本一，http://baike. baidu. com/link? url = SDfFEpHO3tBXg 277Km - 6G2PHn7P5UQynXu2DfUvf3wSjhED4J7V - Nqs9owgUn4QUpwCT8jfVlmdymraQZGGpUK，浏览时间：2016 年 8 月 16 日。

以指团队整体,也包括具体岗位上的个人,从法院管理的组织性上来讲,目标管理帮我们解决了“谁”在“什么时间”应该“做什么事”的问题。史上最牛女秘书的案例比较典型:一家世界五百强之一的大型跨国公司在中国区任命了一位副总。这位副总有一天外出工作回到办公室,已经到了晚上七点多钟。他未带钥匙,而秘书已经下班回家,进不了办公室。他特别恼火,给女秘书发了一封电子邮件,指责她说:你没有确认你的老板有没有带钥匙,就这样下班回家了,希望你今后在没有得到老板确认之前不要下班等,这样一二三四说了几条秘书的职责,然后邮件就发掉了。结果没想到,这个秘书收到邮件后,回了邮件说:第一,她与公司签的合同,是 8 小时工作制,到了下班时间就可以下班是她的权利;第二,从来没有人跟她在说必须要加班加到副总回来才能下班;第三,副总自己不带钥匙,没有理由责怪她没为他留门,等等。这个故事凸显出来的是一个什么问题?就是说对这位女秘书该干什么,不该干什么,碰到哪些情况应该怎么处理,公司没有任何规范,所以就容易发生互相指责的现象。因此,进行目标管理必须解决任务明确问题。它的价值不仅能够保证任务的顺利完成,而且有助于发现组织体系里面存在的缺陷,帮助组织进行自我改造和体系优化。比如,我们在长宁法院曾就第一次开庭至第二次开庭的间隔时间在民事条线专门做过一次调研。通过调研我们发现,第一次开庭到第二次开庭的间隔有的将近两个月,有 56 天、65 天,还有 90 多天,甚至 180 天的都有,最短也得一个多月。这个间隔天数说明我们上一次开庭到下一次开庭中间隔了很长时间,这不仅直接影响到案件的审判质效,更影响了社会矛盾的解决和正当权益的维护。这个问题一经提出,立即在办案人中间引起了强烈的反响,并且,马上有法官提出来很多理由说明这个数据不准确,比如,因为有些案件是在一个月内就安排了开庭,但是开庭信息没有输入到电脑系统里,这个理由能说明什么呢?只能这说明他工作不规范。又有人提出说法院的法庭和审理室不够,本想在一个月里面把法庭登记好,但法庭都排满了,没有空缺,没办法在一个月内安排庭期,只能推迟排期,这个理由能说明什么呢?只能说明我们法庭管理不规范。还有人提出第三个理由,说可能有的法官明明不开庭,但却点击了开庭,导致这个原本空闲的法庭排不了庭期,等等理由,不一而足。为什么要举这个例子?就是因为我们在过去的法院管理中,没有确立目标管理概念,没有人去关心两次开庭之间的间隔期究竟对我们的办案效率产生什么影响。后来再进行效率管理的实验时,有几个业务庭马上意识到提高效率只是总目标,为了实现总目标我们怎样将总目标分解为具体的、明确的目标,怎样制订相应的计划和步骤,在完成这些目标时我们的组织体有什么缺陷,这些缺陷对我们的任务的完成造成了什么妨碍,怎样除去这些妨碍?比如,两次开庭时间间隔太久就反映了我们在法院管理,尤其是法庭管理中存在的诸如流程管理不严密、法庭衔接不紧密、排期系统不缜密等缺陷。当我们在完成任务的过程中有针对性地对这些缺陷进行改进之后,不仅能够确保任务的顺利完成,而且能带动组织体的改进与优化。

(三)提高效率

这里我们需要思考一个问题,法官的忙碌感从何而来?现在法院工作中有许多人感到异常忙碌,这仅仅是基层法院收案逐年上升导致的吗?我们先来看看我们大部分法官以及书记员是怎么接打电话的。有的法官打一个电话打半天,接一个电话接半天,甚至比我们正常开庭的案件审理时间还要长。接打电话效率高的人和接打电话效率低的人之间工作效率会相差数倍甚至数十倍,包括对下午 4 点半以后的边角时间分配。我的时间安排虽然简单但能够保证工作的高效率。还是拿打电话举例,因为我平常会议比较多,所以在整块的工作时间内,我一般不频繁接打电话,那电话怎么处理呢?一般情况下,临近中午下班时间十一点半我会将手机来电以及讯息翻看一下,该回的回,该处理的处理,下午四点半左右再翻看一下,该回的回,该处理的处理,这样处理电话的时间一般都是相对边角料的时间,这就保护了我的整块时间。所以,我们在工作过程中,要有意识地保护自己整块的时间,将这块时间留给最重要的事。

正是因为在完成任务的过程中,时间的管理直接影响工作效率,所以在长宁法院任职期间,我们一般将会议时间尽量安排在下午四点半之后,目的就是为了保护大家的整块时间。这样在这些整块时间段内,该开庭的开庭,该接待当事人的接待当事人,该写裁判文书的写裁判文书,不至于被烦琐的零星小事打扰。但是,我们中有很多同志不知道这个原理,在工作甚至生活当中,时间耗费现象非常严重,很多人觉得工作还没有完成,不知不觉地一大块时间没了,这是一个严重影响工作效率的现象,所以很多法官和书记员总是觉得忙,觉得时间不够用。隐藏在这种现象下面的深层次原因是我们的目标意识不强。如果我们确立了目标意识,就会自然而然地形成结果优先的概念,即要先把这件事情做成,然后把那件事情做成,这样就可以形成专注力,这就是资源利用最大化原则。因此,目标管理强调效率,强调资源最大化利用。简单来说,就是我们先去做能够帮助目标实现的事情,对实现目标不利的事情,我们先将其放置一边。如此,在我们的时间分布与管理上,工作的轻重缓急自然而然地就显现出来。目标管理对我们提升工作效率有两方面的意义:一是强化我们的时间管理意识;二是包括人力在内的资源利用最大化。

效率的提高也能够给我们带来愉悦感以及激励作用。当专注地完成一件工作,并将工作按照轻重缓急一件一件地完成时,与不分轻重缓急地做事情所形成的感觉是不一样的。比如今天有三件事情要完成,按照重要及紧急程度,完成第一件会形成一种成就感,完成第二件会形成另外一个成就感,完成第三件又会形成一种成就感,这样我们三件工作完成之后,就会给我们形成三种成就感。反之,如果没有明确的目标,尽管也是完成了三件事情,但给我们的感觉只是熬过了这三件事情,与目标感带来的成就感之间的心理差异是有巨大反差的。

这里面有一个管理学上的著名定理,经济学上叫苛希纳定律,即一个组织、一个单位或者说一个团队,当它拥有的员工人数比它应该拥有的最佳人数多两倍时,他的工作时间就要增加两倍,工作成本就会增加四倍,就是说在管理上并不是人越多越好,有时人越多,工作效率反而越差。比如,基层法院每年工作人员数量都会增加,接下来我们看增加以后各部门的工作状况。先拿政治部来说,负责工资的同志就要为每一位同志做工资表,以前做一百多人的工资表就行了,现在要做到三百多人,他的工作量马上就翻倍了。政治部还要做另外一件事情,还要有专门的同志研究管理的流程环节到底科学不科学、合理不合理,这个过程中又要投入人力。接下来审监庭案子的数量也要增加,检查文书质量等,相应地,监察室也需要增加人员,涉及那么多投诉,一位或两位人员肯定完不成,得要三个人、四个人甚至更多。这样,整个法院的工作成本会增加无数倍,如果推行目标管理并以此提升工作效率,一项工作可能只需要一位同志就可以完成,反之,就需要三人至四人才能完成,直接导致法院成本的增加。

不同目标导致不同行为,不同行为产生不同效果。[1]

是不是我们确立了目标,就一定能取得令我们满意的效果呢？我们看能不能从搬家的例子上找到答案。有一本管理学方面的书里举到了这个简单的搬家例子。搬家有四种不同的方式,第一种方式不做任何准备,找人来帮忙打包,把东西装进去,搬走。第二种方式做个简单的规划,金银细软随身拿着,其他东西找人帮忙搬过去。第三种方式做一个分类,将装箱物品分为三类,贵重物品一类,易碎物品一类,普通物品三类,这个比上一种方式又有一个进步。第四种方式把这些物品按照箱子上的标志分门别类,分的类要更细致一些,这样的话装箱很快,拆箱也很快,搬到新住址整理东西更快。我们在搬办公室时也存在这四种现象,有的人搬到新的办公室后整理个两天、三天还理不出头绪,有的人搬过去之后没用半天时间就全部整理完了。什么道理？这就是你采用不同的行为方式做同一件事情,所带来的效果是不同的,效率更是不同的。也就是说,同样达到一个目标,用什么方法去达到这个目标,其中的差异也很明显。[2]

刚才我们举的这些例子都涉及一个核心问题,就是目标管理,不

〔1〕 此句原文涂红,作者未及处理。
〔2〕 此自然段原文涂红,作者未及处理。

同的案例涉及不同层面的关键要素。第一层,在完成任务的过程中光靠一个人不行,只靠领导、只靠具体的执行人员是不行的,在实现目标的过程中,必须要上至领导层下至执行层大家都行动起来。第二层,面对一项任务或在完成任务的过程中,没有对目标进行细分和明确,不但容易造成体能和心理上的冲击和挫败感,更容易造成任务的失败。第三层,在实现目标的过程中,采用不同的行为方式会带来不同的效果。以上这些都属于目标管理的范畴。[1]

(四)自我管理

简单来说,自我管理就是明确自己的工作目标,平衡属于自己的各项工作任务,并在自己的可控时间内分清轻重缓急,确保逐项完成。比如,最重要的目标,必须确保它首先完成;辅助性的指标,可以先放一放,这样就能有效安排自己的时间。有没有目标以及确立一个什么样的目标,跟我们自我管理的能力有密切关系,我们中有很多人不会进行自我管理,包括管理自己的工作任务、管理自己的时间,不知道怎样减少自己的工作成本、降低时间消耗,以至于在工作中经常会有焦头烂额的感觉。举个例子,提升裁判文书质量一直是法院的重点工作,但很多法官觉得写判决书很累,按照之前的办案经验,我一般会有几种办法:

第一,收集同类型案件的优秀裁判文书,我都收集起来,看文书里面的裁判说理,在收集过程中先将我们所从事的判决类型进行分门别类,这项工作可以使我们每一位法官的审判生涯终生受益。

第二,在开庭时即设法对双方的诉辩争点进行归纳,这样写判决书时即可围绕争点进行展开。

第三,如果有律师参与诉讼,我会请他们将诉辩争点、诉讼主张或者答辩主张写成书面的或者将电子版通过电子邮件发给我,甚至可以请他们将这些书面的争点、主张等控制在多少字数之内,这样就可以十分简洁地弄清楚双方的诉辩主张,不至于写判决书时一头雾水。微

---

〔1〕 此自然段原文涂红,作者未及处理。

软公司案件的纽曼法官也是采取的这种方法，他让律师用两页纸左右的篇幅归纳诉辩主张，这对他迅速抓住案件要点起很重要的作用。所以，我们将法官、律师、当事人纳入我们的案件自我管理中来，调动他们的积极性，更有效地参与到案件中来，这对我们更有效地管理好自己的工作非常重要的。

第四，及时评议。我通常会在案件开庭结束后的一到两天时间里就进行合议庭评议。我们可以形象地将其称为“热炒”，因为很多时候我们都是有惰性的，喜欢将工作放一放，一放不要紧，等过了一个星期、两个星期，再加上其他事情掺和，关于这个案子要点可能全部忘记了，等半个月向合议庭或者审委会汇报的时候又得花费时间重新看一遍，不仅结果与跟“热炒”出来的东西相差甚远，更是造成了严重的时间浪费。

所以，我们在确立目标的同时就需要进行自我管理，有意识地将自己的工作安排好，把自己的时间进行科学分配。比如说本月要完成30篇的裁判文书的写作，这是一项任务，那么将这项任务具体分解到每天工作上面，就要明确每天要完成几篇，然后再进一步分解，为了完成每天的裁判文书的写作任务，每天需要安排出多长的阅卷时间、多长时间需要用于辅助性事务上面，然后可以保证每天有多长时间用来撰写裁判文书。

实际中，我们很多人不知道怎么安排时间，这主要是因为不知道怎么对自己的事情进行分类，在时间管理上大部分人都处于这种概念模糊的状态，这是一个很严重的问题，也是造成很多人会有一种疲于奔命之感的原因。简单来说，我们需要对事情进行如下分类（见表3－1）：第一类，紧急而重要的事情，危急且急迫的事情以及有期限压力的事情；第二类，不紧急但是很重要的事情，需防患于未然的事情，比如业务培训、研究计划、休闲活动，这是属于不紧急但是很重要的事情；第三类，受欢迎但是不重要的事情，比如有人来拜访、某些电话、某些信件或者报告、某些会议等一些可能是很受欢迎但是不重要的活动；第四类，不重要也不紧急的事情，比如一些琐碎的事情、耗费时间但不重要的事情。对自己手头上的工作进行以上分类，几乎是商界领袖们的共有特点，运用到目标管理上时，这一事务分类方法能够使我们判断工作的轻重缓急、合理安排时间，清楚现在做什么事情，更有助于接近目标。

表3-1 时间管理上的事务分类

	紧急	不紧急
重要	Ⅰ	Ⅱ
	危机	防患于未然
	急迫的问题	改进产能
	有期限的压力计划	发掘新机会
		规划、休闲
不重要	Ⅲ	Ⅳ
	不速之客	烦琐的工作
	某些电话	某些信笺
	某些信件与报告	某些电话、信息
	某些会议、受欢迎的活动	浪费时间的事
	必要而不重要的问题	有趣的活动

对所有的事情进行相应分类之后，就会养成好的工作习惯，不同的工作习惯当然会形成不同的工作状态，并带来不同的工作效果。比如，从事第一类活动的人，因为总是做那些紧急的事情，就像一位救火队员，经常在处理这种危机，忙于收拾残局，他就会承受很大的精神压力，容易有一种筋疲力尽的感受。第二类，处理不紧急但是很重要的事情，这些人通常是有远见、有理想、能够平衡好各种目标的人，并且能够很好地进行自我管理，自律性以及自控力较强，处理事情能够游刃有余，很少会出现问题和负面情绪。第三类，处理不重要但是紧急的事情，因为像第一类人一样，也是经常处理危机，这种人工作效率通常也比较高，但不同于第一类的是，因为处理的事情总是紧急但不重要的事情，容易在工作过程中忽视目标与计划的重要性，进而缺乏自

制力，一旦出现问题容易怪罪他人，为自己脱责。第四类，经常处理既不重要也不紧急的事情，这类人容易缺乏责任感，工作状态比较差，在组织体系内极易被边缘化的。经过上面的分析，我们可以将自己以及周围的同事进行对号入座。比如，有些业务庭的法官平常工作时有条不紊、有板有眼，非但不会被繁重的审判任务压倒，并且能够在出色地完成审判任务之余安排好自己丰富的业余生活和学习（见表3－2）。

表3－2　不同目标导致不同行为，不同行为形成不同习惯与性格

	紧急	不紧急
重要	Ⅰ	Ⅱ
	压力	有远见，有理想
	筋疲力尽	平衡
	危机处理	纪律，自制
	忙于收拾残局	少有危机
不重要	Ⅲ	Ⅳ
	短视近利	全无责任感
	危机处理	工作不保
	轻视目标与计划	依赖他人或社会机构维生
	缺乏自制力，怪罪他人	
	人际关系浮泛，甚至破裂	
	被视为巧言令色	

（五）有效控制

有效控制的前提是有一个目标置于前面并起到结果导向的作用，我们通过与目标进行经常性检查和比对，可以及时地纠正偏差，防止与目标相背离的错误出现。目标管理对我们的这一价值可以说是非常重要的，多数情况下，光有目标、计划是完不成任务的，必须要在完成目标的进程中将过程与结果进行比对，及时纠错和调试，这也是目标管理考核体系的一个基础。经常比对、及时纠错、适时调试即是有效控制的具体方式，否则，将直接影响到目标的实现与任务的完成。

正因如此,目标管理只有在目标确定的前提下,才能将结果与目标做比较,所以,目标的确定是目标管理的基础。但是,在许多人看来,确定目标似乎仅是领导层的任务(事实上,很多法院领导也会这样认为),一旦如此认为,确定目标时就会容易流于主观,因此,正确、客观地进行目标确定对顺利实现组织体的目标是十分重要的。

五、如何避免“希望总是落空”

管理学上有一句名言,就是“希望总是落空”。为什么希望总是落空?我们很多法院的领导者似乎都会为一个问题而烦恼,就是我们的员工只做你要检查他的,激励他的,或者他自己想做的,却几乎从来不做你希望他做的,就像一个需要拧发条的钟表一样,你拨一拨,它才转一转。这种现象在我们周围非常多,领导层很希望某人做某件事情,但他不做,或者即便做了,结果也会偏离领导层的意图希望。怎样解决这个希望总是会落空的问题呢?很简单,就是将我们的希望转化成他的工作目标,而且必须是他具体的目标。

我在长宁法院时,进行东西辅楼的建造和装修。随着工程接近尾声,不断有更多的地方完成作业。为了确保工程进程及质量,将已装修的完成面保护好非常重要。于是,我要求管理人员保护好完成面。基建办主任便将指令交代给管理员。管理员也表示会保护好完成面。但实际情况不容乐观,实际完成面被破坏或装饰面污损的情况比较严重,造成较大的物质损耗和时间损耗。为什么“保护好完成面”这一要求未能做到呢?

这个管理个案仍然符合“希望总是落空”现象的特点。上级提出的工作要求未得到有效的贯彻落实。

从“保护好完成面”这个例子里面我们可以发现什么问题呢?领导层所发出“保护好完成面”的指令,其实是一个目标,但是这个目标应该完成到何种状态以及如何才叫完成了这个目标,并不清楚。就像一个领导希望他的下属将这件事情做好,但是怎么才叫作“好”,并没有标准,一旦没有标准,下属就完成不好,即便完成了,也会或多或少与领导层的意图存在差距，于是就出现了“希望总是会落空”的结果。在这个例子里，我们不能说具体负责完成面保护的同志做得不好。后来，当我们跟他确定了保护的标准后，他做得非常好。这就说明我们在设定目标的时候有缺陷，我们仅是确定了目标，并未确定考核或者说完成的标准。所以，问题出在领导层上，而不是具体的执行层面。

在基层法院的管理中，这样的例子比比皆是。再如法庭编号的问题。随着收案的增加，基层法院经常会面临重新安排办公区、法庭、调解室的问题。我们的东西辅楼完工之后，在进行主楼施工前需要将一部分调解室腾出来作为施工工人的休息室、休息区，这样就需要重新确定调解室，并进行编号。我们重新调整好之后，有一天在院里碰到一个当事人来问我，某某号调解室在哪儿？我就满世界找标志帮他找这个调解室，结果找不到，连法院的工作人员都找不到这个调解室在哪里，更何况顶着一头雾水来法院的当事人呢？这里面肯定存在问题，往小处说是我们法庭、调解室等功能区的指示标牌有问题，往大处说就是我们司法为民的工作做得不够好、不够细致。后来我到诉调中心询问，问题到底出在哪里？原来是当事人拿了以前主楼调解室编号跑到主楼之后，发现那边已经没有对应编号的调解室了，又跑到辅楼这边来，因为他拿的原来的调解室编号，辅楼这边又是新的编号，也查不到究竟是哪间调解室。这个问题怎么解决？我们临时让办公室做出一张法庭、调解室等功能室的表格，将编号图标放在上面，然后再分别发到安检，发到导诉，发到诉调中心，包括张贴在调整现场，保安也人手一份，并且公开到我们法院网站上。当这些工作都做全后，再也没有发生过编号乱掉、当事人找不到法庭、找不到调解室的情况。

然而，这个问题虽然解决了，我们还需要思考的是，为什么会发生当事人甚至法院内部工作人员也找不到调解室的窘境？

让我们看看大家对这项任务的理解出了什么问题：

我们要把主楼的调解室腾挪到辅楼。

院长：我们要把调解室里的设施搬迁到辅楼，既方便群众，又确保审判工作能够顺利进行。

副院长:一要把调解室里的庭审设施搬迁到辅楼;二要把调解室的电脑、通信系统搬迁到辅楼;三要把调解室的导向标志做清楚,确保当事人能够顺利找到。

办公室主任:一要把调解室里的庭审设施搬迁到辅楼;二要把调解室的电脑、通信系统搬迁到辅楼,确保调解室能够顺利投入使用。

从上面我们可以看出,对同一个目标,我们三位领导作出了三种不同的解读。如果我们将这个任务的目标理解成只是将主楼的调解室腾挪到辅楼上,这项任务就完成得很出色。如果我们将这个任务的目标理解成在腾挪调解室时不对使用此调解室的法官和当事人造成任何不利影响,那么任务就完成得不够出色。

这个例子也印证了,没有具体要求的目标会导致“希望落空”现象。

有一天早晨,我们法院理发室的师傅把湿毛巾搭在烘干机上,去吃早饭,结果引起失火,因扑救及时,未造成伤亡和重大财产损失。在现场,我注意到几个问题:第一个问题,理发室的布置不符合消防要求,易燃品与易发火源之间距离太近,这说明我们的消防检查不到位。第二个问题,现场组织灭火时,我们的消防专管员没有站出来进行现场指挥,反而站在一旁无动于衷,这说明具体责任人存在失职。第三个问题,一位同志不知道到哪儿去找消防水管、不知道怎么去接消防栓的水。这起事件说明,我们院内消防检查不到位、消防责任不到位、消防训练不到位三个问题。这表明,我们关于消防工作目标的设定是不清晰的。一是未明确消防工作的具体要求;二是未明确消防责任人的责任;三是未明确消防训练要求。所以,我们的法警支队制订了消防责任书、消防检查制度、消防工作计划以及消防训练计划。所以,我们提出一个目标,却没有将这个目标具体化、明确化,仅靠希望、美好的愿望是不行的。需要将目标任务进行细化分解,这样才能避免“希望落空”结果。

第三节　愿景与目标管理的可视化

一、管理台账——从过分倚重领导个体素质到发挥全员力量的转变

从上文关于“保护好完成面”的例子可见，在法院管理实践中，多数任务的完成需要通过业务庭领导等中层管理者对整体目标进行分解后才能顺利实现。既然如此，对于中层管理者而言，如何才能进行目标分解呢？这需要从建立管理台账说起。

为什么需要一本管理台账？可以框定管理工作的基本内容，能够帮助我们确定将哪些人、哪些事纳入我们的管理视野中，这样在我们抓管理的时候，就能够做到胸有成竹、心中有数。过去，我们对管理工作多停留在比较抽象的主观化把握阶段，很少有中层管理者通过台账的利用实现组织体的目标和任务，所以组织体目标的实现经常依赖于领导者个人的素质，这也可以用来解释我们时常评价说这个人领导水平高、管理水平高，就是指他头脑中对组织体整体幅面的图像比较清晰，知道自己该干什么，而有些人管理能力较差、领导水平较低，就说明他心中无全局意识，对组织体特定时间内应该做什么毫无概念。通过这两种正、负评价，我们需要思考的是，作为领导者，管理能力、管理水平、领导素质之间的差异真会这么大吗？其实未必。管理学中有一个最重要的原理，就是优秀的管理者是可以通过训练得到的，管理水平和管理方法是可以通过学习获得的，它具有可复制性。既然具有可复制性和可习得性，所以，我们不难得出谁学习、谁受益，只有学习管理才能搞好管理的结论。作为一名理性人来讲，我们何不一开始就按照管理方法，把需要纳入管理视野的人和事提前制作台账，进行圈定。如此，我们的管理工作就不是主观化的任意而为的工作，而是客观性的可计划、可量化、可比对、可考核的理性管理工作。比如，当法院提出“缩短开庭时间间隔”这一目标时，各个业务庭的中层领导者就需要根据这一目标进行分解，并及时在管理台账中记录。

这也可以在国外流行的 ERP(Enterprise Resource Planning)管理模式中找到依据。ERP 又被称为企业信息流程,其中就有一个很重要的概念叫 SOP(Standard Operating Procedure)。什么叫 SOP? SOP 就是标准操作流程,顾名思义,标准操作流程就是我们可以将工作和任务进行标准化、流程化,进而实现可视化、可控化。尽管管理科学中存在艺术化的成分,但就它的基本内容来讲,管理科学中的技术性因素是可以复制的,所以我们通过一本管理台账把管理的基本内容框定下来后,就可以针对每一项工作制订不同的管理计划,包括具体工作、相应步骤及计划、时间规划、需落实的每项内容、完成的程度、完成的标准、责任的承担、如何比对检查、如何纠错校正等,这样经过反复训练和习得,就能够实现精细化管理。所以说,中层领导者建立管理台账是实现精细管理的重要工具。可能有些人会觉得,建立管理台账是不是增加了工作负担?因为需要做的具体工作已经够多了,还要抽出时间建立台账,并通过反复学习习得管理能力。当然,“万事开头难”,结合自身的体会,第一次建立管理台账可能需要一定精力,以后随着对管理台账的不断补充、细化和增删,我们自然可以逐渐对管理台账实现标准化管理,如针对法院党组、条线分管领导、所属业务庭等不同的工作内容和工作要求,对我们的管理台账进行细化,发挥管理台账的工具价值,我们中层领导者的管理水平和领导能力就会突破原有的主观化限制,并得到相应的提高。在长宁法院,我们已经有了成功的案例,通过采集一些较差的审判数据,确定在哪些业务庭开展建立管理台账的试点,经过一年的试点,这些业务庭的各项数据指标均有了明显提高。

二、目标的可视化:怎样将领导目标转化成全员的目标

我们已经在前文中论述了从“我”转变为“我们”的重要性,优秀的领导者总是善于运用各种积极、正向的力量,在自己与成员之间建立“我们”的纽带,并以此将领导层的“目标”转化为包括领导层在内全体成员的“共同目标”,而目标管理恰恰能够为我们法院领导层如何

将目标转化为全体法院人的共同目标提供依据。这一过程中我们需要尊重目标管理的如下原则：

（一）全面转化原则

就是将组织体的重要事情以及重大任务，都转化为我们具体的目标。这一原则要求法院的院级领导明确法院在特定时间段内的愿景。在此基础上，将愿景转为战略目标。既然是战略目标，必然会涉及法院管理的方方面面，这也正与法院组成人员的多样化相联系，所以，需要全面、不留死角地进行转化。

（二）一致性原则

在我们将组织体的重大任务转化成具体目标并进行目标分解的时候，会有清晰的目标层次出现，包括总目标、分目标、细分目标等，这些目标呈现逐级分层的状态，每一层次的目标，都必须跟整个组织的总目标相一致。遵从一致性原则，既可以使上级明确对下级的期待是什么，也可以使下级知道应该对什么样的结果负责，更可以合理制定目标考核的标准，以便对处于目标分解层次上的各个主体进行监督、反馈。在此基础上，我们认为，一致性原则可以突破目标转化上的适用，并可在以下方面实现拓展适用：第一，愿景与战略目标的一致性；第二，战略目标与总目标的一致性；第三，总目标与细分目标的一致性；第四，目标与管理台账的一致性；第五，目标管理台账与实施计划、实施步骤的一致性；第六，考核标准与不同细分目标的一致性；第七，责任承担及奖惩标准与结果实现的一致性。

（三）全员参与原则

目标的实现不是一两个人的事情，也不是法院领导或者业务庭中层管理者的事情，而是上至领导下至具体负责同志的事情，要保证我们上下总动员、全员齐参与，也就是前文所说组织体要实现“共振”。院领导要制定目标任务，中层管理者对其进行分解，确定具体负责同志并下达具体指令，具体执行同志要根据分解目标，并比对总目标制订详细的执行计划。这一原则与一致性原则也是相对应的，这样包括上至领导者下至执行者的所有人员都可以参与到我们的目标完成中来。在我们以往的法院管理实践中,经常出现“忙闲不均”的问题,这固然与不同部门所承担的不同任务相关,但除了法院不同部门间“忙闲不均”外,同一部门之内、不同成员之间也存在这一状况,并饱受诟病。为了获得法院成员之间的平衡工作状态,我们必须通过领导层与全体成员之间的“共振”实现我们的目标。

(四)全程监控原则

既然目标管理是以“结果”为导向的管理方式,改变了以往对工作过程的监督,那么我们在目标管理的过程中,不能仅按照指令、传达、执行等简单地进行任务分工。某些同志不能只负责发布指令,只要执行人员告诉执行结果就行,执行过程一概不问,然后就置之不理,如守株待兔般坐等结果的出现,而是需要在不同层次细分目标的执行过程中进行监控。这样就可以避免出现相互推诿的现象,因为目标管理需要全程性监控,不允许放任不管的现象出现,否则就容易出现“希望总是会落空”的后果。

(五)及时反馈原则

这与全员参与以及全程监控原则是内在相关的。在我们完成目标的过程中,一旦发现问题不能等,不能悬而不决,而要及时反馈给决策者,以便及时确定改进方案,防止出现偏离目标的错误出现。这一原则不仅与上面的四个原则相对应,也是与目标管理第五方面的价值即有效控制相呼应。

(六)一体化原则

即目标与考核的一体化,目标需要与考核挂钩,否则我们在目标实现过程中就会出现意想不到的麻烦。比如,在一次晋升职级的绩效考核中,有来自两个部门的两位同志不仅工作目标不清晰,考核也不够清晰,目标与考核之间是脱节的,结果可想而知。没有目标就没有计划,没有计划就无法执行,无法执行就没有相应的成果,没有成果也就无法对工作进行考核。因此,在绩效考核中,拿不出像样的成绩,仅凭述职报告写得漂亮或个人形象气质打动人,是无法获得好的考核成绩的,一旦仅凭述职报告的文字优美或者个体形象就取得好的考核成绩，就说明我们的管理体制存在严重问题。所以，一体化原则也要求目标的考核标准是应该可以量化的，这样方能在结果验收时清楚地衡量我们的共同目标是否得以完成、完成了多少以及完成的效果如何。

（七）个人参与原则

简单来说，就是成员可以参与到目标的具体制定中。前文已经讲到自己制定的目标更具有可执行力，更具有激励作用。因为具体参与的过程也是互相沟通并进而实现充分理解的过程。不论成员的能力高低，也不论成员性格的积极与消极，几乎所有的成员都希望自己在组织体内部或整个行业内是不同凡响的。在前文关于目标管理对我们实现组织体愿景的价值之一"形成激励"的论述中我们已经讲到，"人一旦开始对一项任务负全责，并且一切是由自己说了算的时候，便会不由自主地追求完美"。所以，在将领导目标转化为全员目标的过程中，法院的每一个成员不再只是消极、被动地等待工作指示，而是通过交流会议、沟通座谈等方式将自己对目标的意见和建议反馈给领导层，实现个体参与目标制定的过程，进而将"领导的事"转变为"自己分内的事"。

三、目标管理的可视化：可反复训练习得的基本程序

法院与企业一样，也是一个组织体，组织体不过是人创立并集合而成的，所以，法院自身并不会动脑筋，不能创设与实现目标。法院目标的确定、实现与评估必须由包括领导层在内的成员来完成。从"保护好完成面"这一实例可知，目标管理的基本程序可具体分为三个阶段：第一个阶段是目标的设置，第二个阶段是目标的实现，第三个阶段是成果的测评。

（一）第一阶段：目标的设置

"万事开头难"，目标设置是目标管理基本程序的基础，既是最困难的领域，也是最重要的阶段。这一阶段可以细分为六个步骤。第一步预定管理目标，界定目标的基础；第二步确定目标；第三步确定"责任人"和"评价人"；第四步分解目标；第五步把目标书面化；第六步目

标的下达。

1. 预定目标,即界定目标的基础

要实现未来的目标,首先要明确当前的位置,即确定组织体的目标价值是什么,界定目标基础犹如在地图上找到当前出发点一样重要,如果确定不了出发位置,即便再精确的地图对行者而言也是毫无作用,正如一句话所说,“没有出发,就没有到达”。这个预定的目标,既可以由上级提出,再同下级讨论;也可以由下级提出,由上级批准。无论采用哪种方式,目标基础必须由上下级共同商量确定,而且,领导必须根据组织体的使命和长远战略,估计客观环境带来的机遇和挑战。法院管理过程中,界定目标基础既是最困难的一环,又是容易出现问题的环节。在设定法院目标以及部门目标的时候,因为对目标基础没有清晰的认识,导致没有目标或目标根本实现不了。比如,法院今年的一个总目标是提升审判质效,那么院领导就要熟知本院各项审判质效数据,甚至细化到各业务庭的数据。各业务庭就要从本部门与审判质效中有关的数据出发,包括对开庭率、调撤率、文书差错率、附录法律条文数、发改率、上诉率等一系列数据进行分析,从而得出本部门哪几项是向好的,哪几项是较差的。这样就可以找到本部门的优势和短板,在此基础上制定提升部门审判质效目标时就可以对优势做到精益求精、对短板做到改进优化,这就是界定目标基础的重要性。当然,关键环节往往最易出错,界定目标基础也不例外,极易出现各类问题并导致达不成目标,这些问题主要包括:一是对目标实现的各项指标不能做到心中有数,容易导致确定的目标与实现条件相冲突;二是对法院各环节工作中存在的问题熟视无睹,容易导致实现目标的过程中不能及时纠错;三是对问题的根源不分析或分析不到位,容易导致制定不出解决问题的方案;四是对改进的方法和措施不进行效果评估,导致纠错方案起不到任何效果;五是对界定目标基础过程中出现问题的评价流于主观化,导致问题评价不能反映问题的实质。上述问题的根源多数在于领导层,因为界定目标基础有一个重要前提,就是领导层要心中有全局,才能在界定目标基础时做到与总目标相符。上述任何一种问题都会给目标的完成造成“希望总是会落空”的风险。“一个单独的提琴手是自己指挥自己,一个乐队就需要一个乐队指挥”,[1]足见领导的重要性。

2. 确定目标,即根据总目标分解成一个或者是多个目标,并在多个目标之间分清轻重缓急

法院工作并不仅仅是审判工作,院领导以及业务庭负责人要区分其中关键目标、核心目标及辅助性的目标。只有对目标进行分门别类,才不会导致本末倒置的后果。什么叫目标？说起来很简单,但是目标里面包含了好多要素。第一,具体化、可量化、可评估(见表3－3)。

表3－3　恰当地确定目标

不恰当的目标	恰当的目标
以过程来表述 时间不确定 无法完全实现 完成形式模棱两可 过于简练、不清楚 太长、太复杂	以最终结果来表述 时间确定 可以实现 完成形式明确 用数量精确说明

境外的研究将其总结为 OGSM[Objective(目的)、Goal(目标)、Strategy(策略)、Measurement(测量)],它包含了四个要素。“O”是指设定这个目标的目的是什么？需要解决什么问题？“G”是指阶段性目标,我们要达到这个目的需要设立具体的目标。“S”是指实现具体目标的战略、方法与路径。“M”指要可测量,可评估,即何为目标的完成以及目标是否得以实现应该有一系列的测量评估标准。第二,时间明确,在确立目标的过程中要有时间概念,哪些工作是需要当天完成的,哪些工作是需要明天出成果的,这样就可以分轻重缓急。第三,挑战性与现实性一致,不需要努力就可以达到的目标对组织体而言,不会有正向的引导和激励作用,但是又不能将目标定得太高,超越现实,永

[1] 参见《马克思恩格斯全集》(第23卷),第367页(作者原文未及标明出版社及版次,现无法核查)。

远达不到的。比如前文提到的马拉松事例，可以分解为具体的分目标一步一步实现，最终夺冠。但如果将目标定位为努力成为中国一流的法学家就过于遥远，因为这个目标既无法衡量也很难评价。因为当前对于“一流法学家”无法进行权威的客观认证，只是圈内外的评价及自我定位而已。所以我们强调目标的挑战性与现实性。第四，目标要协调一致，即总目标与分目标、上级领导的目标、中层管理者的目标以及具体执行人的目标要协调一致。

3. 确定“责任人”和“评价人”

这一步骤主要的作用在于明确目标实施阶段各个节点上的责任人以及评价人，这样可以避免出现目标实施过程中的互相推诿现象。我们经常听到有些领导批评下属“你是干什么吃的？！”反之，有些领导也不知道自己的责任，不知道“干什么吃的”其实就是不知道自己的责任是什么，在某个节点上需要负什么责任以及由谁来负责任。当然，如何衡量“责任人”是否尽责？这需要“评价人”来解决，即谁负责评价以及用什么样的标准进行评价。

在这一步骤中，上至法院领导人、中至部门中层管理者、下至具体执行人经常犯的一个错误是使用一些不明确、含糊以及无法衡量的用语，这是我们推行目标管理中的大忌。比如，“尽快”完成（未明确时间期限）、“大家”（未明确责任人）、“好好做”（未明确评价标准、评价人）、“尽力”（未明确目标的可实现性）。这些用语可以说在法院工作语言中使用得非常频繁。比如，长宁法院“我的建议”里面，有些同志针对法院的管理、审判业务的优化等提出了很好的建议，但职责部门的回复经常使用上述模糊用语，比如“尽快完成”“尽力做好”等。所以，我会告诉综合管理办公室，在回复“我的建议”时不允许出现此类字眼，三天就是三天，五天就是五天，完不成就告诉人家完不成，能够完成的一定把时间说出来。经过这样严格要求之后，这块工作进步很大。在有些业务庭进行工作计划和总结汇报时，这种现象也不少见。比如提出工作设想时，动辄就说“提高思想认识”“加强培训”“进一步强化意识”等，这种语言对于目标的实现来讲几乎没有任何意义，因为这都不是目标和举措，这只是一个想法。所以，法院推行目标管理过程中，一是目标要明确化、具有可实现性，不能将理念或者想法与目标混为一谈。那如何才是明确的语言呢？拿培训举例，比如，我们今年6月之前要完成五批共计100人次的裁判文书专项能力培训，将裁判文书的差错率降低至0.2%以内。二是要具有可执行性，比如有些业务庭计划中“要加强廉政建设”，加强廉政建设是对的，但是放在工作台账里面也是意义不大的，因为没有可操作性、没有可执行性、没有完成效果的可衡量性，这样就谈不上可实现性。那如何明确呢？“今年要通过廉政系列活动加强廉政建设，一要于一季度完成廉政主题教育，二要于二季度完成为廉政献良策活动。”这叫目标明确，否则，仅是想法。三要简洁凝练。有些业务庭在下达任务时就将院里同志发布的通知复制在上面，未结合本部门的实际情况对通知的事项进行分解，哪些事情是需要哪些同志在什么时间完成的，均不清楚，不能简单地将发布的通知直接当成任务下达下去。

在设定目标过程中，管理者还容易忽视目标的可评估性。比如“努力改进审判指标”这是不可评估的，等于没说。怎样才符合目标的可评估性的标准呢？今年上半年要降低瑕疵改判发回率，要降到20%以下，去年是25%，今年我们要降到20%以下，这是可以评估的。比如“提高审判效率”也不符合这个标准，平均结案天数要缩短至30日以内，同期结案率要提5%，这样就是一个具体的目标，可评估的目标。再如，“加强跟下属的沟通”这句话也是抽象的，“每周庭里的同志交流思想不少于两个小时”，这个就是可以评估的（见表3-4）。

表3-4　目标的可评估性

不可评估的目标	可评估的目标
努力改进审判质量	在上半年末实现……15%
提高审判效率	同期结案率环比增长……
提高裁判文书质量	文书复检差错率低于9%
加强与下属沟通	每周沟通时间至少2小时
维持网络系统的稳定性	网络中断低于……次/季度

4. 分解目标

首先,分解目标的过程就是我们理清思路的过程。在看中层干部管理台账时不难发现,其中存在的最大问题就是中层干部们没有将任务分解掉,没有分解的话就无法定时、定事、定人。分解目标必须先学会判断,判断阻滞目标实现的障碍点在哪里,突破点又在哪里。其实,多数情况下,领导的水平高低就在于对目标情况的了解以及把握问题的精准度。有一句话说的特别有道理,“你想不清楚,写不清楚,说不清楚,那你肯定做不清楚”,有很多人、很多部门就存在这种状况,到要写工作总结的时候龇牙咧嘴,浑身难受,一旦指出他们的缺点与不足,就哭鼻抹泪。为什么?他不知道怎样总结自己的工作,所以乱七八糟事情做了一大堆,但最后总结不出来,说起工作,就跟睁眼瞎没有太大区别。工作过程中始终没有把自己的思路厘清楚,导致很多基础性的工作没有完成,而事务性的工作花了大量时间,部门内的不同人员的分工与平衡也是一塌糊涂。所以有些管理者经常有意无意地认为是员工积极性不高,导致目标完成得不好。实际上,很多员工尽管在能力上或多或少地存有欠缺(即便是领导,也会存有缺陷),但如果管理者思路清晰、分解目标到位、指导明确的话,员工会完成得很好。所以涉及目标未完成时,相当一部分管理者会选择归因模式里面的简单归因,一旦碰到员工偶尔显露出的抵触情绪,就觉得这个员工不够好,将问题的原因主观地归咎于员工的能力和素质,不在自身寻找原因,这是有问题的。

其次,分解目标的过程也是将目标转化为全体成员的共同目标的过程。我们在上文中反复强调建立共同目标的重要性,在分解目标时,必须强调目标的整体性,强调总目标的重要性。这样就能保证我们在明确责任、厘清关系的基础上由领导层与中层管理者、中层管理者与具体执行人在总目标的框定下,确定各个环节的分目标和各个层次的具体目标的基础上,进行“总目标的设定—分目标的确立—总目标的实现”的过程。

最后,分解目标的过程也是将事、权、责予以协调一致的过程。目标管理需要确立目标（包含总目标与分目标）责任人与评价人，而这恰恰需要在目标分解的过程中进行。比如，法院设定的总目标为年内提升归档报结率，那么我们需要将这个总目标分解至各个业务部门，就影响提升归档报结率的原因分析方面，审判管理办公室的分目标是分析影响提升归档报结率的原因（如书记员与法官的配比、档案库工作人员接收档案的速度等）并反馈给业务庭。各业务庭需要分析部门各承办人的人均收案数，是否存在分案不均等状况，综管办需要分析是否存在归档绝对高峰阶段由综合部门工作人员参与帮助归档的可操作性等。在这一过程中，我们必须确定由谁负责以及由谁进行验收评价。

5. 把目标书面化

在以往的法院管理实践中，法院领导在订立目标、分解目标以及目标下达时鲜有书面方式，多数用口头的方式。口头方式尽管方便、快捷，但是容易对目标的实现造成不良后果。第一，口头方式无法固定人与责，出现问题无法问责；第二，口头方式无法精确地分解目标，容易造成成员“无所适从”；第三，口头方式无法固定具体目标，容易造成分目标与总目标之间互相脱节；第四，口头方式无法记录目标下达过程，容易恶化领导层与成员之间的关系，产生决策层与执行层之间的矛盾。其实，将“总目标—分目标—具体目标”书面化能够改变我们法院以往管理中的“混沌”状态，因为“混沌”式的管理造成了法院管理中的“不确定性”与“不稳定性”状态，而书面化则是改善这种不良状态的最直接、最便捷的方法。

6. 目标的下达

目标之间互不协调是法院管理中经常出现的老大难问题，这与目标下达不够清楚有关系。作为领导者和管理者来讲，不妨在下达目标的时候自问，“下达的目标清楚吗”？

怎样才能称为清楚的目标呢？来看一个案例。主管让小高照看一下仓库，小高二话没说就跑过去看仓库了，跑到仓库一看，发现里面乱七八糟的，他赶紧把仓库的东西摆放整齐，重新归位。等到主管来检查仓库问小高照看仓库的工作完成得怎么样？小高将仓库的存储及摆放一一向主管汇报了一遍，证明自己照看仓库的工作完成得很好。然而主管面对堆放整齐的仓库并不满意，他说让小高照看仓库主要是看看负责看管仓库的那几个家伙工作认真不认真，因为他们老是中午出去喝酒，才让小高到仓库看着他们。这样一来，矛盾和问题就出来了：一边是认为下属没有按照自己的意图完成工作的主管，另一边是认真工作但没有获得主管认可并颇感委屈的下属。在这个案例中，我们不禁要问"目标下达得清楚吗？"类似的情况在法院工作中不一而足，导致业务庭负责人与法官的关系僵硬甚至对立。部门领导向成员布置说起草某项规定，等了一周，未见成文，再等了一周，还是未见成文，到第三周，领导不耐烦了，问为什么还不起草？成员马上对领导说，从来没人跟他讲过什么时间之前完成。领导觉得很没面子，当场就甩出"不想干就别干了"，瞬间激化了这种矛盾。在我个人的经历中也发生过这样的事情，我的一位助手 A 跟业务庭的法官 B 发生了很严重的对立。出现了什么问题呢？A 让 B 将涉及基层法院所有法规包括司法解释等分门别类地归纳好，按编目编好备查。这件事情交给他去干了以后，结果 B 加班加点完成交给 A。A 说不清楚，做得不好得重做。第二周 B 加班重新修改，修改后又交给 A。A 说还不行，需要再度修改。B 马上将这项工作一扔，让 A 另请高明，两人的关系变得不可调和。

这两个案例说明了什么问题呢？领导在下达任务时没有把任务说清楚，到底要达到什么目标？有什么技术要求？是否有时间限制？完成的具体标准？下达不清晰的目标是对成员极大的不尊重，这种老大难的问题在基层法院是非常多的，所以我们管理者在布置任务的时候要问自己"目标下达的清楚吗？"管理学上对此阐释为没有滴水不漏的员工，也没有滴水不漏的领导，所以管理者发现成员没有完成好任务的时候，不要急于指责下属，要先想想当初下达的目标是否清楚。

在目标下达方面，我们也能找到成功的案例。宝洁公司自 20 世纪 80 年代开始进军中国市场，做到现在年利润几十个亿自有它的成功之道。它在下达所有的任务时,都会制订项目计划书,这个项目计划书是上司和下属共同商定的,包括目标的几个要素、具体要求、要达到效果等,然后由上司和下属一起签字、确认,就像签个协议一样,上司和下属人手一份,公司留存一份,并进行存档。这样做有什么好处呢?这样避免出现问题互相推诿与指责的情况。之所以在前文中我们强调管理台账要进行电子化固定,目标要进行书面化,也是源于此因。

(二)第二阶段:目标的实现

目标的实现并不是单纯地关注结果,更要关注过程。管理者将目标任务布置下去后,不能坐等结果,在这个过程中,一要有催办和提醒,以免员工忘记任务。二要有定期检查,并向下属反馈检查的结果,要向下属提供帮助,必要的时候需要修改目标,因为管理者不是神仙,并非能够将所有的目标都制定得非常精确,也会出现定得过高或者定错了的时候,那该怎么办呢?回过来再修改一下,所以这件事情是实现目标过程中我们要完成的事情。三要有辅导,对下属在实现目标过程中出现的问题和欠缺要及时予以辅导,不能眼睁睁地看着下属走弯路。在目标管理中有一个很重要的概念叫目标的绩效跟踪,就是在目标的实现过程中,存在什么问题,管理层要及时进行诊断,要去发现这种问题。比如,有些业务庭做关于审判效率改革的实验,在此过程中部门领导要先诊断出在效率方面存在什么问题,包括审判长、审判员、助理审判员等要一起研究现阶段有哪些因素影响效率,然后在执行任务过程中对任务完成的情况、目标实现的效果进行沟通,并及时将检查的信息反馈给下属,哪些工作推进得不错,需要下属继续保持,哪些工作存在什么问题应该让下属如何纠正,经过对实现目标的过程进行控制、检查、诊断、辅导与提醒之后,方能保证下属不做无用功。

比如,我们经过调研,决定推行庭前评议,以发挥审判长的职能,实现案件的早期控制,克服有些承办法官在办案思路上面存在的短板。一旦出现办案思路上的短板,要重新回炉,就为时已晚,非但影响审判效率,更可能使当事人合法权益受到侵害。比如,到合议庭评议对案件做出定论的时候,才发现当事人主体资格还没搞清楚,可能将推翻已有的审判定论,整个案件都可能需要推倒重来。为什么不能收到案子后第一天就发现这个问题？比如,要不要追加当事人的问题,如果需要追加,第一天就能追加掉,等到过了半年后我们才发现需要再追加当事人,诉讼程序就要重新走一遍,折腾自己也折腾别人。正是需要克服不良的办案习惯,克服法官在办理案件中自我管理能力方面的短板,我们需要搞庭前评议。民二庭现在把庭前评议的一些指引事项列出来,庭前评议要评哪些事情,庭里将把这些东西标准化、规范化、深入化之后,一项一项地完成。以规范和高效著称的德国人做事情就是这个习惯,看似很笨,但效果显著,这也是世界上质量最好的汽车都产自德国的原因。

领导要对下属提供教导,提供帮助。有四个步骤。第一步,说给他听;第二步,做给他看;第三步,让他做做看;第四步,进行反馈和调整。这不仅适用于我们法官的业务能力提高上,也适用于书记员、文员的培训上。通过这个方法进行反复教、反复训练后,他一定能掌握其中技巧。所以,当我们的下属出现失误的时候,不要轻易地将这个问题归罪于下属的态度,因为很多时候是长期形成的习惯造成的,他原来就是按照这个习惯做事情的。所以,管理者要改变下属的不良习惯,但最难改变的也就是习惯,比如,为了规范工作人员的工作纪律和作风,我们在推行上下班刷卡这项改革,很简单,只需要在进门时把这个卡刷一下,仅是养成这个习惯而已。我们费了九牛二虎之力,大会小会开了许多次,推行将近一年还有人心存怨言。这就需要管理者通过“教练员”的角色,对下属进行重复性训练,用一种新习惯去改变他旧有的习惯。大家肯定都知道刘翔跨栏项目很厉害,但他曾经有个不好的习惯,就是在跨栏之前要迟疑。这个迟疑动作让他损失多长时间呢？0.01 秒,后来教练就给他训练这个动作,通过他的意念改变,让他上栏之前不要有任何迟疑,本能地跨上去,通过反复训练后,每个跨栏可以提高 0.01 秒,那整个比赛 10 个栏就可以提升 0.1 秒,这也是 2008 年奥运会时他信心满满的原因。所以,做领导并不是遇到事情就简单地将下属召集起来开个会就能解决，更多的是通过反复教、练，帮助下属养成良好的工作习惯。除此以外，领导承担起“教练”的角色还会产生什么样的效果呢？效果是显而易见的。首先，我们操作过程规范化、习惯化。其次，操作结果高效化。再次，操作的结果可预测化。最后，操作成果经验化，甚至可以形成《操作手册》。长宁法院也有很多成功的操作手册，比如流程管理操作手册、书记员业务操作手册等等。

这里，不管是对领导层还是执行层，我们要问一个问题：“你紧盯目标了吗？”紧盯目标很重要，要把目标放到自己的潜意识里。这一点，一些从部队转业来的同志做得很好。这得益于他们在部队中接受的训练。军人在部队中接受的训练就是绝不接受可以完不成这种观念。领导交办什么事情给他们，他们一定是把目标放进自己的潜意识里，用军人特有的坚强意志，盯紧了这个目标去做的。我们法院管理也需要用紧盯目标的观念去训练，因为只有紧盯目标才能上、下一致，劲往一处使，也才能完成目标。

那么，什么时候目标才算实现了呢？具体说来，有如下几个要件：第一，必须满足目标下达的要求，也就是说下达任务的时候，有哪几项要求，将工作结果与之对照，看看是否符合目标的要求。第二，要符合完成载体的要求，比如说必须要有书面报告、必须要有录音录像等视听资料、必须要有签字确认，等等。比如，在流程管理过程中，我们的下属在系统里面完成该项工作后，部门领导必须点击确认，没确认的话该项工作就会显示未完成的状态，部门领导一天不确认，员工就有权利催着领导进行点击确认。再如，法院在办理信访案件时，许多信访案件是通过信访系统分传给具体承办人的，有很多部门进行得很不像样子，做得半截邋遢，怎么接待当事人的？如何做沟通工作的？怎样进行释法析理的？信访人是否满意？有没有建立接待台账？这些工作做得不到位，导致我们的信访工作达不到化解矛盾的目的，所以我们强调目标的实现需要符合完成载体的要求。第三，完成归档，这个比较容易理解，将任务完成的情况用档案的方式进行留档保存（这也是目标书面化的应有之义)。这样不仅可以及时将实现目标的整个过程固定下来,也可以解决法院工作人员跨部门流动的问题。一旦涉及人员调动,通过档案就可以为工作的交接提供便利,而不是人走事凉,这就是一个组织体强大的表现。如果一个员工走了,也把所有的秘密全带走了,其他人对他做过的工作根本不了解,这是一个组织无力的表现。我们强调目标的实现需要符合以上要件。

(三)第三个阶段:总结和评估

以上我们讲了如何进行目标确定并实现目标。目标实现了,我们的工作就完成了吗?远非如此。我们还需要对实现的目标进行总结和评估。那如何进行评估呢?

第一,员工应进行自我评估,提交书面报告。第二,根据原先确定的责任人和评价人,对实现情况进行评估。这一点很重要,在布置任务的时候首先要明确,谁来承担责任、谁负责评价,以确定这件任务完成得好还是不好。比如说是其他业务庭到立案庭办理公告的事情,对"完成公告"这项工作来说,并不是立案庭庭长进行评估,而是委托立案庭做公告的人来对完成公告这项工作进行评价。第三,纳入考核。经过自我评价、评估人评估之后,我们需要上级领导对此进行考核,任务得以完成的要评估效果、总结经验;任务未完成或完成效果较差的,要分析原因,总结教训。第四,进行绩效反馈,就是说将上述评估和考核的结果进行及时反馈,告诉我们的接受评估的人。比如我在长宁法院任职期间,在法官的晋升考核中,就会出现获得晋升的同志和没有得到晋升的同志,我会要求政治部把相关情况向本人反馈,帮助他分析他这次没有能够获得晋升的主要原因是什么,这实际上就是绩效反馈。第五,决定奖惩,必须把结果的评估、考核与激励机制结合起来。对于好的做法和优秀的个人,要提炼他的经验,强力推广。对于失败的工作,要分析失败个案的教训,查找问题、分析原因。当然,失败的原因既有主观原因也会有客观原因,所以我们查找原因要透彻,不能只指向一个方面,忽略另外一个方面,更不能只找客观理由忽视主观因素。

在长宁法院任职期间，我们办理信访案件有“八个不放过”，[1]其中一个找不到制度上的问题不放过，所以我们在总结失败个案的时候也要注意，要找到深层次的原因，然后制定举措，形成指引，纳入机制或者是规范，这样就能根本上解决问题。否则，仅就事论事的话，我们的管理水平是不会提高的。

总的来看，目标管理分三个阶段：目标制定阶段，目标实施阶段，目标成果评定阶段。我们进行管理工作时要在大脑里对目标管理形成一个清晰的概念和认识。

第四节　法院领导层的每一点努力都会为成员带来福利

一、重申管理台账的重要性

在树立目标管理的观念时，我们必须要强调管理台账的重要性。第一，尽快熟悉台账的使用方法，把设定目标跟台账使用结合起来，运用台账来计划好我们的工作，运用台账来布置好我们的工作，运用台账来检查我们的工作，运用台账发现我们工作中的漏洞，不能用日程安排来替代台账，也不能用简单化通知的方法来发布台账工作，发布任务。第二，树立持续改善的理念，每天都要有一点进步，每天都有一个进步的目标，积小胜为大胜。

二、我们的每一点努力都会为成员带来福利

在使用管理台账的过程中，我们很容易发现法院目标管理中存在的问题，进而有利于我们加以改进。比如，有一位同志发现有的书记员在写信封时字迹特别潦草，他就将这些信封扫描到电脑里，在内网上展示给大家。领导看后，觉得信封字迹潦草的现象要纠正。所以就

[1] 即不发现问题不放过、不找到原因不放过、不找到制度漏洞不放过、不找到责任人不放过、不找到整改方法不放过、不整改到位不放过、不举一反三不放过、不反馈给来访人不放过。

将包括技术科、收发室在内的有关同志召集起来，商量对策。收发室的同志说，他每天都要抄录这些信封，非常吃力，因为我们每天出去的信有时候多达几百封，几百封信要把地址和姓名重新抄一遍，没有大半天的时间他是完不成的，所以他工作压力很大。那怎样将收发室的同志从这种压力中解脱出来呢，那就是用打印代替手抄的方式。既然如此，为什么没有打印呢？有人提出来说，没有打印是因为并非每个办公室都配有打印机，多数都是几个办公室共有一台打印机，打印信封要有特殊的打印机。那为什么不能网络共享打印机呢？经过技术分析，网络共享是可以实现的。那为什么书记员不用共享方式打印呢？因为必须要把自己电脑里的信息拷出来，放到那个电脑以后进行打印。但我们电脑的 U 盘是不开放的，如果要拷出来，需要到先拷到技术室，让技术室进行文件转换，再从技术室拷回到电脑里，来回折腾个几次，还不如直接自己手写信封。我们能不能从系统里将信息调出来，进行打印呢？经过技术分析，也是可以实现的。我们实现了用打印信封代替了手写信封。但是，这样依旧不能解决收发室同志的压力，怎么办呢？我们通过系统设置，完成信封打印后，打印记录会自动保存起来，形成一份清单，将这份清单直接交给收发室即可，这样就不用手抄记录，半天的工作量就可以瞬间完成。所以，在进行管理工作时，我们每一点努力都会给我们的干警带来福利，这就要求我们要有持续不断地改善理念，在工作过程中，建立个人化的绩效分析机制，消除低效劳动甚至是无效劳动，提高时间的利用效率水平，要针对个人进行效益分析、质量分析、效果分析。

三、如何通过管理台账让目标管理真正看得见

运用了管理台账，我们的执行力还存在有待提升的空间吗？这个问题值得我们思考。比如说有些业务庭虽然建立了管理台账，但是他可能在工作中没有体现出来。比如说法院经常进行精品案例、精品文书的评选以及优秀庭审的直播，如何进行这些工作？再如法院有了小总机之后，有当事人要求法官回复，那么法官电话反馈的情况有没有

落实？这些细节问题也应引起我们的重视，因为这些细节的背后可能隐藏着我们法院管理中的一些问题和顽疾，可能说明我们在管理中在落实各项举措的过程中，在加强执行力方面我们有几个方法没有抓住。

第一，没有养成对照管理台账检查工作的习惯。这段时间工作干的怎么样，虽然是很辛苦，但是不能顾此失彼，有些工作得齐头并进地开展。比如说我们评精品案例，申报公报案例，这都要有很长的酝酿时间，从发现案苗到形成案例甚至需要数年的时间，那我们各业务庭在做这个方案的时候，管理台账里面要体现出来，否则时间一长就忘记了。所以说，台账不是做出来看的，是给我们用的，要派用场，不能流于形式，更不能浮皮潦草地应付完事，要养成对照台账检查工作的习惯。

第二，管理台账不够细化，分解的目标之间缺乏对接。再以精品案例举例，我们的管理台账中就要细化到什么时间出这个精品案例，什么时候开始筛选案例、什么时候进行初评、什么时候上报审委会讨论、每项工作由谁来完成等事项，都要进行细化和精确。我们管理台账里面体现的还不够精确，到了期限之后好多工作就拿不出成果。

第三，对照台账自我检查做得不够。不过我们还有一项工作，就是我们要使用台账，督促检查下属的工作，谁分管这一块，谁分管那一块，管理台账里面要非常清楚，并且要定期地对照台账进行检查。因为人的精力是有限的，一旦忙碌起来，可能就将这项工作忘记了，所以我们需要将这个线头捏在手里，避免出现一团乱的现象。

第四，管理台账分解不到位，无法落实。在检查部门管理台账时，我们会发现部门之间台账落实情况不平衡。建立管理台账一个很重要的功能就是为了避免我们工作上的顾此失彼。但是，事实上我们很多部门即便建立了台账，工作还是顾此失彼的，已经到年终了，但年初定的任务没有完成，主要原因就是因为台账没有分解到位。比如说有的部门仅是在台账上记了一个大概设想，布置任务时既没有书面记录，也没有详细分解，而是进行了口头分解，嘴巴上告诉这个事情由谁负责，至于如何做、什么时候做、谁负责检查督促等分解事项，一概没有，以至于最初的设想实现不了。所以，好记性不如烂笔头，想要工作完成得有模有样，不妨在建立台账时在台账上多记几笔。比如，我们在评选精品案例时，期限到了，有些部门拿得出来，有些部门就拿不出来。在完成调研、信息指标时，有些部门的完成率是200%，而有些部门是20%。通过分析，我们发现，完成率较高的部门台账设置得很详细很具体，而完成率较低的部门台账设置得就很粗糙很笼统，所以，管理台账分解得是否到位，直接影响目标是否能够实现以及是否能够圆满实现。

愿景及目标管理的可视化直接考验着我们法院领导层的能力与水平，如果总目标确定之后，各个环节的分目标都完成了，但是法院的总目标没有完成，这就说明领导层确立的总目标与分目标之间是脱节的，主要责任当然在于领导层。如果各个分目标在实施过程中出现问题，而领导层未进行跟踪、发现并及时纠正，导致总目标没有实现，主要责任也在于领导层。所以，我们法院在推行目标管理中，不是单纯要求下级积极主动地完成工作，而是要求领导不能置身于目标之外，既要承担起“领航者”的责任，也要担负起“教练员”的任务，更要融入于“同路人”的角色。

第四章　管理中问题的可视化

第一节　为什么要让问题可视化

一、问题会阻碍法院核心价值目标的实现——公信力的流失

如果不能解决问题，一切美好的愿望都会落空。组织在运行中存在的问题会破坏组织的领导力、决策力和执行力，最终阻碍组织目标的实现。对于法院来说，最终会造成法院公信力的流失。

（一）管理学上的“破窗”理论

“破窗”理论是美国犯罪学家詹姆斯·威尔逊和乔治·凯林在1982年提出来的理论。这一理论认为，如果一座建筑物内有一扇窗户坏了无人修理，很快，其他的窗户都会坏掉。因为建筑物的管理人并不在乎窗户是否坏掉，说明这个地方的管理混乱。这一理论进而认为，管理中的“破窗”——也就是管理中存在的问题，如果不能及时得到解决，错误不能及时得到纠正，哪怕是再小的问题，都将引发更加严重的问题。

管理中“破窗”的存在，是一个危险的信号，表明责任缺失，表明人们可以无视问题的存在，而不必承担任何责任。

（二）引爆点行动的启示

“破窗”理论最初提出的时候，有人表示反对。反对者认为，管理中对细枝末节的关注会分散人们的精力，人们应该将更多的注意力集中在更重要的事情上。比如，在犯罪预防领域，人们应当更加关注情节严重的犯罪。但1994年朱利安尼当选纽约市长时，与新任警察局

长布拉顿共同发动了一场叫作“引爆点”的行动。这一行动包括清除纽约地铁车厢上的乱涂乱画行为，整治流浪汉、皮条客和妓女，加强街面巡逻等。当时，舆论一片哗然，反对者认为他们只知道处理鸡毛蒜皮的小事情，做不成大事情。但接下来几年，纽约市的谋杀、斗殴、抢劫及其他暴力犯罪案件数量明显下降。事实证明，“破窗”理论是正确的。

“破窗”理论后来被广泛运用于各类管理领域。

（三）千里之堤，溃于蚁穴

在司法活动中，人们对“破窗”视而不见，任其自生自灭，也会带来极其严重的后果。例如，立案大厅的吵闹、脏乱状况，接待人员的冷漠态度，甚至法官袖口的污渍，都会给进入法院的当事人一种印象，这样的法院这样的法官是不可信任的。司法的公信力就是一点一滴从这种细节中流失的。社会公众与司法之间的对立也是这样缓慢形成的。

“破窗”理论认为，**“很多时候，‘破窗’指的是一些微小的要素，细微的瑕疵以及被忽略的细节，它们是一种征兆，预示着更大的问题要么已经产生，要么即将出现”**。〔1〕

部分组织作风散漫，却无人批评，但最后，公众会让这样的组织得到教训。在若干次警民冲突、城管与小贩的冲突中，社会公众都站在哪一方，就可以清楚地看出结果。

对于当事人而言，一个法院存在的“破窗”，意味着法院因管理不善而无法正确履行自己的职责，意味着自己的权益在这样的法院得不到保障，意味着自己的诉求在这里得不到关心。

“破窗”有可能是一个邋遢的柜台、一个杂乱无章的卷宗，也可能是一个不懂礼貌的工作人员、一个漫不经心的安保人员，还可能是天花板或墙面上剥落的白灰、法庭内脱落的窗帘、布满灰尘的窗台，还有可能是看不见的东西，比如，顶着炎炎烈日在立案大厅外等候开门的长队，打了三十多个电话就是找不到人的无奈，等等。

---

〔1〕［美］迈克尔·莱文：《破窗——细节管理如何缔造一流企业》，冯斌、胡晓卫译，中信出版社2006年版，第12页。

二、发现问题是解决问题的出发点

解决问题是管理的基本出发点。问题,是改进组织表现的关键所在。只有找到了问题,才有可能真正实现组织目标。

管理者最大的敌人,就是不知道有没有问题,不知道哪里有问题,不知道是谁的问题,不知道问题背后的问题。其结果,就是不知道怎么解决问题。

一个组织的核心竞争力,就是发现和解决问题的能力。答案就在问题中。

日本的现场管理理论指出,不少领导者把进入现场当作一种姿态、一种“政治秀”。许多领导并未真正深入现场一线去研究管理中存在的问题。我们虽然一直提倡实事求是、深入群众,但作秀而不深入问题的现状确实仍有存在。

许多组织都把发现问题当作管理的基本出发点。为了发现问题,采取各种办法,如提倡“走动式管理”深入一线发现问题,采取市场调查方法发现顾客感受、用户体验中存在的问题,甚至不惜成本雇人来帮助自己发现问题。

三、让问题可视化会带来问题解决的动力

问题可视化让责任可视化成为可能。管理和决策都是针对问题作出的回应。可视化管理的首要目标,就是使问题曝光,管理者和相对方都可直观看出问题所在。法院管理的问题包括两个层次:一是一般层次问题,即现状与标准之间的距离,如案件审理时间不符合法定审限;二是高层次问题,即现状与理想状态的距离,如案件审理时间与高于审限要求的理想状态之间是否还有距离。除了解决一般层次问题,善于设定高层次问题并力求提升,这才是法院管理的理想境界。

责任可视化让问题解决成为可能。“成功的团队会把他们的共同

目标分解成具体的、可以测量的、现实可行的绩效目标。”[1]为此，必须将每一项工作任务的内容完整化和可辨识化，“对于量化的成果进行数量的测定，对于不应量化的结果进行质量测定”。[2]这种工作目标和工作内容的确定，使得工作责任得以明确。

如果不清楚存在什么问题，人们就会意识不到需要解决问题。

问题虽然显而易见，但如果责任人不清晰，人们也会视若无睹。不清楚谁应该对问题负责，人们就会缺少解决问题的动力。因此，工作责任的主体也即解决问题的主体必须明确。

所以，问题可视化，意味着两层含义：一是要让问题看得见；二是要让问题的责任人看得见。

松下幸之助说，世界上没有不能解决的问题，只有不想解决问题的人。

第二节　为什么人们对问题会视若无睹

一、问题难以被看见

为什么问题那么难被看见？

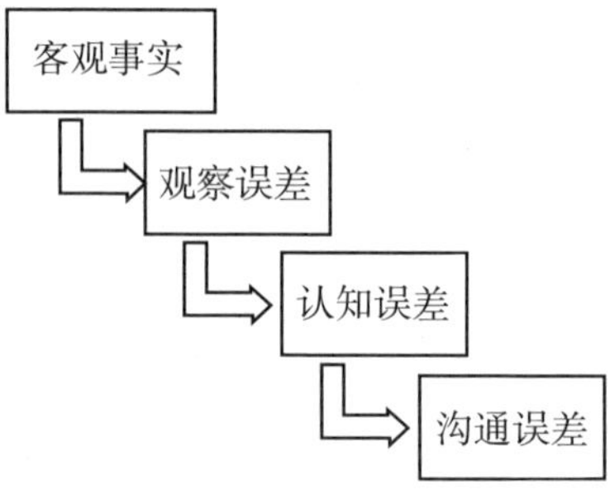

图4－1

〔1〕［美］斯蒂芬·P.罗宾逊、蒂莫西·A.贾奇：《组织行为学》，李原、孙健敏译，中国人民大学出版社2008年版，第294页。

〔2〕［美］彼得·圣吉等：《第五项修炼·实践篇：创建学习型组织的战略和方法》，张兴等译，东方出版社2006年版，第32页。

许多问题,听上去比较清楚,但实际上可能与实际情况有较大差异。其原因,有可能是因为我们的观察出了问题,也有可能是因为我们的认知出了问题,还有可能是因为在沟通过程中出了问题。不管是哪一种情况,都有可能让我们发生决策或判断失误。

二、对问题麻木或习惯

“对‘存在问题’和‘需要做出决策’的认知是个知觉问题。”[1]因此,对一些人来说是个“问题”的事情,对另一些人则是可以接受的。而值得注意的是习惯性的熟视无睹,即对问题的麻木现象。熟视无睹,或者因为习惯成自然,或者因为人们安于现状。习惯成自然,会对长期存在的问题失去敏感性,渐渐适应问题,最后问题会从人的感觉中消失。安于现状的人,就不会去发现工作和管理中存在的问题,更不会主动去解决问题。

比如我们的会议室里,有一个时钟,一直比正常时间晚十五分钟。从来没有人去调校。所有人看着那个钟都没有任何反应。我们有一个法庭,窗帘坏了,有一半耷拉下来,既没有人去理会,也没有人报修。每天到那个法庭里的法官和书记员都像没有看见过一样。这就是典型的对问题麻木。

三、信息漏斗现象

信息漏斗,也称漏斗效应、沟通漏斗,是指信息在不同主体之间的传递过程中会呈现一种由上至下的衰减趋势,类似漏斗的形状。对于管理者而言,他心中的思想如果分值是100%,当他用语言向下属表达时可能只剩下80%,进入下属的关注范围的有可能只剩下60%,经过理解时,就剩下40%,最后真正得到执行和贯彻的,就只有20%了。这就是日常工作沟通中的信息漏斗造成的问题。

---

〔1〕［美］斯蒂芬·P. 罗宾逊、蒂莫西· A. 贾齐:《组织行为学》,李原、孙健敏译,中国人民大学出版社2008年版,第134页。

四、观察和认知误差

任何一项决策都要收集资料和信息，并对信息和资料进行评估。在这个过程中最麻烦的是我们比较容易受到自己的欺骗，更麻烦的是，我们往往对这种"受骗"不自知。这种知觉的曲解，会使我们的决策和判断出现偏差。

例如，我们对审判质量的判断，通常是以发回改判率、再审改判发回率作为主要指标。

表 4 -1　甲乙法院改判发回率指标数据对比

	改判发回率
甲法院	20%
乙法院	10%

从上面的数据我们可以看出，甲法院的发回重审及改判率要高于乙法院。人们可能容易得出一个判断，就是乙法院的案件质量高于甲法院。这个结论是否正确呢？

我们来看看两家法院的判决案件和维持案件总数。

表 4 -2

	改判发回率	改判案件数	上诉案件数	判决案件数
甲法院	20%	20 件	100 件	1000 件
乙法院	10%	20 件	200 件	500 件

从表 4 -2 中，我们可以进一步看出，甲法院的上诉率只有 10%，而乙法院的上诉率却为 40%。甲法院的上诉率却远远低于乙法院。从这个角度看，甲法院的判决更为当事人认可。

从法官个人角度来看，也是如此。如果仅关注甲乙两个法官的办案数量，而忽略调解数的影响、简易批量案件的影响、案件类型的影响等相关因素，则可能产生明显误差。

五、人为造成的误差

这个问题在官僚主义盛行的地方更加容易出现。组织化的信息是决策的基础和依据，数字和报告是组织化信息的基本形式，但工作或管理中的怠惰行为、掩饰行为、弄虚作假行为，都会造成人为误差。如果管理者片面依赖书面报告，怠于亲自观察，就发现不了被掩盖的真实问题，影响决策的实际效果。

第三节　如何让问题可视化

要想让问题看得见，必须首先看得见事实。

麦肯锡公司有句名言：**“事实是砖。它铺成通往解决方案的康庄大道，构建支撑解决方案的中流砥柱。不要畏惧事实。”**我们共产党人的信条则是实事求是。在事实面前，我们没有理由害怕。

事实一方面可以弥补直觉的缺陷，另一方面可以提高可信度和说服力。麦肯锡公司的许多雇员尽管都是顶尖大学的顶尖学生，但这些学生在大公司 CEO 面前说话往往没有分量，所以麦肯锡公司要求他们必须详细地收集事实并加以透彻的分析。这样，他们的观点就会有足够的说服力。法院管理其实情况也完全相同。作为一个领导者，让自己的观点充满说服力是重要要求。

一、通过现场分析让问题浮出水面

走动式管理是近年来跨国公司比较倡导的一种管理方式。其实，这一做法与我党长期坚持的“从群众来，到群众中去”的优良作风是一致的。这一法宝让外国公司学了去，我们当然更应该坚持贯彻到底。

法院领导，虽然每天都身处法院，但作为法院院长、庭长，真正坚持经常到一线去旁听我们法官庭审的，并不多。事实上，旁听庭审可以对我们法院运行的实际状况、法官水平现状以及当事人行为的实际状况有个全面了解。定期旁听可以保持我们管理触角的敏锐性。

视频回放及现场分析,都会有利于我们更清楚地发现问题。例如,群体性事件的录像回放、现场考察等。丰田的精益求精管理方式,就完全建立在现场分析的基础上。管理人员必须深入现场一线,在现场发现问题、解决问题,同时分析管理流程中存在的更深层次的问题,通过对问题的不断发掘,让组织处于持续进步的状态。

有一次,我们曾经发生过一起群体性的来访者哄闹事件。那是一个非法集资案的受骗人,以退休老人为主。非法集资案件宣判后,这批老人经常群聚于法院来讨要"说法"(希望法院能够帮他们拿回被骗的钱款)。一天下午,他们再次来到法院时,发生哄闹事件。场面几乎到了难以控制的程度,险些酿成一次群体性事件。由于后期采取了几个有力措施,这起事件才得以平稳处置。后来,我们调取了现场视频,组织各相关责任部门进行了事件回放分析。

通过现场视频回放分析,我们发现了管理中存在的大量问题:

当天下午的情况是这样的:

13:30,有七八位老人进入大厅,滞留于大厅;

14:00,进入大厅的老人有三四十名之多,同时,大厅里等待立案的当事人也开始增多,大厅里开始变得比较拥挤;

14:05,大厅的安保人员第一次给信访办打电话请示如何处理,得到的回答是"先把他们晾一晾";

14:15,大厅里已经涌入七八十名来访者,大部分都站立于现场;

14:20,大厅接待人员及安保人员发现人越聚越多,且情绪越来越激动,遂分别给信访办和法警大队领导办公室打电话;

14:30,两名法警进入大厅;

15:00,信访办副主任进入大厅,向所有来访者宣布"今天不接待",引起来访者愤怒,并且有人与信访办副主任发生肢体冲突;

15:05,法警大队副大队长进入大厅,将与信访办副主任发生冲突的来访者劝说下来,同时,通知迅速增加法警支援;

15:06,信访办主任来到现场,告知来访人员可以到接待室接待。于是大部分来访人员进入到接待室;

15:30,接待人员在接待室听取了来访人员诉求后,进行了有效的劝说;

16:00,来访人员陆续离开法院。

接下来,所有参与现场分析的人共同分析,大家总结出这次事件中存在的问题:

第一,对滞留于大厅的来访者未能及时分流至专门的接待场所,这样不利于避免心理学的观众效应,即人越多越容易兴奋的原理。

第二,来访人员情绪有个积累过程,在此期间不仅未获得情绪排解,反而因为后来者因没有座位而陷入疲惫状态,此时,来访者更容易烦躁。

第三,大厅安保人员及时将相关情况报告信访部门,在出现较大危险后,又报告了法警部门,值得肯定。但安保人员在与相关部门联系失效,并且发现现场可能出现难以控制的危险时,应该提高报告级别。

第四,大厅接待人员处于十分漠然的状态,未进行过任何安抚行为、劝说及解释行为。

第五,信访办副主任进入现场后,不应该在来访人员情绪激动的情况下,宣布"今天不接待"。这无异于点燃众人的怒火。

第六,信访办有关人员"先晾一晾他们"的言论极其不妥,显示了对待群众的漠然。

第七,我们缺少一套群体性来访处置的标准化流程。

通过这一分析,我们接下来对相关人员该表扬的表扬,该批评的批评,该写检讨的写检讨,同时,对于此类事件,还制定了相应的操作规程。

近年来,上海法院开始了以视频回放为基本手段的庭审评查,效果良好。

[放一份庭审评查报告][1]

---

〔1〕 此资料未能查到。

二、通过结果分析让问题看得见

通过结果分析让问题看得见。例如,案件抽查、裁判文书抽查、庭审质量评查。以一份裁判文书检查报告为例。

2010 年第二季度法律文书质量检查报告

近期,审监庭对我院 2010 年第二季度法律文书进行了检查。现将检查情况通报如下:

(一)基本情况

本季度共收到各类法律文书 2021 份。审监庭按 30% 的比例,抽查了其中的 608 份,分别为执行庭 100 份、立案庭 3 份、刑庭 50 份、少年庭 30 份、民一庭 230 份、民二庭 70 份、民三庭 118 份、行政庭 7 份。本次检查经各庭室反馈,有 7 份法律文书存在差错,均为一般差错,差错文书占被检法律文书总数的 1.15%。

法律文书质量检查情况表

部门	检查份数	文书类别				差错文书			
		判决书	调解书	裁定书	其他	份数	占检查文书的百分比	其中	
								一般差错	重大差错
执行庭	100	0	0	100	0	1	1	1	0
立案庭	3	1	0	2	0	0	/	0	0
刑　庭	50	40	4	6	0	0	/	0	0
少年庭	30	25	3	2	0	0	/	0	0
民一庭	230	122	80	28	0	4	1.74	4	0
民二庭	70	38	17	15	0	1	1.43	1	0
民三庭	118	62	38	18	0	1	0.85	1	0
行政庭	7	4	0	3	0	0	/	0	0
合　计	608	292	142	174	0	7	1.15	7	0

（二）总体评价

本季度被检的大多数裁判文书认定事实清楚，适用法律正确，说理透彻充分，且用词准确、格式规范，体现出良好的法律素养和职业精神。检查中发现，经过审判方法和写作思路的专门培训，积极作用逐渐显现，多数承办人裁判文书写作水平有实质上的提升。希望能通过检查提示，进一步促使要件审判方法与裁判文书写作更好对接，促使法官释明、法官心证、法律观点开示过程与裁判文书论证说理过程相对接，以进一步提升裁判文书的质效。

（三）检查发现的法律文书差错情况

法律文书差错明细表

序号	部门	案号	承办人	文书类别	差错情况	差错性质
1	民一庭	(2010)长民一(民)初字第3××号	略	判决书	错别字。第5页第10行“当时人”，应为“当事人”	一般
2	民一庭	(2010)长民一(民)初字第1×××号	略	调解书	多字。第2页倒数第4~5行“均不再向被告被告”，多“被告”两字	一般
3	民一庭	(2010)长民一(民)初字第1×××号	略	判决书	原、被告身份错误。第3页第6行“入职被告处担任技术主管”，应为“原告”	一般
4	民一庭	(2010)长民一(民)初字第1×××号	略	判决书	错别字。第2页最后一段第三行“原告确以被告克扣工资为由解除劳动合同”，应为“却”字	一般
5	民二庭	(2009)长民二(民)初字第1×××号	略	判决书	错别字。第6页第1~2行“西征合同”，应为“系争合同”	一般

续表

序号	部门	案号	承办人	文书类别	差错情况	差错性质
6	民三庭	(2009)长民三(民)初字第1×××号	略	判决书	错别字。第10页第1段第6行"既使",应为"即使"	一般
7	执行庭	(2010)长执字第1×××号	略	裁定书	案号及数额有误。第1页第3段第2行及第5段第1行"(2009)长民二(商)初字第4×××号民事判决"应为"(2009)长民一(民)初字第4×××号";该页第5段第2行"人民币3,500元"应为"人民币3,050元"	一般

(四)需要进一步规范的问题

1. **第三人的诉讼主体作用未作表述。**(2010)长民一(民)初字第2×××号案件,该案为交通事故人身损害赔偿案件。本案两名第三人,分别是太平保险公司和中华保险公司。其中,中华保险公司未到庭参加诉讼,原告诉请、被告辩称、审理查明、本院认为、判决主文各部分也均未涉及中华保险公司的内容。中华保险公司因何未参加诉讼、在诉讼中起到何种作用、是否有参加诉讼的必要,均未明确。

2. **判决理由不能与判决主文一一对应。**(2009)长民一(民)初字第5×××号案件,该案为劳动纠纷案件,原告诉请被告支付2009年2月的工资及2009年3月至2010年3月的病假工资。对病假工资请求一项,判决主文将其分为两部分:一是2009年2月19日至2009年8月18日的病假工资;二是2009年8月19日至2010年3月31日的疾病救济费。为何作此划分,以及疾病救济费的确定标准,判决理由中未作任何交代。

3. **对诉讼标的的界定前后不一致。**(2010)长民一(民)初字第7××号案件,该案系两车相撞引发的交通事故人身损害赔偿纠纷,5

名原告系死者庞××的家属，4名被告分别系对方车辆驾驶员、两车所属公司和保险公司。该份判决认为原告与本方车辆所属公司即本案第三被告××公司的纠纷，“可依有效证据循其他法律途径救济”，但对精神损害赔偿一项，却认为“××公司愿另补偿原告精神损害抚慰金15,000元（已履行），原告无异议，亦予以准许”，判决主文中也有此项内容。如认为原告与该被告之间的纠纷应另寻途径解决，为保持诉讼标的统一性和说理逻辑上的一致性，则不宜单独就其中一项诉讼请求在本案中作出处理。

4. **对同一项诉讼请求存在不同的判决标准。**如（2010）长民一（民）初字第1×××号案件，本案系道路交通事故人身损害赔偿纠纷案件，原告诉讼请求中包含交通费16,873元。第一被告对此项诉讼请求无异议，第二被告有异议。对该项诉讼请求，在判决书的“本院认为”部分，主审法官根据“郭×近亲属来沪处理事故善后事宜的实际支出情况”，酌定为7,000元，但认为第一被告对此项权利请求无异议，则应按照16,873元标准承担，并作出相应判决。对同一案件的同一诉讼请求，不应存在不同判决内容。

5. **对证明责任分配涉及的相关概念有待进一步准确运用。**如（2009）长民二（商）初字第1×××号案件，对于原告提出的违约金，“本院认为”部分有这样的表述，“由于被告否认原告存在损失，属消极主张，而原告主张其存在实际损失，属于积极主张，原告应就此承担举证责任”。应当明确，根据《证据规定》第2条的规定及证明责任相关理论，当前审判实践中在分配举证责任时应以法律要件事实说为主要依据，而不以待证事实说的积极主张和消极主张为依据。本案中，存在实际损失是原告提出的违约金请求权基础构成要件事实，原告负有主张责任和证明责任。被告仅提出原告不存在损失，未提出新的事实主张，系否认，并非抗辩主张，因此，不承担证明责任。司法实践中，应进一步准确把握主张责任、事实主张、抗辩和否认等概念。

6. **遗漏抗辩主张的事实查明。**如（2010）长民二（商）初字第1××号判决书案件，该案原、被告就会议和旅行等相关服务事宜签署《国际会议旅行服务协议书》,原告按协议支付了费用。其后,因目的地泰国发生军事政变,合同无法履行,被告返还部分费用,剩余部分被告以当地酒店拒绝退还为由不予返还。该份判决驳回了原告诉讼请求,理由是“原告已经支付的预付款项,被告应予返还,并负责对已经转付泰国当地酒店的订房费用的催讨。因原告主张的是要求被告支付欠款的请求,但原告未能就支付欠款主张的请求权的形成,提供与支付欠款相对应的基础关系的证据加以证明,故原告主张要求被告支付欠款的事实不成立。”综观本案,原告请求权基础要件事实是清楚的,事实查明部分也明确原告已支付预付款359,648元,被告返还了308,576元,尚欠51,072元未予返还。但值得注意的是,被告在辩称中主张“原、被告之间是代付关系”“酒店定金付给泰国”,并提供一份委托书,证明双方约定相关定金责任由客户承担,被告不负责退还定金。该案的问题在于未明确双方基础法律关系(是案由所定的旅店服务合同关系还是委托合同关系)、未查明双方协议具体内容,特别是未查明被告所主张委托书内容的真实有效性。

(五)需要进一步研讨和明确的问题

1. **关于律师费标准自由裁量幅度过大的问题。**根据抽检的裁判文书,同是交通事故人身损害赔偿案件,律师费差距过大。最低为800元,如(2010)长民一(民)初字第1×××号案件;最高达30,000元,如(2010)长民一(民)初字第1×××号案件。应当根据案件诉讼标的大小、案件的复杂程度以及当事人的实际付费情况综合判断,避免自由裁量范围过大,造成律师费的判决数额畸高畸低。

2. **关于避免判决超出诉讼请求的问题。**交通事故损害赔偿案件中,经常因一并处理当事人垫付费用,出现判决超出诉请的情况。如(2010)长民一(民)初字第1×××号案件,本案为交通事故损害赔偿纠纷案件。就医疗费用一项,原告诉请被告赔偿医疗费3366.62元,判决被告应赔付的医疗费用是9663.32元。之所以出现此情况,是由于被告在诉前已经垫付6459.20元,双方同意在诉讼中一并处理。为避免判决超出诉讼请求,应在诉讼中引导当事人完善诉讼请求,在固定诉讼请求时，如有预付、垫付费用的，应将已支付金额仍计入请求金额，以避免产生判决超出诉讼请求的表象。

3. 关于刑事案件被告人违法所得处理主文表达的规范性问题。 一是用语不尽统一。不同承办法官的表述不尽相同，如“在案款人民币××元发还被害人××”“被告人已退赔的违法所得人民币××元，发还被害人”“退缴在案款人民币××元发还被害人”“扣押在案的××人民币××元，发还被害人××”“违法所得人民币××元，发还被害人××”。二是内容不够明确。如“责令被害人退缴其余违法所得发还被害人”“被告人违法所得予以没收”。“违法所得”“其余违法所得”的具体数额、被害人的具体指向均不够清晰；在存在多个被害人的情况下，追缴的违法所得如何分配，更无法认定。值得推荐的是(2010)长刑初字第1××号，该份判决的表述为“责令被告人陈××退赔违法所得共计人民币九十一万五千一百七十元三角三分，分别发还被害人杨××、张××、黄×、钱×”，相对其他判决应属清晰。但尚需进一步明确的问题是，虽然每一位被害人的损失金额在法院查明事实部分已经有所交代，但为便于执行，仍有必要将各被害人发还的金额在判决主文中一一明确。

三、通过数据分析让问题看得见

例如，重复开庭问题。又如，当事人投诉分析。再如，案件移送时间、信息输入差错率分析。

为什么许多人时间不够用?

这些年，法院收案大幅度上升，导致了法官和辅助人员的超负荷工作。加班加点现象较为严重。固然，案多人少是一个方面，但另一方面，我们的干警们也存在大量的时间浪费现象。

效率不高的时间浪费，比如，可以一分钟处理的电话，却聊了十分钟甚至更长时间。可以半个小时开完的会，却开了半天。有的会议，根本没必要召开，完全可以通过一个简单的通知即可解决的问题，却要召集一个会议。不少会议召集者，总是把会议安排在下午两点半、三点开始，造成参加会议的人员前后的时间都很难有效利用。还有，一个会议当中涉及不同部门的若干主题，会议召集者往往会让所有部门的参会人员都全程陪会。

不专心的时间浪费。有研究表明，员工平均每工作 11 分钟就会被打扰一次，每一次都会造成注意力的丧失，而要返回到工作状态需要很长时间。我们每个人都被花样繁多的东西吸引并干扰着，从而不断破坏着我们的注意力，比如，电话、短信、网络、微信、同事闲聊、报纸，甚至电脑游戏，等等。

职责不清造成的时间浪费。有时候，一件很简单的事情，两个部门之间推来推去，耗费了大量时间和精力。这种情况造成的时间浪费也为数不少。

重复劳动造成的时间浪费。一方面，案件多得来不及办，而另一方面，重复开庭却十分严重。

会议安排不合理。比如，党组会和审委会，是法院经常要召开的会议。一般情况下，这两个会议时间不固定好，老是变来变去，会让下属的时间安排增加不可预测性，同样也会增加时间耗损。

此外还有小额时间浪费、情绪不佳的时间浪费等。时间浪费有一个很重要的特点，那就是无形性。时间的浪费是无形的、不知不觉的。要解决时间浪费方面的问题，就要让大家看见这种无形的浪费。

四、发现问题背后的问题

为什么法官们每个月只报结 10 件案件？

有位法官告诉我，庭里的法官明明还有好几件案件可以审结，但有意放在手里不结，说已经报结 10 件就可以了。可以报结，却有意放在手里不结。如果我们简单地看待这个问题，似乎结论是这位法官境界不高，对干多干少有些计较。如果问题仅仅停留在这个层面，问题就不可能真正得到解决。因为光靠说教是没有办法解决这种问题的。

哈佛大学威廉·詹姆斯教授指出，员工只需发挥 20% ~30% 即可保住饭碗，如果受到充分激励，就可以发挥 80% ~90% 的潜能。

对比图[1]

后来，我们进一步深入调查发现，院里对干得多的法官从来没有激励措施，干得多没什么好处；庭里则对结案多的法官采取的是鞭打快牛的办法，越是干得多越累。这样我们就真正弄明白了，原来，法官们人为控制报结案件的做法实际上是一种自我保护机制。

问题的根源，其实在我们管理者身上。我们没有建立起一套正向激励机制，没有能采取措施防止鞭打快牛。

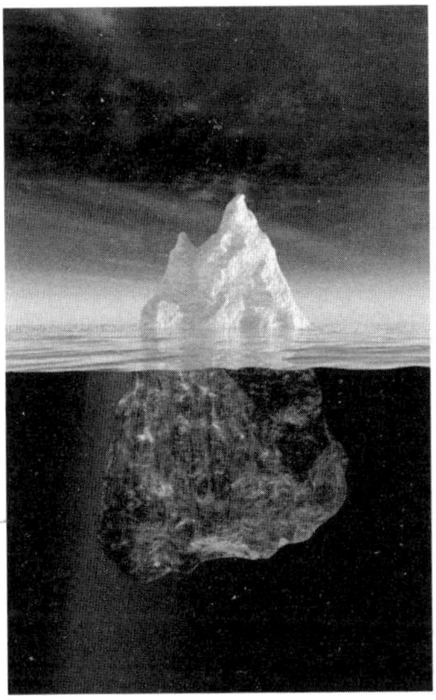

图4-2　冰山图[2]

问题是表象，关键是要看到问题背后的问题。一次事故发生后，一定要查找问题及问题背后的深层原因。通常，我们比较常见的敷衍性回答就是："责任心不强、严重违反制度规范、管理不到位。"然后处分几个人。这件事情就算过去了。

这样的回答确实是问题的根源所在吗？只要我们继续追问，为什么会发生违规操作和责任心缺失的问题？经过分析，或许可以发现这

〔1〕未查到相应资料。

〔2〕作者原文涂红，未及解读。

家单位里,违规操作较为普遍,没有人去监督检查制度的落实情况。偶尔查一下也会不了了之,没有下文。因而,员工的责任心呈不断下降趋势。

如果我们继续追问,为什么没有人监督检查制度的执行情况?或许可能发现,领导不重视执行力是其原因。如果再继续追问,领导为什么不重视执行力?就会发现,领导虽然大会小会一直讲,但领导决策在这家单位呈现出层层递减的现象。为什么会层层递减?因为缺乏保障制度落实的长效机制,因为管理人员缺乏系统的管理素质……

树形图表达[1]

从上述案例可以看出,一个看似简单的问题背后,其实还隐藏着一系列的问题。如果不能一层一层地将之深挖出来,就不能从根本上解决问题。

有些问题长期存在,管理者往往会担心得罪人而不敢往下查,还有的担心查下去会弄得家丑外扬,因而对问题人为地加以掩饰。殊不知,这种思想有极大危害:一是它会严重伤害管理者自身的权威性;二是它会让问题周而复始;三是它会纵容无责任感的行为,组织出现负面文化后,责任心就会受到伤害。这样的组织出问题是早晚的事情。所以,必须形成组织内的责任文化。树立对问题一追到底的勇气,就是组织蓬勃发展的基本要求。

领导者有什么样的理念,这个部门就会有什么样的理念,你这个部门就会有什么样的状态。

管理,就是要让所有人都按照最正确的方法做事情,让他们都不犯错误。让所有人轻松地完成任务,也是管理者的职责。

这种在管理上精益求精的精神,使丰田公司获得了极高的效率,创造了举世瞩目的成就。他们创业的时候,流水线是从美国进口的,铁矿石是从澳大利亚进口的,产品要用很高的运费返销美国,产能规模只有美国汽车公司的十分之一。这在常人看来,几乎是不可能与美

---

〔1〕 作者原文涂红,未及完善。

国车竞争的。但就是靠着一点一滴的持续进步，最后不仅打入美国市场，而且让美国汽车公司申请破产保护。这样的奇迹，没有领导者持续进步的理念，没有严格管理的风格，没有对组织精神状态的塑造，是不可能做到的。

日本本田公司的管理中还有一个案例，令人印象深刻。钻滚机出故障了，修理工前去修理。修理工一看，是保护开关短路了。开关短路，换一个就是了。但修理工把短路原因分析了一下，是因为有水进入开关了。修理工再继续观察，开关进水有两个原因：一个原因是开关的密封条未起密封作用；另一个原因是开关上方的管子往下滴水，滴水的原因是上面有一个蒸汽管渗水。这个修理工的做法特别值得我们思考。对于第一个原因，常规做法是更换密封条，但这种方法成本太高，因为那种密封条价格非常昂贵。修理工采用了一个很简单的办法，就是把开关敞口从原来向上转为向下，这样水就进不去了，同时也不用密封条了。对于第二个原因，钻滚机上面配装的蒸汽管的安装位置没有明确规定。其实只要把这根管子的安装位置稍微调整一下，就滴不到开关上了。于是，为了防止再次发生同样的事情，他提出了修改安装标准的建议。同时，还提出了相应修改验收清单的建议。我们在管理实践中，许多问题一直在重复发生，其原因是什么？这个案例特别值得我们认真思考。

为什么归档时间差异会如此之大？

归档时间[1]对于审判管理具有较大意义，有利于减少卷宗材料散失的可能性。提高案卷移送效率，也有便于提高对外开放查阅的效率。但实践中，各个书记员的归档效率差异极大。附表。[2]

从表中可以看出，效率最高的只需一天，最低的却需要 20 多天。进行数据分析之后的调查发现，存在主客观两方面的原因，客观原因主要包括送达回证未寄回，但该条理由难以成立。因为我们允许先归档事后补回执。主观原因有三：一是材料散乱，部分材料待收集整理；

---

〔1〕 上海法院以归档时间作为案件报结时间。

〔2〕 未找到相应图表。

二是须核实材料提交双方当事人的姓名和提交时间;三是工作习惯拖拉。

为什么不采用事先核实的办法？未养成习惯。为什么未养成习惯？无此项工作要求;无此类培训。为什么无此类工作要求和工作培训？因为缺乏一套类似于《书记员专业技能培训大纲》的制度。

为什么工作习惯拖拉？因为无此项工作要求、领导不关注、书记员做得好坏没有评价上的区别。

如何让案件中的问题看得见？

前述(第三章第四节)已讲到因为法院内网涉密及技术的问题,书记员都采用了手写信封。手写信封带来三个问题,一是效率低;二是质量差;三是信件登记需要重新誊抄,费时费力。据了解,有的法院特别聘请了若干位辅助人员专门誊抄信封。我们收发室也不止一次提出要求增加人手。

针对这个问题,我们成立了技术攻关小组,仅用两天就把技术问题给解决了,不仅节省了书记员的工作时间,也让每个信封都成为极其清晰的标准化打印。同时系统还可以把所有打印过的信件自动生成一个清单,这样一举消灭了收发室登记信件的工作量。

这个案例中,让问题表现出来,让问题的原因浮出水面,就直接促成了问题的最终解决。

五、让审判思路中的问题看得见

实践中,法官审判思路不清的情况还是时有发生。通过对一些长期未结案件的分析,我们发现,审判思路不清是案件变老的重要原因。有的案件庭审时,法官审来审去就是审不彻底,总是有些地方不到位。在庭审发问时,有些关键问题就是问不到。关键的问题没有问,下次势必还得重新开庭。这说明,厘清思路很重要。审判思路影响审判效率,尤其是在案多人少的情况下,不允许我们做过多的无用功。这就要求我们最大限度地减少无效劳动和重复劳动,要求我们把每一个人的力量,每一块资源,都用得恰到好处。我们除去调解掉的案件,有六七千件需要开庭，如果每个案子多开一次庭，就是六七千个庭审了。如果思路清晰，一次性解决问题，就能够节省很多个庭。几千个庭对我们来讲意味着什么？意味着上万张的传票、上万张的通知、上万次的送达、上万次的信息输入。

在全市范围内进行分析[1]

让法官的思路看得见

我们在审判员和审判长晋升时，把审判思路作为面试的重点内容。给参加面试的人员提供一个案子，让他们回答自己的审理思路。审理思路怎么展示呢？并不是要求他们马上得出审判结果，而是让他们阐述当事人的请求权类型、请求权基础、争议焦点、下一步审理方向等。这种面试方法效果特别好，每个人对审判思路的把握能力，高下立见。

审判思路其实对当事人的影响会特别大。我们有一起并不算太复杂的案件，法官开了十次庭还没审清楚。双方当事人和律师都非常恼火。司法为民，端茶倒水礼貌客气固然重要，但最大的司法为民还是把审判思路理清楚，把案件事实审清楚，把效率提高，把结果判公正。

我们目前在审判思路方面存在的问题比较多一些。为了全面、准确反映审判思路中的问题，我们在 2010 年开始推行审监工作提示书制度，将案件审理思路和文书内在逻辑纳入常规案件和文书检查范围，由相关职能部门将常规案件、法律文书、改判发回案件检查中发现的问题分门别类，从中提炼出共性问题、突出问题、重点问题，并提出相关改进建议，以“一庭一送”方式发送给有关业务庭。各业务庭通过审监工作建议书这个平台，可以看得到审判工作中的薄弱环节，找到审判思路管理的重要抓手。下面以一份审监工作提示书为例进一步说明。

---

〔1〕 此处作者未及详述。

上海市长宁区人民法院审监工作提示书

2012 年第 8 期(总第 30 期)

(上海市长宁区人民法院审监庭　2012 年 11 月 1 日)

重复开庭案件中存在的问题及改进建议

民一庭、民二庭、民三庭、民四庭:

为进一步端正审判理念,提高庭审效率,及时解决当事人纷争,审监庭对我院最近一年来审理的民(商)事案件重复开庭[1]情况进行了专项检查,分析了存在的问题和原因,提出了改进建议,供你们研究借鉴。

一、基本情况

2010 年 7 月至 2011 年 6 月,我院共审结民(商)事案件 8385 件,扣除结案日期为 1 天的 3481 件,其余为 4904 件。根据上海法院综合信息管理系统查询的数据统计,4904 件案件的平均开庭次数为 1.906 次,重复开庭比例为 51.65%;其中房地产类案件平均开庭次数 2.21 次,重复开庭比例为64.29%;商事类案件平均开庭次数 1.78 次,重复开庭比例为 42.07%;其余普通民事类案件平均开庭次数 1.77 次,重复开庭比例为 48.85%。

审监庭对录入 5 次以上开庭的 171 件案件进行了逐案检查,发现由于存在信息输入错误或不准确以及取消开庭后系统中仍有开庭登记等因素,系统中显示的开庭次数与实际开庭情况存在出入。经统计,被检的 171 件案件实际开庭次数、法官多次重复开庭比例、案件每次开庭间隔时间见表一、表二、表三:

[1] 本提示书中所称的“重复开庭”,是指 1 个案子开庭次数在 2 次(含 2 次)以上的。

表一　开庭次数

开庭次数	一次	二次	三次	四次	五次	六次	七次	八次	合计
普通民事案件	3	2	23	10	13	1	0	1	53
房地产案件	3	11	17	21	16	6	0	0	74
商事案件	1	2	19	15	5	2	0	0	44

表二　法官多次重复开庭比例〔1〕

庭审次数 / 占人员比	四次	五次	六次	七次	八次
普通民事案件	38.89%	33.33%	5.56%	0%	5.56%
房地产案件	53.33%	46.67%	20%	0%	0%
商事案件	70%	30%	20%	0%	0%

表三　每次开庭平均间隔时间

每次开庭平均间隔天数	一/二次间隔天数	二/三次间隔天数	三/四次间隔天数	四/五次间隔天数	五/六次间隔天数	六/七次间隔天数	七/八次间隔天数	平均间隔天数
普通民事案件	61.6	60.9	38.7	22.4	33.8	9	28	36.34
房地产案件	45.37	51.66	31.23	36.48	22.61	0	0	37.47
商事案件	24.9	20.1	95	31.3	122.5	0	0	58.76

二、存在的问题及原因分析

审监庭对171件案件重复开庭的原因进行了统计，归纳出29个方面的原因。具体见表四：

〔1〕 表一、表二中的开庭次数、法官多次重复开庭比例均包括调解庭、证据交换庭、预备庭、审理庭、宣判庭等。法官多次重复开庭比例表中，1人如果既有4次开庭，又有5次或以上次数开庭的，按实计算，即人员有重复。

表四　开庭次数

序号	重复开庭原因	该原因导致重复开庭次数			总计
		普通民事	房地产	商事	
1	案件本身复杂	9	16	6	31
2	当事人诉讼请求不固定	13	17	8	38
3	当事人需要补充证据	52	14	30	96
4	一方当事人提出新证据，对方需要补充调查	3	4	5	12
5	代理人亲历性原则缺失	1	5	0	6
6	当事人双方对事实认定不清，需庭下核实	2	3	4	9
7	法官没有归纳争议焦点	20	44	14	78
8	当事人提出新事实	7	0	0	7
9	诉讼费迟交	1	0	0	1
10	当事人未到庭	3	1	0	4
11	需追加被告	2	4	1	7
12	需追加第三人	3	2	5	10
13	简易程序转普通程序	2	0	0	2
14	当事人对标的物的价格、质量、数量、结算方式、损害程度等证据材料分歧较大，需要委托有关专业技术部门作出审计、估价、鉴定或现场勘验	5	17	5	27
15	需证人出庭作证	3	1	1	5
16	当事人提出管辖权异议	3	0	3	6
17	当事人对证人证据有异议	1	0	1	2
18	当事人身体不适	1	0	0	1
19	当事人申请法官回避	1	0	0	1
20	申请延长举证期限	2	1	3	6
21	当事人变更代理人	1	0	0	1

续表

序号	重复开庭原因	该原因导致重复开庭次数			总计
		普通民事	房地产	商事	
22	法官释明风险(变更被告、补充证据、风险)	0	0	3	3
23	案件承办法官更换	0	1	1	2
24	当事人或代理人需庭后考虑是否接受调解或具体调解方案	11	2	8	21
25	被告提起反诉	2	3	1	6
26	代理人代理权限为一般代理,需要和当事人协商	0	1	0	1
27	本案与另案有关联,需等待另案判决结果	0	3	0	3
28	鉴定被告是否为完全民事行为能力人	0	1	0	1
29	当事人申请延长答辩期限	0	1	0	1

通过对上述表格中重复开庭原因进行分析,发现主要存在以下十个方面的“不到位”:

1. 引导当事人固定诉请不到位

因当事人诉讼请求不固定导致重复开庭的有38次,占9.79%,是案件重复开庭的第三大主要原因。其中不少案件当事人诉讼请求不固定与法官引导缺位之间存在一定关系。

【案例1】原告储某某诉被告上海某某物业工程有限公司追索劳动报酬纠纷。该案前5次开庭的原因主要就是因为原告的诉请不固定。第1次开庭时,原告提出了6项诉讼请求,与起诉状上的诉请不一致,被告提出要求答辩期;第2次开庭时,原告坚持了第1次开庭时的诉讼请求,被告答辩称原告的诉请超出了仲裁申请的范围,法庭遂告知原告诉请不应超出仲裁范围,原告表示不能当庭明确诉请,要求考虑一周;第3次开庭转为合议庭审理,法庭向原告释明其将退休,诉请恢复劳动关系执行上有难度，原告变更该项诉请为赔偿违法解除劳动合同的赔偿金，但具体赔偿数额需要回去计算；第4次开庭原告提出4项诉请，放弃2项诉请；第5次开庭法官问“诉请有无变化”时，原告提出5项诉讼请求，增加了补充养老金1项，被告又要求答辩期。该案一共开了8次庭，其中固然有当事人法律知识欠缺、诉讼能力不强的问题，但承办法官及合议庭怠于释明和引导也是案件重复开庭的原因之一。

【案例2】原告（反诉被告）丁某诉被告（反诉原告）张某某房屋租赁合同纠纷。该案也是在开第5次庭时双方当事人才固定诉请。原告在诉状上及第1次开庭时提出了解除合同，被告返还租金、押金，支付赔偿金等诉讼请求。第2次开庭时，被告口头提出反诉，并于庭后递交了书面反诉状，要求解除合同、返还房屋，赔偿损失8万元（房屋恢复原状的费用）。见被告提出反诉，原告在第3次开庭时也提出变更诉讼请求，要求继续履行合同，被告支付房屋装修损失5万元。第4次开庭，当承办法官问原告“上次变更了诉请，今天有无变化”时，原告又变更诉请，要求免除其在双方发生冲突期间的9个月的租金，被告见状也增加诉请，要求原告赔偿房屋结构被破坏的费用4万元。第5次开庭时，原告将9个月免期变更为7个月，被告增加诉请要求原告支付欠租等。其间，承办法官及合议庭并没有就该案涉及的解除合同、继续履行、损害赔偿等诉讼请求的基础规范（如请求解除合同之诉的基础规范有约定解除、协议解除、法定解除，当事人主张的是哪一种）向当事人进行释明，并及时固定本、反诉诉请，而是任由当事人变更。由于当事人的诉请始终处于不确定状态，庭审主线也就没有办法确定，也在随着诉请的变更而变更，重复开庭自然难以避免。

2. 引导当事人举证及固定诉讼证据不到位

因证据缺位而重复开庭的情况最多，达到96次，占24.74%，是案件重复开庭的第一大主要原因。主要情形有：(1)当事人庭前不举证或举证不到位，庭审中由于证据不足，要求休庭补充证据的；(2)当事人采取“挤牙膏”式的方式，每次开庭都要求补充新的证据，使证据无法固定的;(3)一方当事人未提供证据原件,对方当事人有异议,要求与原件核对,需要重新开庭对原件进行核对和质证的;(4)当事人对标的物的价格、质量、数量、结算方式、损害程度存在争议,需要委托有关专业机构进行审计、估价、鉴定或现场勘验的;(5)当事人举证时只提供证言却没有申请证人出庭,需要申请证人出庭导致再次开庭的;(6)一方当事人在庭审中补充证据,对方当事人表示无法当庭质证,请求庭后核实并补充调查的。上述情况表面上看是由于当事人或代理人自身的原因造成的,但透过当事人举证能力欠缺的表象,从中也反映出法官行使审判职能、引导当事人举证及固定诉讼证据、有效推进庭审顺利运行方面存在缺位或不到位。如应提供哪些证据及证据需具备的形式要件,有些当事人并不知晓,法官也疏于释明引导,导致当事人反复补充证据或者因提供的证据不符合形式要件无法当庭质证而重复开庭。

【案例3】原告浙江某公司诉被告上海某公司建设工程施工合同纠纷。该案在第5次庭审中,被告提供了证人证言,但是却没有申请证人出庭,合议庭只能结束此次庭审,告知被告通知证人在下次开庭时出庭作证。

3.庭前准备不到位

要使庭审取得高效有序、张弛有度的效果,必要的庭前准备是不可或缺的。但是由于基层法院案多人少矛盾比较突出,审判一线法官办案压力较大,加上案件繁简程度不一,法官会出于精力和时间等原因疏于庭前准备;另外,也存在部分法官由于自我感觉良好或工作作风比较粗糙等原因而忽视庭前准备、盲目开庭的情况。这样就不可避免地会出现庭审效率低下、重复开庭的情况。主要表现在以下两个方面:

一是诉讼主体审查不到位。由于庭前准备不足,承办法官对案件的重要事实不了解导致诉讼主体错误或者对案件的诉讼主体有无漏列、错列等审查不细,未能及时要求当事人更换、追加或者依职权通知当事人参加诉讼,导致重复开庭。

【案例4】刘某某诉张某等道路交通事故人身损害赔偿纠纷。该案在第3次开庭前,承办法官才了解到第一被告是无偿帮人还车这一重要事实,结果取消此次开庭改为向当事人作调查笔录。后经调查,依法追加被帮人为本案被告,案件又重新开庭。本案表面上看是由于当事人在第1、2次开庭时没有陈述清楚,但从深层次上看,法官存在庭前准备不充分,对责任主体等这些应当在第1次开庭时就予以查明的重要案件事实存在疏漏,导致经过2次开庭、1次调查后才追加当事人,案件又需重新开庭的情况。

二是必要的庭前释明不到位。由于庭前准备不充分,承办法官对案件的主要争议、请求权基础及其构成要件以及双方当事人需提供的证据心中无数,庭前就不可能向当事人告知应围绕本案的基础法律关系及争议问题提供哪些证据。不少诉讼能力较弱的当事人由于不知道应该提供哪些证据,导致第1次、第2次甚至更多次开庭时都有证据遗漏要求下次再予补充的情况。

前面列举的【案例1】该案当事人在第4次开庭时,才提出对系争协议书单位公章的真伪、形成时间等进行鉴定;第5次开庭时法庭还在征求当事人是否需要举证期限,当事人表示再需要15天期限。

【案例5】上海某进出口公司诉上海某某公司承揽合同纠纷。该案第1次开庭时,被告提出反诉,要求原告赔偿因违约而给其造成的损失10296.10元,但未说明损失的组成和计算标准,承办法官也没有通过询问或告知的方式要求其说明,在组织双方就本诉和反诉进行举证质证后,法官宣布休庭给双方5个工作日的时间补强证据;第2次开庭时,仍没有要求被告说明损失的组成,只要求双方进一步举证质证;第3次开庭时,法官才向被告释明需对损失的组成进行举证,并告知相应的法律后果,被告便撤回了反诉请求。本案一共开了6次庭。如果第1次开庭时,法官就告知被告应就损失的组成及计算标准提供依据和不能提供的法律后果,就可以促使当事人及时剔除不合理或者没有事实支撑的诉请,减少开庭次数。

4. 归纳争议焦点不到位

目前审判实践中，大部分庭审采当事人对抗为主的模式。在这种模式下，如果审判人员不注意发挥庭审的引导作用，只是被动听审，那么庭审活动就会出现节奏拖沓、审理思路模糊、庭审方向把握不准确等问题，不仅影响庭审效率，还会影响事实的查明，妨碍庭审功能的发挥。[1] 因此，法官在庭审时，应当及时对双方当事人的争议焦点进行归纳，这样可以促使当事人围绕争议焦点进行举证质证、展开事实调查和法庭辩论，避免出现因争议焦点不明，致当事人反复举证、庭审主线含糊不清、庭审效率低下的情况。然而，被检案件中，开庭未归纳争议焦点达到了 78 次，占 20.10%，成为案件重复开庭的第二大主要原因。

【案例 6】原告周某某诉被告陆某某离婚纠纷。双方当事人的主要争议是婚后财产的种类及价值。该案在第 1 次开庭中没有对双方的争议焦点归纳，也未向当事人释明各自需围绕争议焦点提供哪些证据，只告知给双方 15 天举证期。第 2、3 次开庭双方都有证据遗漏，导致案件开庭 4 次后才审结。

5. 审判思路不到位

有些案件证据不多、诉讼标的不高、案情也算不上复杂，但也存在重复开庭的情况，而且每次庭审笔录也就几页纸，前次庭审与后次庭审之间缺乏明显的连贯性。为什么要重复开庭，究其原因，还在于法官审判思路上存在问题，对案件的基础规范、构成要件、通过开庭要解决什么问题、达到什么目的等并无把握，导致重复开庭。

【案例 7】上海 A 公司诉上海 B 公司买卖合同纠纷。原告请求被告清偿合同项下的欠款及利息 105111.83 元，提供了销售凭证和付款凭证。被告抗辩称不欠原告的钱。该案经过 1 次庭前证据交换后，转为普通程序，合议庭第 1 次开庭后，庭审程序已走完，当庭告知择日宣判。但后来又开了第 2、第 3 次庭，每次庭审笔录都只有 4 页纸。本案

---

〔1〕 沈志先主编：《驾驭庭审》，法律出版社 2010 年版，第 206 页。

最后是以当事人自行协商达成调解协议结案的。但整个卷宗看下来，案件事实和审判脉络都不是很清晰。

还有的案件已经经过4、5次开庭，每次开庭承办法官都会问：诉请有没有变化？证据有没有补充？如【案例1】、【案例2】，在前4、5次开庭时，承办法官每次都会询问当事人诉请有无变化，原告每次都会回答有变化；【案例5】该案前4次开庭，承办法官每次都会询问：双方当事人有没有证据补充？被告每次都回答有证据补充，第5次开庭时又申请证人出庭作证。

这看似是为了充分保障当事人的诉讼权利，实则反映出法官对案件的基础法律关系及其构成要件以及当事人围绕本案争议应提供哪些证据拿捏不准，底气不足，不敢向当事人进行释明和引导。有的当事人本来诉讼能力就欠缺，对如何打官司及能否胜诉心存疑惑，经承办法官这么一问，会加重他心中的疑惑，认为自己在诉请或者证据方面还存在不到位，因此针对法官的提问，每次都回答：诉请有变化，证据需要补充。这样就会造成诉请不固定、证据不固定，案件反复开庭。

6. 及时转程序不到位

一些疑难案件没有及时适用普通程序而一概先适用简易程序，不能在审限内结案后，才转入普通程序，导致重复开庭。据统计，171件案件中，有141件案件是由简易程序转为普通程序的，占82.46%。不少案件在经过庭前准备、证据交换或者1次开庭后，承办法官就能够感觉到案件是否复杂，能否在3个月内审结，但多数都没有及时将案件转入普通程序，而是到审限届满时才转入普通程序，不仅增加了开庭次数，而且还延长了审理周期。

【案例8】原告刘某诉被告上海某公司房屋租赁合同纠纷。该案于2010年3月9日立案，适用简易程序，本案有本诉与反诉，4月20日第1次开庭后，承办法官就发现案情比较复杂，但直到7月6日才将案件转为普通程序。该案共开了5次庭，审理期限205天。

7. 业务能力不到位

案件本身疑难复杂在重复开庭原因中有31次，占7.95%，是案件重复开庭的第四大主要原因。不可否认，其中大部分案件确实存在法律关系确认、事实认定或法律适用方面疑难复杂，难以通过1次或2次开庭就能够解决的情况，但也存在部分法官由于业务能力方面存在欠缺，案件开了1次或2次庭后，事实已经清楚，但不敢及时判决，还要再次开庭的情况。

【案例9】原告刘某某诉被告王某某等其他所有权纠纷。原告主张系争房屋的买卖合同为虚假合同，应为无效，请求将房屋所有权恢复到自己名下。被告主张房屋买卖合同真实有效。在另一起关联诉讼中，生效判决在本院认为中已认定本案争议的买卖合同是虚假合同，本案经过第1、2次开庭后，案件事实已经清楚，但该案没有及时判决，又开了第3庭后才判决。还有一些案件当事人诉请或证据一有变化，不进行必要的释明就休庭，导致下次开庭仍因为同样的问题草草收场。

8. 办案作风不到位

有些法官司法为民的意识不够强，在尽量减少当事人来回往返、及时为当事人解决纷争方面意识较淡薄，没有进行必要的庭前准备、对案件一无所知就安排开庭，或者想到一个问题就通知当事人来法院开庭或作调解笔录，导致案件重复开庭。

前面列举的【案例1】，该案第1、2次开庭都因为原告诉请与起诉状不一致而休庭，两次开庭笔录都只有2页纸；还有下面列举的【案例10】，该案第1、2次开庭主要都是因为证据问题（证据是复印件或者证据不到位）而休庭，庭审中法官对争议焦点未作归纳，对下次开庭应提供的证据亦未作释明，2次开庭笔录都只有寥寥几页纸。

9. 办理委托鉴定事项不到位

因委托审计、鉴定、评估致案件需要重复开庭的有27次，占6.96%，是案件重复开庭的第五大主要原因。其中大部分案件确实需要对争议的专门性问题委托鉴定部门进行鉴定，鉴定内容指向明确，但也存在一些问题，比如有的法官只要当事人对损失数额有争议，不管数额多少、是否确实需要鉴定，也不考虑当事人的诉讼成本，就一概要求当事人申请鉴定;有的确定不了鉴定内容,有的遗漏鉴定内容,造成当事人频繁往返、多次鉴定的情况。

【案例11】原告上海某公司诉被告赵某某等房屋租赁合同纠纷。被告反诉要求原告支付其在涉讼房屋北面搭建房屋的费用近155万元。第1次法院委托鉴定部门对系争房屋的装修及搭建部分的价值进行评估,评估报告质证时,原告对鉴定范围提出异议;第2次法院委托对搭建部分(室外部分)造价进行评估,评估报告质证时,当事人又提出水电安装等设备没有评估;法院又第3次委托对设备进行评估。该案共开了6次庭。

10. 指导培训不到位

检查发现,导致案件重复开庭的问题在年轻法官身上发生的比例较高。年轻法官虽然法律理论基础普遍较好,但审判经验和社会经验需要有一个积累的过程,部门、审判长对这些年轻法官指导和培训以及年轻法官自身主动向老法官学习方面存在沟通欠缺,因而易出现上述问题。有些重复开庭的原因如未归纳争议焦点、诉请不固定等会在某些部门、某些合议庭比较普遍,这也与部门指导、培训不到位有一定的关系。

三、建议与提示

王胜俊院长指出:越是案件多,越要提高办案效率。不讲效率的司法不是公正的司法。每一个诉诸法院的案子,都关联着当事人的切身利益,当事人不仅希望获得司法救济,而且希望这个救济来得越早越好。漫长的诉讼不仅会给当事人各方造成巨大心理与物质压力,还给法院的司法权威、尊严、公信力带来极大伤害。[1] 针对上述存在的问题,审监庭提出如下改进建议和工作提示:

1. 强化效率意识,提高思想认同

首先必须从思想上认识与认同效率在审判工作中的重要性,必须深刻认识到:把当事人当亲人,把当事人的事当自己的事,穷尽一切办

---

〔1〕 本刊编辑部:《审判工作,人民群众满意是最高标准》,载《人民法院报》2011年7月25日。

法提高办案效率，最大限度满足当事人对办案效率的期待，是党性的要求，是人民性的要求，是时代的要求，是人民法院、人民法官的职责要求。[1] 减少开庭次数，提高庭审效率，不仅有利于缩短办案周期、节省司法资源、缓解案多人少给法院审判工作带来的压力；同时还可以减少当事人的舟车劳顿、及时为当事人解决纠纷、稳定社会关系和社会秩序、践行司法为民的办案宗旨。因此，每位承办法官都应当在思想上充分重视每一次开庭，尽量减少重复开庭。

2. 加强层级管理，追求效率目标

管理学上认为低效率会占满所有工作时间。有的法官确实很忙，天天在开庭，在通知当事人谈话，还要加班撰写裁判文书，但效率却不高。为什么？因为有些重复开庭是由于前面所谈到的法官庭前准备不足、释明不够、审判思路不清晰等原因造成的。杰出管理学家大野耐一创设的丰田管理方式告诉我们，“忙碌并不等于高效”，“劳动不等于工作”，只有“推动工作的进展才能够被称为效率，业绩和辛苦与否无关”。[2] 对此，北京市海淀区法院李红星法官就为我们树立了很好的典范。[3] 要切实树立和加强效率管理意识，各庭要建立健全本部门审判工作台账、定期对本部门及合议庭、承办人的审判质效情况进行分析，建立和完善个人自我管理、业务庭定向管理、审判管理部门跟踪管理的层级效率管理机制，养成日事日清、追求效率的工作习惯，减少不必要的重复开庭。同时，要合理安排工作时间，缩短每次开庭之间的间隔时间，切实提高审判效率。

3. 重视庭前准备，保障庭审效率

不可否认，庭前准备会花费审判人员一定的时间和精力，但与盲

---

〔1〕 本刊编辑部：《审判工作，人民群众满意是最高标准》，载《人民法院报》2011 年 7 月 25 日。

〔2〕 [日]若松义仁：《大野耐一的十条训诫》，崔柳译，机械工业出版社 2011 年版，第 16 ~ 20 页。

〔3〕 李红星法官从不加班，但他充分利用好八小时的工作时间，合理安排庭审、保证有效庭审，自 2005 年来每年办案数量在 700 件以上，保持全院第一，被评为全国法院办案标兵、北京市先进工作者等。

目的“一步到庭”相比，必要的庭前准备，可以使庭审活动做到有的放矢、运行有序，减少因估计不足、节外生枝而重复开庭的情况，起到事半功倍的效果。**一是庭前认真阅卷**。通过阅卷弄清当事人主张的基础规范及构成要件，理清审理思路。**二是做好证据收集工作**。如果发现当事人提供的证据与其主张的事实不一致或有缺漏时，庭前应提示当事人予以补强；同时应提示当事人开庭时应带好证据原件、如有证人证言的应当申请证人出庭等。**三是开庭时间宜安排在举证期限届满之后**。不少案件将举证期限届满之日作为开庭之日，这样会造成当事人开庭当日举证，另一方申请延期开庭的情况。因此，建议开庭时间尽量安排在举证期限届满并将双方当事人提供的证据送达给对方当事人之后。虽然这样会推迟开庭的时间，但可以提高庭审效率，相对于延期开庭和重复开庭来说还是经济的。**四是对事实复杂、证据较多的案件实行庭前听证或证据交换**。通过此方式可以固定诉讼证据，避免出现当事人在庭审中提出新证据、对方当事人需回去核对而休庭、影响庭审效率的情况。同时，可以对当事人提交不足的证据给予举证指导，避免当事人遗漏重要证据；可以对当事人存在争议、需要由有关专业机构进行审计、鉴定、评估或者需要现场查看的证据及时办理相关手续，避免出现几次开庭后才办理相关手续的情况。**五是将证据类型化，制作证据清单**。将证据作类型化处理是加强庭前指导的重要一环。由于当事人举证不到位的情况非常普遍，为有效解决这一问题，每个审判庭或合议庭可以根据本庭审理案件的类型将证据类型化，列举出主要类型案件请求权基础的构成要件，以及满足这些构成要件所需要的证据，制作证据清单，开庭前送达当事人。以道路交通事故人身损害赔偿纠纷为例，证据清单可以告知当事人该案件的构成要件，即侵权的事实、因果关系、过错、损害结果，然后列举出满足这些构成要件通常所需的证据。这样，既有利于提高庭审效率，又可以体现司法为民和司法公开，提高人民群众的满意度。

4. 审判管理前移，推行庭前合议

为了尽早解决存在争议的程序性问题和合同性质、效力等，避免出现多次开庭后才发现诉讼主体错误或有遗漏、无效合同作有效审理或有效合同作无效审理、合同性质、请求权基础发生偏差，导致案件不得不陷入重复开庭循环的情况。应将审判管理触角延伸到开庭之前，通过设立庭前合议制度的方式，对于存在争议、承办人拿捏不准的案件程序性问题，合同性质、效力，请求基础规范等问题，在开庭审理前先进行评议讨论，对这些问题做到在审理思路上优先考虑，在对策上优先判断，在审判中优先解决，以减少重复开庭，提高庭审效率。

5. 明确审判方法，加强思路管理

为避免诉讼请求不固定、诉讼证据不固定、诉讼主张不固定等引起的重复开庭，应加强审判思路管理，改变传统审判模式，要进一步学习和推行“要件审判九步法”。庭审时，应及时引导当事人固定诉讼请求和抗辩主张，对当事人的争议焦点作出归纳，引导当事人对照基础法律规范、围绕争议焦点展开举证、质证和辩论，以保证庭审效果，提高庭审质量，减少重复开庭。

6. 提高司法能力，加强法律释明

法律的专业化发展与社会公众的法律知识之间的鸿沟存在着不断扩大的趋势，这就要求法官需要通过运用释明权来弥补法律适用方法、程序规则、证据规则等方面的不足。本提示书所举案例中反映的问题，大多与承办法官未行使或未及时行使释明权存在很大关系。因此，法官应加强业务学习，不断提高司法能力，正确、及时地行使释明权。释明权的内容包括两个方面：一是要加强心证公开，即法官将自己对案件事实认定的结果和过程及时告知当事人；二是法律观点开示，即法官将自己的法律观点及时向当事人公开。[1] 便于当事人及时举证，围绕请求权基础展开诉讼活动，保障庭审效果。

7. 认真研判案件，正确评估委托事项

根据《民事诉讼法》第 72 条第 1 款[2] 的规定，“人民法院对专门性问题认为需要鉴定的，应当交由法定鉴定部门鉴定……”从这条规

〔1〕 邹碧华：《要件审判九步法》，法律出版社 2010 年版，第 177 ~ 178 页。

〔2〕 2012 年修订的《民事诉讼法》为第 76 条第 2 款。

定中可以看出,委托鉴定必须符合两个条件:一个是案件审理中的专门性问题,另一个是案件审理需要。因此,不能当事人一有争议就要求当事人申请鉴定,而应根据案件的实际情况综合考量。另外,委托鉴定前需对争议问题、鉴定范围和内容进行固定,并征询当事人意见,减少多次委托情况的发生。

8. 拓展审判管理,加强培训讲评

一个案件的处理结果,是否能做到公正、效率、效果相结合,不仅取决于法官的大局意识,很大程度上也取决于法官的业务能力是否强,审判思路是否清晰。如果法官业务能力不强、审判思路不清晰,那他就不会或不敢向当事人进行引导和释明,甚至会因释明不当、误导当事人而产生不良效果。因此,要将审判能力和审判思路的培养也纳入部门审判管理的范围。通过定期组织审判思路培训和讲评,典型案例研讨,庭审观摩以及庭审、裁判文书评查和讲评,审判质效、案件质量分析和讲评等,分析存在的问题,推广好的做法。应注重对年轻法官的培训和指导,通过设立带教老师的方式,帮助他们在岗位上得到锻炼和成长。

以上问题及提示,请予自查研究,并请于2012年11月30日前填写反馈表交予我庭。

附:《审监工作提示书意见反馈表》

审判监督庭

2012年11月

报:高院审监庭、一中审监庭

本院党组成员、专职审委会委员

发:本院民一庭、民二庭、民三庭、民四庭

"要件审判九步法"可以帮助法官厘清审判思路(见图4-3),提高审判质效。

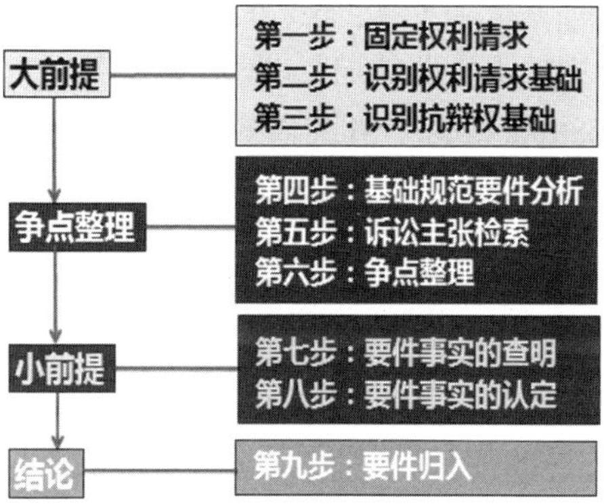

图4－3　九步法基本框架[1]

要件审判九步法把法官审理民事案件的基本思路分为九步：

第一步：固定权利请求。权利请求是当事人诉权的核心所在，也是民事审判的最原始的起点，是所有诉讼行为展开的基本依据。所以，民事诉讼的首要任务就是固定当事人的权利请求。固定权利请求包含三层含义：明确当事人诉讼请求的含义，弄清当事人诉讼请求中模糊含义；剔除当事人诉讼请求中矛盾之处；促使当事人更正明显错误、荒谬或非理性的诉讼请求。

第二步：识别权利请求基础规范。所谓的权利请求基础，是指当事人提出的权利主张所依据的法律基础。应按原告诉讼请求所依据的事实和理由，审查、确定原告主张的法律关系，并在该法律关系基础上进行审理，这是确定法院审理思路的基本出发点。

第三步：识别抗辩权基础。在识别出原告的权利请求基础后，应当对被告的答辩进行相应的审查，识别被告是否提出抗辩及其抗辩权基础。实践中，常见的抗辩主要包括权利消灭抗辩、对方违约抗辩，同时履行抗辩、先履行抗辩等。

第四步：基础规范要件分析。找到权利请求基础规范及对立规范后，应当对基础规范的构成要件进行分析，把所有相关法律条文中所

〔1〕关于要件审判九步法的详尽论述参见邹碧华：《要件审判九步法》，法律出版社2010年版。

包含的构成要件都分析出来,这样才有可能在进一步的审判中对案件事实与法律条件中的事实要件进行准确对照。

第五步:诉讼主张检索。根据基础规范构成要件分析,对比当事人的诉讼主张是否清晰、完备,如存在相互矛盾或者不完备的情况,法院应当予以释明,要求原告补充、修正或明确。

第六步:争点整理。根据原、被告双方的诉辩主张及其请求权基础规范,归纳案件的争点。争点整理是民事诉讼中的一项非常重要的工作,争点整理的过程就是法官引导诉讼的过程。

第七步:要件事实的证明。争点整理结束后,即以案件的事实争点为核心,组织各方当事人进行举证质证。在这一阶段,法官重点要解决好四个问题:根据整理出的事实争点,帮助当事人厘清举证、质证的基本任务和要求;分配举证责任,使承担举证责任的当事人明确知晓真伪不明情形下的风险所在;在证明过程中,法官应当及时将心证结论告知当事人,以促使其围绕法官的心证结论展开诉讼行为;审查当事人是否已经用尽证明资源及证明方法,如存在明显缺陷,法官可通过指导要求其继续举证。

第八步:要件事实的认定。当事人举证质证完成后,应根据各方当事人所提供证据以及法庭质证过程,认定案件事实;当案件事实仍处于真伪不明状态时,则根据结果意义上的证明责任分配原则,认定相关案件事实。

第九步:要件归入。将查明的案件事实,与原被告主张所对应的法律规范构成要件,逐一进行分析比对。这种分析比对的过程,实际上就是法院运用逻辑分析方法,逐一将查明的事实与相对应的法律条文的各项构成要件进行归入的过程。

审判思路的问题一定要高度重视,要采用多种方式进行审判思路的学习、讲评、思考、讨论,等等。用案例示范、案例演示等方法来让审判思路可视化。

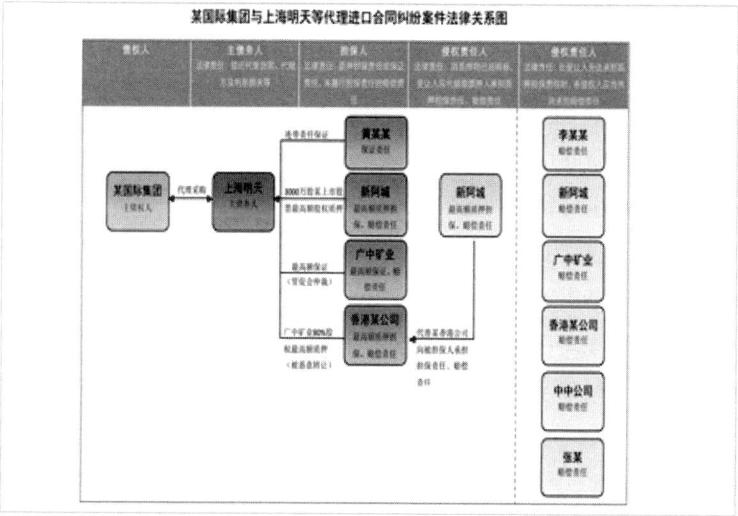

图 4－4　审判思路看得见示意图[1]

六、如何发现裁判文书制作中存在的问题

厘清审判思路、庭审思路和裁判文书的制作思路是两个关键。

为了提高裁判文书的制作水平，我们通常会提出一些要求，比如，裁判文书要加强说理，裁判文书要加强逻辑性，裁判文书要提高质量，等等。这些要求有问题吗？

其实，我们应当从裁判文书的逻辑结构方面来发现问题。

裁判文书制作的九个一致：[2]

1. 诉、辩称与卷宗记载一致。这个一致的目的是确保裁判文书真实反映当事人的诉辩主张，裁判文书记载的当事人诉辩称在内容上必须客观、完整反映当事人的诉讼主张，同时在形式上又必须精练。

2. 诉讼主张与基础规范一致。一是当事人主张的事实、理由必须

〔1〕此处原文涂红，清晰图未能找到。

〔2〕关于裁判文书制作“八个一致”的详尽论述参见邹碧华：《要件审判九步法》，法律出版社 2010 年版。其后，邹碧华又增加了“原告诉称与被告辩称一致”的内容，将裁判文书“八个一致”修订为“九个一致”。

在形式上能够支持其权利;二是其提出的主张必须符合基础规范的要求。

3. 原告诉称与被告辩称一致。一是要求被告必须对原告所主张的权利请求及其构成要件作出全部回应;二是对被告的抗辩,原告也必须作出一致性回应。

4. 证据叙述与诉讼主张一致。一是载明当事人对自己的主张提出的证据;二是载明对方当事人的态度(如自认、否认);三是载明当事人无法或拒绝提供的情况。

5. 诉讼争点与诉讼主张一致。当事人的诉讼争点包括事实争点和法律争点。裁判文书归纳的诉讼争点,应当与当事人的诉讼主张一致。

6. 认定事实与事实争点一致。对于争点事实,裁判文书应当在当事人的陈述和举证基础上,运用证据规则进行证据能力、证明力和证明标准的评价,并对事实是否存在予以认定。

7. 法律理由与法律争点一致。裁判文书必须说明法律理由,根据认定的事实和选择的基础规范,围绕当事人的诉讼请求和法律争点,进行法律解释、论据分析。

8. 判决主文与诉讼请求一致。一是判决主文所确定的权利义务应与当事人的诉讼请求相对应,体现"不告不理"和当事人意思自治原则;二是判决主文应当对当事人的所有诉讼请求(包括反诉请求)作出支持、部分支持或者不予支持的明确结论;三是判决主文不能超出当事人诉讼请求的范围。

9. 引用条文与判决主文一致。裁判文书引用的法律条文必须包含请求权基础和抗辩权基础,并与判决主文相对应,保证每一条判决主文都有具体的法律条文作支撑。

从上述"九个一致"来检查裁判文书的问题,就会很容易发现裁判文书中存在的问题。标准看得见,就会容易让问题看得见。这样,我们抽查裁判文书,就容易发现这些裁判文书中不符合审判思路的地方。

第五章　工作要求的可视化

工作要求可视化，意味着人们可以随时随地发现自己的工作与工作标准之间存在的差距。这样，只要辅之以必要的检查手段和价值导向，就能大幅度提升工作质效。

第一节　为什么希望总是落空

人们通常总是会干上级要求干的事情而不是上级希望干的事情；上级要求干的事情也会经常落空，因为人们总是干上级检查的事情；检查仍然会经常落空，因为人们总是干上级按照要求检查的事情。

只有上级按照设定的要求去检查下属干的工作，下属才会按照要求完成上级交办的任务，组织的目标才可能实现。因此，要想不让希望落空，要想增强组织的执行力，其中一个重要前提就是让工作要求可视化。

为什么有的人像泥鳅一样难以管理？

有一次，一位庭长找到我抱怨，说所在部门内有个审判长很难管理，总是不能好好工作。不仅工作干得少，而且工作质量特别差。让他写个什么东西，根本就没法用。交办任务给他，他一甩手交给合议庭成员，自己只干一些简单省力的活儿。到工作考核的时候，他会把合议庭成员的工作量都统计到自己名下。这样，每次考核他都能蒙混过关。时间一长，大家都有意见。庭长也大为不满。但跟他一说什么，他总是会有一千条理由回给你，好像是你在挑他的刺。这位庭长希望我能够把这个人调离。在我这些年的职业生涯中，这种情况并不是第一次遇到。许多部门都会有一两个像泥鳅一样难以管理的人。

其实，我们必须明白的是，“泥鳅”给我们的管理带来了一个挑战，那就是如何才能不让“泥鳅”滑过去？

对待这样的人，难道真的没有办法了吗？

管理这类人有三招：一是让工作内容和工作要求清晰可见，可以有效地进行验收；二是有工作检查和考核，能够让其工作状态浮出水面，齐湣王对付南郭先生，采用的就是这个方法；三是有可以看得见的后果，比如，公务员考核有基本称职、不称职，连续两次不称职可以辞退。当然，管理的目的并不是为了辞退人，目的还是让大家都在组织规则范围内认真工作。工作绩效可能因为人的能力高低而有所差别，但绝不能允许有人可以投机取巧、浑水摸鱼。在这些方法中，工作要求看得见就是一项基本前提。

像上面讲到的那位同志，如果工作要求明确，工作数量和质量考核要求明确，比如，审判长与合议庭成员之间的工作量分配权重事先如果规定得清清楚楚，如合议庭成员的工作绩效可以统计 20% 或 30% 的权重到审判长名下，审判长自己独立完成的工作量占考核权重 70%。这样首先将权重的要求明确，接下来再明确工作质量、工作效果等方面的要求。当我们把这些内容都规定得清楚明白，那些像“泥鳅”一样的人就不容易滑过去了。

为什么下属撂挑子了？

在我担任庭长的时候，有一次，有位副庭长与一位下属吵起来，那位下属撂挑子不干了。我了解到，是这位副庭长将一项整理文件的任务交给这位下属。下属回家加班做出来，结果副庭长认为不合格，将任务退回给了这位下属。后者第二次加班再交差时，副庭长仍然认为不合格，再次将之退了回去。这位下属终于无法忍受，爆发了出来。但我更加深入了解以后，发现主要原因在于这位副庭长在布置工作时，未将这项工作的具体要求告诉这位下属，以致后者在完成工作时心中无底，不知道到底怎样才是符合要求的。

正是由于工作要求的不清晰,才造成了双方的冲突。在我们周围,这一类的现象时有发生,只不过并不经常以冲突的形式表现出来,但领导与下属之间内心时有不满却是司空见惯的事。

以领导的意思为管理依据,而不是以具体的工作职责要求作为管理依据,就会发生上面我们说过的问题。领导意思往往不具有可视化的特征,通常比较难以捉摸。

为什么红头文件会印得模模糊糊?

有一次,有个文件要送到区里。结果,文件送到我手里一看,"上海市长宁区人民法院"这几套红文头印得模模糊糊,根本看不清楚。那可能是我看到过印刷最差的一个文件。为什么会印成这样?我问办公室主任,院里文件印刷有质量标准吗?他说只有一些原则性要求,具体没有标准。所以,到底多清楚叫清楚,根本无从判断。沃尔玛的微笑服务标准中,有一项是微笑时露出八颗牙。不管露出八颗牙到底好不好看,但这条标准是可以把握的,可以实践,也可以用来检查的。

当然,像文件印刷清晰度这类难以用数据表达的标准,其实只要留存一份标准样式用以参照即可。

工作没有标准、没有要求,便会出现低标准工作状态。工作状态便完全取决于每个人的工作状态。自我标准高的人,干出来的活儿当然就会有高质量。自我标准低的人,干出来的活儿自然好不到哪儿去。更有甚者,这样的人还从来不需要为自己的低质量工作脸红。因为这样的低质量在其自我认同范围之内。

为什么模范法官的经验难以推广?

许多模范法官在介绍经验时,都介绍过自己如何耐心地接待当事人,如何为当事人的利益四处奔走,如何设身处地地为当事人排忧解难。这些事迹十分感人。但美中不足的是,法官们听过他们的事迹报告,一番感动之后,又回到自己的工作习惯当中去了。

他们并没有把他们工作中的经验形成一套可以推广利用的标准化规范。

你看见了吗?

经过统计,发现张三被当事人投诉了若干次,均投诉其态度不好。领导决定找他谈话。

领导:“小张,最近投诉你的当事人比较多啊?”

小张:“知道,最近很倒霉,尽遇上不讲道理的人。”

领导:“那你有没有想过你有什么问题呢?”

小张:“我有什么问题,请领导指出来。”

领导:“比如态度不好,或者不够耐心……”

小张:“我对当事人态度没有什么不好。我对大家的态度都一样。说到耐心,我现在手头事情这么多,每次一接待就要陪当事人坐一两个小时。哪有那么多时间陪他呀?”

领导:“……”

以上这段对话在我们的管理实践中经常出现,但领导的谈话却以失败告终。为什么呢?这是因为领导只看到了结果,没有看到行为,不知道究竟是什么行为引起了当事人投诉。(当然,能够看到结果在管理上已经是一种进步了。)

下面来看一起我们分析法官接待的案例。小李被当事人投诉了很多次。为了了解小李的接待行为究竟有没有问题,我们专门调阅了他的接待录音录像。经过回放分析,发现小李在接待过程中存在几个不好的习惯:

一是接待过程中随意中断接待,随意接听电话;

二是接待过程中随意打断当事人的话头;

三是只要发现当事人说得不对就立即反驳。

上述三个行为习惯均属于接待过程中的大忌。按照心理学的原理,接待过程中,接待者必须以专注的状态倾听,才能取得当事人的信任,并让当事人感受到接待人员对自己的尊重。随意接听电话和中断接待,很容易让当事人产生心理阻抗。而“反驳倾向”则属于心理学上的低级差错,是心理阻抗的主要来源。经过分析,领导找小李谈话就有了针对性。在改变了上述三个习惯之后,小李的接待效果明显好转，投诉亦大幅减少。

为什么法官们不能养成良好的工作习惯？

有一次，我发现我们法官重复开庭次数似乎过多，感觉里面有些问题，就让审监庭去调查研究了重复开庭的原因。结果，除去个别非正常因素外，大多数原因是因为“五个不固定”：

诉讼主体、诉讼请求、基础规范、诉讼主张和证据材料五个方面的不固定。这五个方面不及时固定，造成法官和书记员们大量重复劳动、无效劳动。比如，有的案件法官已经开了三次庭，一讨论，才发现遗漏了诉讼主体，于是赶紧追加诉讼主体。这就意味着法官前面开过的庭基本上是白干了，必须重新通知当事人前来开庭。再比如，当事人诉讼请求不及时固定，等审理进行了相当一段时间以后再变更诉讼请求，往往会对诉讼效率、诉讼成本构成严重影响。这个问题虽然主要是当事人决定的，但法官不适当加以指导也是非常重要的原因。

之所以我们的法官不能及时固定上述内容，实际上就是因为法官没有形成良好的办案习惯。之所以没有形成良好的办案习惯，就是因为我们关于办案方法的要求不明确具体，亦即办案要求看不见。

为什么考核会变成走过场？

许多单位都宣称自己每年都有年度考核。每年政治部门也都忙得不亦乐乎。考核结果你好我好大家好。但一些平时工作表现不怎么样的人，与工作非常努力的人考核结果几乎一样，大家都是称职。像这样干多干少、干好干坏一个样的考核，有比没有还要糟糕。那么，为什么会出现这种现象呢？其中有一个重要原因，就是工作标准不清晰。没有清晰的工作标准，当然也就没有清晰的工作考核。

工作要求明确是有效评价下属表现的基本前提。工作要求不明确容易带来沟通上的矛盾。一方认为自己的要求已经很明确了，另一方则认为自己的理解才是唯一的正解。

法院管理中还存在的一个不符合司法规律的现象就是“重评比，轻标准”。评比搞得很多，但标准不明确。

庭审评比、裁判文书评比是实践中进行次数最多的评比活动。但是,长期以来,我们在评比过程中,采取的基本都是主观印象法,因而落选者不知道自己输在什么地方,甚至连优胜者也不知道自己胜在什么地方。其根本原因就在于我们没有一套科学的评价庭审质量、水平和裁判文书质量水平的客观标准体系。目前的评分标准都是采取的区分几个方面的主观评分法。这种标准较为主观化,在实际评分过程中,比较难以把握。以裁判文书评比为例,我们目前就缺乏裁判文书制作的基本标准。所以,我们的裁判文书检查,主要集中于错别字等低级差错的检查。

此外,我们的庭审评比,评比结果出来,大家都知道某人拿了个第一名。拿第一的人自然很开心,但周围的同事却未必服气。为什么?他凭什么能拿第一名?或者,也会有人想要向他学习,但究竟他的庭审好在什么地方?像这样缺乏标准的评比,很难有技术层面的示范效应。

第二节　怎样让工作要求看得见

工作要求包括岗位职责要求、工作完成规范及标准、工作流程要求等。

那么,怎样让工作要求看得见呢?主要有三种方法:一是标准化和具体化;二是清单化;三是信息化和公开化。

一、标准化和具体化

1. 复制每个岗位的每个细节

国外一些经营成功的企业都有标准化管理的做法。他们把每个岗位的每个细节都予以明确。例如,麦当劳为每个工作环节制定了准确的执行标准,并将之具体化。他们的《员工训练手册》则非常精确地注明了每道工序的材料种类、用量及流程等细节。

星巴克咖啡厅除了咖啡等采用标准化管理之外,他们的卫生间也非常有特色——总是干净整洁的。稍微细心一点的人就会发现,卫生间的门背后挂着一个纸牌,上面有一个表格,纵向栏写着“洗脸盆”“窗台”“便器”“尿斗”“墙角”“地面”等。然后,每隔一小时服务员要进去按照表格所列项目逐一检查,并把发现的问题处理完毕,然后就在表格上签个自己的名字。这样,假如卫生间地面上有一摊水,不超过一小时一定会被处理干净。

麦当劳、星巴克的经验显然不适用于法官的管理,但对于法院某些综合部门的管理却具有十分重要的借鉴意义。并且,对于法官来说,在案件的流程、某些辅助性事务及案件的文件管理、时间管理等方面亦可从中获得一些非常有价值的借鉴。

2. 明确工作步骤——五星级酒店是怎样培训大堂接待的

五星级酒店是怎样培训大堂接待人员的?有一次,我们曾经聘请了一位五星级酒店的培训师来帮助我们培训立案大厅接待人员的接待技巧。我们才知道,他们培训有几个要点。其一,把接待要求明晰化:在一个接待大厅里,每个人的职责是清晰的。接待大厅被划分成好几个区域,每个人负责特定的区域;每个人的工作要求分为态度的要求(甚至包括微笑的要求)、跟客人点头示意打招呼的要求、遇到特殊情况的处理、遇到投诉或紧急突发情况的处理、安抚情绪,等等。所有这些都要通过培训让受训人员熟记于心。其二,实训,让每个人都反复训练,直至养成习惯。其三,检查讲评,培训与日常工作相结合,始终在讲评员工做得好和需要努力改进的方面,直到良好的习惯被完全固化。许多人觉得五星级酒店的服务员收入高,所以训练容易,其实并非如此。刚刚入行的服务员,收入并不高。他们良好的习惯养成主要取决于培训和管理。

有一次,培训师在讲课时讲到,如果一位客人在酒店大堂里吵起来,大堂经理不能在一分钟内让他安静下来的话,说明他服务技术不够过硬。接下来,他把处置此类情形的工作要求分为四个步骤:一是把情绪激动的客人请到大堂旁边的咖啡吧;二是请客人坐下来;三是如果需要,可以奉送一杯咖啡给客人;四是待客人冷静下来再跟客人讨论投诉的问题。他说,在他的职业生涯中,这个四步方法屡试不爽。

后来,我们有位专职执行接待员在处理一起情绪激动的老人时就用上了这个方法,结果证明非常有效。刚才这个四步方法中其实蕴含了极为有效的心理学策略:一是避免观众效应,因为人在围观人群众多的时候容易兴奋和激动,心理学研究表明,有些人在围观的人越多时,表现欲或表演欲会越强;二是避免站立效应,心理学研究表明,人在坐下来的时候较站立时情绪更容易平复下来;三是互惠效应,人在受他人恩惠时更容易沟通;四是先处理情绪,再处理情况,因为人在情绪激动时是非理性的,当人处于非理性状态的时候,讲道理是收效甚微的。

像上面我们讲到的工作步骤,就是非常有效的工作要求。这种要求通过四个明确的步骤让所有人都能够看明白,其推广价值就会非常大,就更容易让更多的人比照采用,也更容易让我们对运用情况进行管理和考核。

3. 统一具体服务标准——日本商场问路的启示

2010 年,我到日本考察,有机会去逛了逛百货商场。那家商场规模较大,每个楼面的面积都很大,区域也较多,置身其中,非常容易转向。因为找不到皮具区域,就去咨询台问问。咨询台里坐着一位五十岁左右的妇女。她一听到我的问题,马上就从旁边取出一张商场地图。她首先指着地图告诉我当前所站的位置,用笔圈了出来,然后告诉我要去的地方在哪里,也用笔圈了出来,之后用笔把两个点之间的路线连起来,再用手为我指出出发的方向和第一个转弯处,最后问我是不是搞清楚了。在她告诉我这一切的时候,我感觉到了一些惊讶,她怎么会说得那么详细具体?但我不能确信这个商场中的其他楼层的咨询台是不是也能这么详细具体。于是我又来到了另外一个楼层,同样也问了次路。没想到这次得到的结果与上次几乎完全相同。后来在大阪等地的大商场,也有意识地问了问路,结果基本相似。

窥一斑而知全豹,这一经历让我见识了日本服务业所采取的精细化管理方法。他们的服务行为采用了具体的统一的服务标准,这对于提高服务水平具有十分重要的作用。每一个岗位都知道自己的工作该怎么做。对于一个咨询台来说,顾客问路虽然算不上什么大事,但如果做不好,就会让顾客有怨言,就会影响商场的服务形象。但如何让咨询台的服务员高质量地为顾客提供服务,却是一件充满了管理学问的事情。日本在这方面非常成功,除了提高人的素质、增加价值观影响力等手段外,把服务标准细化也是重要途径。以商场问路为例,他们把这项服务细化为几个要素:一是要求先标出问路者当前位置;二是要求标出问路者的目标位置;三是要标出两者之间的连接路线;四是要告诉问路者出发方向及第一个转弯处;五是要求通过询问确认问路者是否弄清楚了。只要把握了上述五个要素,这项问路服务就是清楚的。由于有了统一的具体的服务标准,不同的咨询台提供的问路服务就不会走样。

反观我们自己,我们经常会见到"咨询服务要做到清楚明白"之类的规定,但究竟怎样才算清楚明白?我们并不能找到统一的具体标准。同样的问路,在我们的经历中,有的人会头也不抬地告诉问路者"那边",或者努努嘴,等等。至于"那边"是"哪边",问了半天可能等于没问。这种现象在我们法院也同样存在。实际上,我们的服务水平不高,与我们缺乏具体的、标准化的服务标准有关。

这次在日本商场问路的经历,给我的启示是很大的。我所在的法院完全可以借鉴日本的管理方法。例如,长期以来,我们法院的立案接待窗口一直是投诉比较集中的地方。对于有的投诉,我们的接待法官没有一次性地告知其应补齐的起诉材料,致其来回折腾;有的投诉,不同的法官对同一件事情有不同的解释;还有的投诉,法官的诉讼指导没有说清楚,等等。仔细分析一下这些投诉,其中一个很重要的原因就是我们缺乏具体行为标准。日本商场中的统一化具体服务标准的方法,完全可以在我们法院中推行。

如此,我们可以在这个方面把"司法为民"这句口号转化为具体行动。

4. 强化岗位责任

日本丰田公司为了研究流水线上钻床作业某个动作的标准耗时,

专门找了一个效率管理专家。这位专家来到现场，找了 10 位工人，让他们做这个动作，进行现场实测，对 10 个人的耗时测定后，把他们的总耗时相加再除以 10，就得出了这个动作的标准耗时。大多数人通常都会认为，平均耗时就是标准耗时。然而，丰田公司管理权威大野耐一先生看到这个结论后立即指出，效率管理专家错了。下面的人问他，那应该是哪个时间？大野耐一说是耗时最短的那个人的耗时。那人大惑不解。他解释说，因为耗时最短的那个人采用了最正确的动作，而其他人的动作都不是最正确。后来他们按照这个要求确定了标准时间。结果，效率得到了大幅度提高。[1]

为什么要强化岗位责任？我们有的岗位责任完成得特别好，有的比较差，少数人极差。部门之间也不平衡。有的部门遇到任务大家都躲。比如，有段时间我们法警大队出车时，大家都不愿意出，总是说自己生病，不是这个不舒服就是那个不舒服，等等，但是他们通过去年一年的努力，现在已经呈现出大家抢活干的局面，到关键的时候，大家都挺身而出。参与夜间强制执行活动，都非常努力。可见，责任心强和责任心弱，还是有区别的。

强化岗位责任有五个基本步骤：第一步明确什么是责任；第二步锁定责任人；第三步锁定完成时间，或者效率要求；第四步确保责任能够完成；第五步奖罚分明。

第一步，明确什么是责任。这个很重要，我在这个岗位上干什么，得清晰。我们很多事情，之所以大家会推诿，会拖，往往是因为不知道自己该干什么，以及该干到什么程度，怎么叫干好了，所以会有责任心不强的问题。HRO 在英文里，是“高风险组织”（High - risk organization）的缩写。航空母舰就是一种典型的高风险组织。航空母舰对于飞机起降而言是极小的空间，有一千多个岗位，操作的精度要求特别高。飞机起降操作时，相差一点点就可能发生撞击事故，甚至死亡事故。但据调查，航空母舰其实是出事故率最低的地方。每个岗

---

〔1〕 此自然段原文涂红，作者未及处理。

位都特别忙，实际上是忙而不乱。为什么？因为每个岗位上的人，都非常精确地知道自己该干什么，责任特别明确。每个人的岗位责任履行得好，就会形成一种团队效应。每个人都把自己的本职工作干得很出色，团体绩效就提高了，就不会出问题。这是责任明确后有利于加强管理的一个非常典型的例子。

在明确责任之后，接下来要明确的就是工作目标和责任评估标准。首先，要明确工作目标，也就是要明确工作任务是什么，只有明确了工作任务，才能更好地理解与该任务相对应的责任。其次，要明确评价责任的标准。这个责任标准与工作标准是相通的。当然，工作标准还需要一些基本的人文素质和价值观予以支撑。确立工作目标，是非常重要的一步。确立目标的时候，重点要处理好机构的目标、部门的目标和个人的目标之间的关系。在管理学中，理想状态下这三大目标之间的关系应该是一种"目标循环图"，机构目标等于部门目标，部门目标等于个人目标，个人目标最后汇总为机构目标，部门目标最后也汇总为机构目标，个人目标汇总起来依然是部门的目标。三个目标是循环的，是一个连等式和三角形。中层管理者在做台账的时候，在确保每个人完成好各自目标的前提下，要让不同的目标实现层层对接，特别是要把个人的目标与机构的目标对接起来，充分发挥团队精神。

第二步，锁定责任人。把工作目标、工作责任跟具体的人对应起来，没有跟具体的人对应，工作最终是没有人去落实的。这里面要注意一对一的责任和百分之百的责任。

什么叫一对一的责任？法国有一个工程师做过一个拉绳实验，分别是一个人拉绳子，两个人同时拉这根绳子，三个人在拉绳子，都要求拉绳子的人尽最大的努力。他这个实验得出来的结果非常有意思：一个人拉的力量是最大的；两个人时，他用测力器给它测出来，两个人拉出来实际上只相当于一个人拉时 90% 的力量；三个人拉的时候，比例又降低了，到八个人拉的时候，这个绳子上的力量只有 49%，一个人力量的一半都不到。我觉得这是一个很奇怪的现象，为什么？因为每个人都觉得别人会用力，所以自己可以不用全力，每个人都没有用全力，最后的结果是还不如一个人的力量。原因是集体往往会消解掉责任，很多人去完成一件事情的时候，如果责任不具体明确，最终这个责任会被消解掉。

我们曾经有一个信访老案，业务庭、审监庭、执行庭、立案庭等几个部门都参加了协调。但涉及的几件事情，过了两个星期没有进展。后来，我仔细想一想，是我自己出问题了，因为我在协调的时候，没有把具体分工说清楚。也就是说，我们没有建立起一对一的责任。建立一对一的责任要明确两点：

一是责任要公开承诺。所有责任，必须公开化、公示，让大家都看得见，都可以来检验。有一年，我们开党组民主生活会，听了干警们意见。之后，整理出了二十几条意见。整理好后，我收到一封匿名信，问我有没有胆量把民主生活会听到的意见在网上公示。我觉得这位同志写得非常好。他有责任心。如果我们不公开，虽然我们听了这么多意见，但到底落不落实、整改不整改，群众无法监督。后来我们就到网上公示，到年底我们再验收。在公示的时候，对于那些能够做到的，写清楚准备怎么完成，什么时间完成，对于那些体制、机制性问题，目前无法做到的，也写清楚。对于那些长期性问题，则写清楚下一步可以做到的内容，争取每年都有所改进。

这就相当于我们把责任向全体干警作了公开承诺。各个部门向党组提交一本工作台账，这也是一种责任公开承诺，能够形成一种约束力，形成一种外在压力。管理就不再仅仅是个人的事情，不再仅仅是一种权力，而是转化成为一种责任。

二是评价标准看得见。评价标准越是清晰，员工越是有责任心，这是一个基本原理。规则越清晰，行为越规范。法警大队以前为什么大家躲活儿，因为干得多与干得少，我们的评价基本没有区别。过去，苦活儿、累活儿与轻松活儿都一样。我们管理者口口声声让大家奉献，可是真的当大家奉献了，我们的领导者却无动于衷。那人家干什么不挑轻松的？这就说明，我们的价值导向出了问题。后来，我们的法警大队绩效考核方法作了改进，不同岗位、不同活儿有不同的要求，设置不同的绩效系数。值庭与一般的巡视相比要轻松得多，因而绩效系数要低一些，而提押犯人最辛苦，则设置更高的权重。这样，大家对那些比较辛苦的活儿开始不再躲了。这说明，价值导向应当用评价规则来表现出来。规则越清晰，责任心就会越强。

第三步，锁定完成时间。拖延是责任心的最大"敌人"。人都是有惰性的，做事情的时候往往会想先放一放，过几天再着手。海尔集团的一个理念给我印象很深，叫"日事日清"，今日事今日毕，这反映在公司的具体行为中。比如，有一次验收冰箱的时候，工人发现一台冰箱里面多出一颗螺丝钉，领导就想到，这颗螺丝钉可能是前面某一台冰箱里面掉出来的，绝对不能让这台冰箱出厂，于是连夜对已经入库的两千台冰箱进行检查，检查后发现，其他冰箱并没有问题。我认为，海尔集团的领导思路很清晰，做事情不拖延，对完成时间的要求特别高，而这也是考核员工的一个重要标准。在责任管理中，有两项核心内容，分别是时间和结果。所以领导在布置任务的时候，或者在设定工作责任的时候，一定要明确时间进度，明确工作任务完成的时间，领导自己也要有锁定时间的意识，对布置任务的时间要求做到心中有数。锁定完成时间是强化岗位责任中很重要的因素。

第四步，确保责任能够完成。确保责任能够完成，最重要的是要对责任情况进行跟踪、监督、检查和考核评估，注重过程管理，狠抓工作进度。这就相当于抓住了责任的关键点。由于涉及责任问题，因此在这个过程管理的环节中，在发现问题的时候，要注意做到修正第一、质问第二。尽量避免创造对立情绪，而是对发现的问题及时进行修正，就像飞机上的导航仪一样，不断对飞行中的飞机进行修正，确保飞机始终沿着既定轨道航行。这是中层领导者在确保责任能够完成这一环节中需要关注的第一个方面。第二个方面，中层领导在对责任完成情况进行跟踪检查的过程中，还要不时地给下属传达一种关注、期待和信任，这给正在履职的同志传递出的信号就是该同志的工作受到领导关注，是极具价值的，从而对该同志形成一种精神层面的正向引导,对于最终确保责任能够完成,非常有意义。

第五步,奖罚分明。强化岗位责任中,还需要做到奖罚分明。对于完成得好的同志,应该进行激励,对于完成得不好的同志,应该让其承担相应不利的后果,这是奖罚分明最基本的含义。奖惩的依据是评估,要想做到奖罚分明,我们需要有一个绩效反馈机制,通过绩效反馈,让他人知道什么地方做得好,什么地方做得不好,领导的评价是什么,这是非常重要的一项工作。那么,如何做好奖惩的评估呢?我认为应当坚持三个原则:客观、公开和公平。

客观,就是尊重事实、尊重数据,让管理状况、工作情况、存在问题等看得见,实现可视化。可视化的东西,一般而言都是相对客观的。要做到评估的客观化,需要科学设定评价标准。以法院为例,我们有时候会碰到这样的情况,比如,疑难复杂案件与简单案件无法进行折算,不同部门之间的案件无法折算,同一审判条线上不同层级法院的评价标准不同,综合部门与审判业务部门工作内容、工作状况也不一样,如果这种情况下,要用一个统一的标准来进行责任评估,可能就难以做到客观化。又比如,长宁法院有几次晋升晋级,当我们看到候选人的绩效考核结果的时候,发现这种评价与我们平时主观上认识到的这些同志的工作状况不太相符。这说明,我们在数据指标的采集上可能存在不客观的地方,在评价指标的设定上也有一定问题,所以难以形成比较优势。这也要求我们适时调整绩效考核的方案,科学设定岗位目标,逐步建立不同部门之间相对客观的岗位职责的评估标准。

公开,就是评估标准和评估结果的公开。这也是接受大家监督的一种非常有效的方式。长宁法院自 2008 年年底开始,在人事晋升过程中,特别注重数据采集,实事求是地反映干警的工作绩效情况,并做到了将晋升人员的各项考核、考试分数以及参与竞争人员的排名情况予以公开,实现了评价标准和评价结果的可视化。

公平,既包括在评估中对所有的人要一视同仁,也包括公平设定评估标准。在评估工作中,不能因人而异,也不能用别人的长处来否定他人的短处,要避免不公平竞争。应当看到,当前的管理考核过程中确实有这种不公平的现象。所以我们在奖罚分明中,要尽量做到评估的客观、公开和公平。

二、清单化

(一)文书常见差错备考表

为了避免裁判文书中出现一些常见的低级差错,我们制作了《裁判文书常见差错备考表》,供法官和书记员在核发裁判文书时对照使用。只要按照表格逐项核对,就可以减少许多容易漏过去的差错。低级差错发生率由此大大下降(详见表5-1)。

表5-1　裁判文书常见差错检查备考表

一、首　部		
差错类型	常见情形	校对
1. 文书类型差错	裁定书、判决书、调解书格式套用错误 如裁定书套用成判决书格式	
2. 案件案号错误	案号遗漏、案号不完整或者合并审理的案件案号混淆 如案号中遗漏“初”字	
3. 当事人名称差错	将“上海市”写成“上海” 将“上海”写成“上海市”	
4. 当事人诉讼地位差错	当事人信息书写不规范或缺漏	
	将原告错写成被告	
	遗漏表述反诉当事人的诉讼地位	
5. 当事人住所地差错	国家、省市、区县、路名出错	
	门牌、室号写错(有两套房屋时尤应特别注意)	
	地址中漏写区	
	地址不全或遗漏	
6. 法定代表人差错	与法定代表人身份证明书记载的职务不符	

续表

一、首　部		
差错类型	常见情形	校对
7. 法定代理人差错	遗漏法定代理人	
8. 委托代理人差错	漏写委托代理人	
	将原告委托代理人错写成被告委托代理人或反之	
	两位委托代理人只列一位	
	漏列变更后的代理人	
	委托代理人工作单位与委托书内容不相符	
9. 案由差错	漏写案由	
	错写案由。如将“借贷纠纷”写成“借款纠纷”	
10. 案件审理程序差错	缺席判决中漏写“本院依法缺席审理”	
	将“本院依法缺席审理”写成“本案依法缺席审理”	
	漏写适用的程序	
	漏写简易程序转普通程序情况	
	将普通程序写成简易程序或反之	
	将“不公开审理”写成“公开审理”	
	将“羁押”写成“拘押”	
	漏写人民陪审员	
二、正　文		
差错类型	常见情形	校对
11. 诉辩称表述差错	遗漏答辩意见	
	遗漏第三人意见	
	“辩称”写成“辨称”	
12. 遗漏诉讼请求差错	漏写诉讼请求	
	遗漏当事人补充或变更后的诉讼请求	
	有多项请求的，遗漏部分请求	

续表

二、正　文		
差错类型	常见情形	校对
13. 币种差错	错写币种	
	两种以上货币出现时,未写明币种	
	判决主文漏写“人民币”或其他币种	
14. 数额、计量差错	漏写或错写计量单位	
	如将“100 吨钢材”写成“100 钢材”	
	如将“100 万元”写成“100 万”或“100”	
	如前面写“10 万元”,后面写“100,000 元”	
15. 数字分隔符、小数点差错	如将“21,700 元”写成“2,1700 元”	
	如将“46.40 元”写成“46.4 元”	
16. 行为主体混淆	将原告的行为书写为被告的行为	
17. 当事人简称差错	未注明当事人简称	
	当事人简称前后未保持统一	
18. 引用法律缩略语差错	未注明法律名称缩略语	
	第一次出现法律名称时就直接使用缩略语	
19. 缺席判决依据差错	法律名称缩略语前后不统一	
	不同年份的同一部法律未作区分	
	漏引《民事诉讼法》第 130 条	
20. 条文引用差错	引用法律的条、款、项不当	
	引用法律条文的项时漏引括号	
21. 遗漏事实差错	“本院认为”部分出现事实认定中未出现过的事实	
22. 裁判文书主文内容差错	当事人名称与首部不一致	
	当事人名称未使用全称	
	履行内容及履行期限错误	
	未表明反诉当事人的诉讼地位	
	遗漏罚金交付日期	

续表

二、正　文		
差错类型	常见情形	校对
23. 诉讼费差错	漏写案件受理费	
	案件受理费计算错误	
	漏写补交部分受理费	
	漏写诉讼保全费、公告费、鉴定费等	
	漏写“因适用简易程序减半收取”及其他减免事项	
24. 当事人数量表述差错	有多方当事人时，写成“双方当事人”	
三、尾　部		
差错类型	常见情形	校对
25. 合议庭成员、书记员署名差错	合议庭成员写错	
	将合议庭审理误写为独任审理	
	合议庭成员署名与最后一次庭审及评议笔录记载不一致	
	合议庭成员审判职称写错，如审判员写成代理审判员	
	审判人员位序写错	
	人民陪审员写错	
	书记员署名写错	
26. 裁判文书落款日期差错	年份写错（年初时最易发生）	
	某年某月写成某年某年	
	漏写日期	
27. 印章差错	未加盖“本件与原本核对无异”印章	
	漏盖院印	

续表

四、其　他		
差错类型	常见情形	校对
28. 标点符号差错	多、漏、错标点符号，如连续逗号“，，”等	
29. 格式差错	有多余的空格	
	转行格式出错，如某行第一个字符为逗号、句号等	
	行距、页边距不符合标准	
30. 数字差错	认定的数字前后不一	
	各项数字相加与结果不一	
31. 告知性条款差错	遗漏上诉权告知内容	
	有金钱给付内容的判决中漏写利息加倍告知内容：(2008 年 4 月 1 日后，告知内容为：如果未按本判决指定的期间履行给付金钱义务，应当依照《中华人民共和国民事诉讼法》第 229 条之规定，加倍支付迟延履行期间的债务利息)	
32. 法律条款所附差错	所附条款未另页书写	
	所附法律的名称、条款项目及内容应规范、准确	
33. 版本差错	最终生成的文本与最后的校对版本不一致	
	补印裁判文书时与最后的校对版不一致	

(二)案件常见差错备考表

为了避免一些常见的案件差错，我们还制定了案件常见差错备考表(详见表 5－2)。

表5-2 案件质量常见差错检查备考表

一、立案审查		
差错类型	常见情形	校对
起诉状所记载的事项不完备	1. 诉讼请求不明确。	
	2. 具状人签名处的姓名为打印,而非原告签名或未加盖公司印章。	
案件审判流程表填写不正确	3. 当事人的基本信息如姓名、出生年月等与起诉状不一致。	
收取证据材料不规范	4. 未填写证据材料收据或填写不完整、正确。 如遗漏证据或将证据名称写错,未注明证据是原件还是复印件等。	
二、庭前准备		
管辖权异议审查不规范	5. 未在开庭审理前对管辖权进行审查,答辩期届满后才审查管辖权异议问题。	
诉讼文书发送不规范	6. 应诉通知书、起诉状副本、答辩状未在法定期限内发送。	
诉讼主体资格未予审查或审查不严	7. 当事人的身份资料欠缺,或者提供的身份证、营业执照已失效。	
	8. 无民事行为能力人或限制民事行为能力人未设法定代理人。	
	9. 将在诉讼期间死亡或消亡的当事人仍列为诉讼主体。	
合议庭组成人员告知或组成不规范	10. 合议庭组成人员确定后,未在三日内告知。	
	11. 简转普的案件,超过三个月才组成合议庭。	
	12. 告知合议庭组成人员通知书时间在后,送达回证时间在前。	
简转普时间算错	13. 简转普报告上的立案日期与立案审批表上的不一致,导致审限计算错误。	

续表

二、庭前准备		
差错类型	常见情形	校对
委托代理事项审查不严	14. 委托书不是当事人本人签名。	
	15. 代理权限不明确。	
	16. 涉外、涉港澳台案件委托书未办理相关手续。	
证据收集不符规范	17. 当事人申请延期举证是否准许未予告知。	
	18. 未注明复印件与原本是否核对。	
诉讼保全差错	19. 被保全的财产不存在或系案外人所有。	
	20. 未告知申请人保全期限及期满后需办理续保手续。	
	21. 期限届满未办理续保手续致财产脱保被转移。	
委托审计、评估、鉴定随意或责任心不强	22. 只要当事人提出，不进行审查就准予鉴定、评估、审计。如两个印章明显不一致，或对方也认可签名不一致，还委托司法鉴定。	
	23. 委托鉴定、评估、审计的事项不明确或过于笼统。	
	24. 委托后对委托事项的进程，没有督促联系工作的记载，案件审理期限较长。	
庭审驾驭方面	25. 未固定当事人诉请。	
	26. 未归纳争议焦点或归纳后未征求当事人意见。	
	27. 未围绕争议焦点展开法庭调查。	
	28. 开庭准备不充分，庭审缺乏条理性。	
	29. 应释明的事项未予释明。	
证据方面	30. 未围绕争议焦点进行举证质证。	
	31. 将未经质证的证据作为定案依据。	
	32. 采信复印件未说明理由。	

续表

三、开庭审理		
差错类型	常见情形	校对
庭审笔录方面	33. 庭审笔录头上当事人姓名、案由与案件不符。	
	34. 庭审笔录头为调解笔录，内容却为审理笔录。	
	35. 关键部分记录错误；如笔录记载被告人赔偿了人民币 60 元，实际为 60 万元。	
	36. 庭审笔录遗漏关键内容；如当事人有三项诉请，只记录一项。	
	37. 调解笔录与调解书不一致。 如调解笔录记载案件受理费由被告负担(已履行)，但调解书上却写于本调解书生效之日起七日内缴付本院。	
	38. 调解笔录记载双方都同意本调解协议在调解笔录上签字生效，而调解书却写签收后生效。	
	39. 庭审笔录任由当事人修改，造成笔录不严肃、不规范。	
	40. 庭审笔录上当事人签名未署全名，或签名有缺漏。	
合议庭评议方面	41. 合议庭评议形式不规范、内容不完整。	
	42. 合议庭评议笔录无结论性意见。	
	43. 合议庭组成人员与评议笔录中的人员不一致。	
实体处理方面	44. 未围绕请求权基础审理案件；如当事人的请求权基础是侵权损害赔偿，但案件却围绕合同违约关系进行审理和判决。	
	45. 未按照合同约定确定违约责任。	
	46. 当事人有多个诉请的，遗漏处理其中的诉请。	
	47. 当事人争议的款项计算错误。	
诉讼费用方面	48. 增加诉请未通知当事人补缴诉讼费。	
	49. 缓缴案件受理费未在判决书中注明或处理。	
	50. 案件受理费减半收取未说明理由。	
其他方面	51. 卷宗封面填写错误。如合议庭组成人员填错或当事人姓名填错。	

(三)会务清单

法院各个部门经常召开各种会议,可是我注意到会议过程中经常出现一些纰漏,不是话筒不响,就是参会车辆的驾驶员没人理会,或者会议结束后录音录像或者照片不归档。过一两年后,有的重要会议的资料找不到了。这些都说明,召集一个会议,我们在操作上缺乏明确的要求。为此,我们制定了一个会务清单,由申请部门填写具体的会议事项,包括开会时间、地点、会标、参会人员、席卡、技术保障、预留车位等,这就避免了会务筹备上的很多问题。

(四)立案工作清单

立案变更率是指因立案审查不当造成无管辖权,立案后被裁定移送的案件或上诉后经二审裁定移送或被二审裁销一审不予受理裁定的案件占同期一审案件收案数的比例。立案变更率合理区间:基层法院≤0.22%。长宁法院立案变更率曾经在全市倒数第一。后来专门制定了《关于规范民、商事案件依职权移送管辖和管辖权异议处理办法》。规定民、商事案件发生管辖权异议先由业务庭审核,将移送材料送立案庭,由立案庭专人审核管辖权异议是否成立,若确认管辖权异议成立,审核签字后才能移送。几年来,通过集中管理、统一标准审核,法院立案变更率大幅下降,由原来的排名后位上升至上海法院名列前茅。立案变更率除了涉及立案工作人员的业务水平以外,还有一些常规项目经常遗漏。怎么办?也可以通过基础调研制定立案审查要件清单、立案补充材料告知清单、诉讼告知事项、管辖权审查要点等具体标准,把工作的各个环节和细节都固定下来。每个人有一个清单,立案的时候逐项逐项地问,这几个问题我都得问到,看清单就起到了备忘的作用,不会忘。光靠脑子记,那就会记错。

我们可以通过推行这些标准,提高我们的立案接待水平和其他方面的工作水平。

(五)诉调对接工作清单

民一庭对诉调对接中心移过来的案子,经常抱怨,说管理人经常漏了项目,这个没帮我问,那个没时间帮我审查,进到庭里,还得跑一趟。我调研诉调中心以后,觉得这是必然的。为什么必然呢？诉调对接中心的同志太多且年龄偏大,60 岁、70 岁,而需要审查的项目有十几二十条,你让他记得那么清楚,是个问题。理个清单交给他,那可能他就备忘了,他一项项地摘勾总归会吧。为什么我们没有想到给他理个清单呢？反之,我们诉调对接中心的同志在干什么,我们要进一步思考了。这个事情是他该干的,他没干呀。他为什么没干？我又进一步反思,这个岗位他的职责内容有哪几项,他该干什么？讲了没有？没讲。为什么会没讲呢？因为我们长期以来就是这样的。

表 5－3　诉前调解流程管理信息表二(调解)

收案日期：　　月　　日　　　　　　(2016)沪 0105 诉前调　　号

复核主体资格、管辖权情况、分案

复核情况：	
复核、分案人：×××	调解员：

服务起诉人工作

首次短信时间：	联系人：	
二次短信时间：	联系人：	
首次电话调解时间：	联系人：	分机：

服务被起诉人工作

首次征询时间：	分机：	征询结果：
书面通知发送时间：		安排调解时间：

收集被起诉人信息情况

身份证件	(　　)	委托手续	(　　)
送达地确认书	(　　)	其他	

调解不成通知立案情况

通知人：	通知情况：

调解或联系情况

时间	地点或分机	情况	
时间	地点或分机	情况	
时间	地点或分机	情况	
时间	地点或分机	情况	
时间	地点或分机	情况	
时间	地点或分机	情况	
时间	地点或分机	情况	

延长调解期限情况

申请： 年 月 日	审批： 年 月 日

需要特殊注明的情况

是否矛盾激化：	是否有关联案件：
其他：	

三、公开化和信息化

公开化就是把组织工作职责范围、流程环节、规范要求等公布于众，让组织的每一个成员都知道自己的工作要求是什么。这有点类似于要推行法治就必须让全社会成员都知法懂法一样。

（一）工作要求要公开

公开便于对照执行。如工作职责范围、流程环节、规范要求等。

公开便于对照检查。

公开便于考核评估。

结果：使大家统一步伐，避免各行其是。

（二）信息化是非常有效的公开方法

信息化主要是通过数据集成，将各种信息经过一定程序处理好，按照管理要求使之更加容易取得，甚至可以通过信息化系统直接按照需求进行处理。比如，对法官的作风投诉，经过计算机处理后，使之直接显示一定时段内的投诉事由，就很容易知道管理的漏洞所在了。诸如执行之类的投诉，经过计算机处理后会出现怠于执行、执行效率低下、找不到执行法官三类执行事由。由于信息化，上述三类事由的公开就非常便捷了。

信息化的另一个优势就是，信息化系统可以随时随地生成我们所需要的信息。避免了人工统计所带来的低效率、过多的人工消耗等问题。

四、抽象性较强的工作如何实现可视化

司法在极高的程度上具有抽象性，并非任何方面都具有可视性。法律也赋予法官较多的自由心证及自由裁量的权力。法官办案，有非常高超的艺术性一面，但也有技术性和规范性的一面。我们应当尊重法官的裁量性，但也应当设法使技术性和规范性的一面展示出来。

（一）法官办案方法的要求怎么样看得见

由于我国法官未接受过审判方法的专业训练（我国法学院早期亦无此类课程），我国法官采用的办案方法具有强烈的个人色彩。在办案方法五花八门的时候，想要统一法律适用的结果无异于登天。事实证明，审判实践中大量存在“五个不固定”的痼疾：诉讼主体不固定、诉讼请求不固定、基础规范不固定、诉讼主张不固定及证据材料不固定。“五个不固定”，成为制约案件质量和效率提升的关键障碍。

因此，统一办案方法，某种意义上讲就是统一办案的基本工作要求。我在长宁法院的时候，专门针对实践中存在的问题，总结提炼出了九步办案法（即“要件审判九步法”，详见本书第四章第三节）。

（二）来访者的接待要求怎样实现可视化

法院管理的主要目的在于更好地满足人民群众日益增长的司法

需求,因此必须注重倾听当事人的声音。为此,我们做了以下几项工作:一是进行当事人接待工作讲评。成立当事人接待工作检查小组,采取现场检查、回听回看录音录像等方式,进行专项检查并进行讲评。除常规抽查外,对各部门当事人接待工作开展定期讲评和通报,并列为部门绩效考核项目。二是引入心理咨询师参与信访接待工作。培养多名获得国家二级心理咨询师资格的干警,兼职参与涉诉信访案件接待工作,直面当事人的心理,建立信访人心理状态分析研析报告及反馈互动机制。

(三)裁判文书的制作要求怎样实现可视化

关于裁判文书,我们一直强调要加强裁判文书说理。但究竟如何才算得上一份说理的裁判文书?却是一个公说公有理,婆说婆有理的问题。这也就难怪裁判文书质量检查,查出来的大部分是一些形式上和文字上的差错。逻辑结构上的差错很难查出来。

原因何在?原因即在于裁判文书逻辑结构标准欠缺。

多年来,我发现裁判文书在逻辑结构上存在前后各个部分之间内在冲突的问题。这种冲突还不容易看出来。因此,我总结提炼了裁判文书“九个一致”的制作标准(具体内容参见本书第四章第三节)。

这样,通过这“九个一致”,就可以很容易发现裁判文书在逻辑结构方面存在的缺陷。

第六章　工作绩效的可视化

绩效管理是被认为是管理学的核心领域，被广泛运用于企业等经济组织。20 世纪 70 年代，西方国家兴起“新公共管理运动”，绩效管理被引入公共管理领域。目前，运用绩效管理提高公共组织的管理效能和公众的满意度已经成为公共管理发展的最新趋势。绩效管理在公共领域取得的成效，对法院的管理工作提供了有益的借鉴，顺理成章成为法院加强审判管理的重要措施。但在实践运用的过程中，这一被许多优秀组织推崇的管理工具，却成为法院管理中备受争议的焦点。部分人认为，在法院实施绩效管理可能会在法官群体中形成利益驱动，无论是“胡萝卜”还是“大棒”都可能损害法官裁判的独立性。这种说法不无道理，事实上，部分法院开展绩效管理时，强调对绩效数据的追求，将绩效管理异化为绩效主义，引起了法官普遍的怨言。那么，绩效管理能否适用于法院？

从绩效管理的内涵来讲，绩效管理是识别、衡量以及开发个人绩效，并且使这些绩效与组织的战略目标保持一致的一个持续性过程。〔1〕 这个过程包括了绩效计划、绩效评估、绩效诊断、绩效反馈、绩效沟通等各环节。有别于唯数字论的绩效主义，真正的绩效管理是组织的愿景到战略实现的过程，是推动组织核心价值观从理念到行为的过程，也是通过组织成员的成长提升绩效的过程。因此，我认为，即便法院存在特殊的司法特性，实施绩效管理同样可以起到积极作用，有效的绩效管理能够促进、激发我们的法官更好地将公平正义的价值理

---

〔1〕 [美]赫尔曼·阿吉斯：《绩效管理》（第 3 版），刘昕等译，中国人民大学出版社 2013 年版，第 4 页。

念具象到司法裁判中,并使法官个体的工作更加直观、可视。当然,要做到这点,就需要我们立足法院的组织文化来真正认识绩效管理,系统地看待绩效管理,充分理解实施绩效管理所需要的目的、前提和过程。

绩效管理的基本步骤:

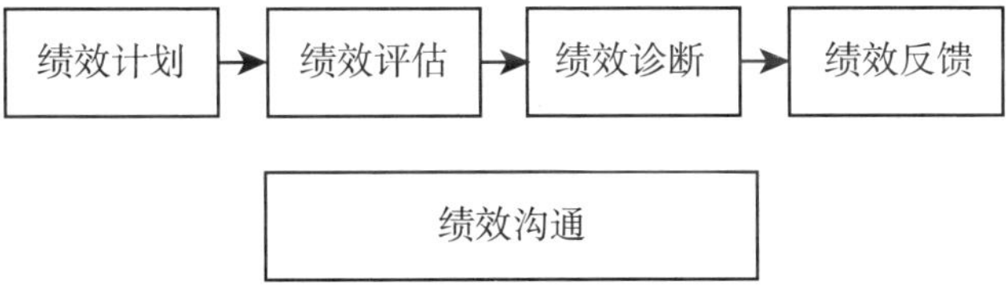

图 6-1　绩效管理的基本步骤

第一节　绩效管理的价值

绩效管理的实施能给一个组织带来许多重要的贡献。管理学家阿吉斯在《绩效管理》中列举了绩效管理体系带来的 16 个方面的贡献,包括绩效管理能够更加清晰地界定工作的内容及其需要达到的标准、强化员工的自我认知与自我开发、使组织目标更加清晰、使组织变革更加容易推动,等等。从管理实践来讲,绩效管理最直观的价值还在于有助于让绩效可视化,帮助我们了解组织成员为组织所作的贡献,让干多干少、干好干坏能够水落石出,并进而对组织成员、组织文化、组织绩效等产生积极的影响。

一、避免习得性无助

在长宁法院工作期间,曾经有人告诉我,审判业务庭的法官中,有些审判能力较强的法官在每个月结出十余件案件后,就会停止报结案件。即使其办理的案件已经审结,也不会急于报结。经过了解,其思想根源就是案件结得再多也没什么用,反而会招来一些冷嘲热讽。这种差不多就行的状态,实际上是“习得性无助”的一种表现。

习得性无助是心理学上的一个比较重要的概念,是美国心理学家马丁·塞利格曼于1967年提出的。

马丁·塞利格曼用狗作了一项经典实验，起初把狗关在笼子里，只要蜂音器一响，就给以难受的电击，狗关在笼子里逃避不了电击，多次实验后，蜂音器一响，在给电击前，先把笼门打开，此时狗不但不逃而是不等电击出现就先倒在地开始呻吟和颤抖，本来可以主动地逃避却绝望地等待痛苦的来临，这就是习得性无助。

后来，马丁·塞利格曼发现这个现象在人类身上同样存在。在一个组织中，如果组织成员的努力未进入管理者的视野，其积极努力的行为将逐步衰退，从而进入习得性无助的状态。

在法院管理中，习得性无助主要源于干多干少一个样、干好干坏一个样的管理状态。行为学家B. F. 斯金纳认为，人类的行为是一种对刺激如表扬、奖励、惩罚等的反应。当刺激改变时，行为也会改变。[1]而绩效管理通过将奖励等加强机制与组织成员的行为相联系，改变干多干少一个样、干好干坏一个样的管理状态，从而有助于克服习得性无助这一问题。

二、摆脱管理者依赖

实践中，存在这样一种现象：有的人坐等着管理者派活儿，在没有分派到工作之前就处于无工作状态。这与消极怠工并无二致。这些坐等分派工作的人会振振有词，“不是我不想干，而是领导没有派活儿给我”。这种像算盘珠子一样拨一拨动一动的人之所以存在，是因为职责未全面具体地分解到人。要解决这个问题，就必须做到让组织成员明确自己的基本职责和工作内容。而绩效管理的重点在于重视目标分解，要求管理者明确组织成员岗位职责，制定清晰的目标任务，从而将组织要求的结果目标转换为组织成员的日常行为要求。绩效管理的有效实施将能让组织成员更好地实现工作自主性问题，摆脱对管理者的依赖。

---

〔1〕［美］斯科特·凯勒、［美］科林·普拉思：《超越绩效——组织健康是最大的竞争优势》，盛溢译，机械工业出版社2012年版，第127页。

三、减少对抗和争议

实践中,领导批评下属,经常出现下属内心不服甚至公开表达不满的情形。某法院曾经有位法官因为晋升受挫而向上级法院全体领导发邮件公开表示不满,认为自己的工作表现出色,领导不公平。

心理学上有个著名的达克效应:心理学家克鲁格(Justin Kruger)和邓宁(David Dunning)在1999年通过实验证明,低能力者在对自己的能力作出评价时,面临了双重困境,即他们既不能呈现高水平的绩效表现,也无法正确认知到自己的能力低下,反而还会产生对自己能力的无端自负。心理学上还有一个研究结论,即大部分人都有自我中心倾向,即高估自己、低估他人。2013年,中国青年报社会调查中心曾经做过一项对5000多人的调查。结果显示,78.9%的受访者认为自己敬业,但仅45.5%的人感觉身边的同事敬业。

正是因为这些原因,造成管理实践中的大量冲突与矛盾。每年年底评优、评先进经常是矛盾迭起的时候。

要解决这些问题,日常绩效积累,让工作绩效看得见就成为必要。如果组织有一套良好的绩效管理体系,就能够使得不符合组织价值要求的行为,以及造成低绩效的行为清晰地描述和标识出来,这样有助于明确管理依据,减少不必要的对抗和争议。同时,也使组织成员能够更好地看到自己的特定优势和不足,更好地规划自己的职业发展,增强工作的动力和敬业度。

四、避免惩罚型管理

管理中,有的时候会出现这样的情况:有的人平常表现不是特别好,时常迟到早退,大错不犯小错不断。此前也没有人提醒他,年底测评的时候,忽然评定为不称职。于是,引起一场轩然大波。

很多人有意无意将绩效管理与奖惩简单挂钩,认为绩效考核就是淘汰、惩罚不称职的组织成员。事实上,管理的目的并不是为了惩罚,而是为了让组织和组织成员双赢。一套绩效管理体系的实施能让管理者和组织成员参与到绩效评估与改善的过程中来,为双方提供一个沟通的平台,营造一种注重沟通的文化。绩效管理的精髓不在于纯粹的以结果论英雄,而是通过绩效评估带来的绩效沟通,帮助组织成员获得成长。可以想象,在上面的例子中,如果平时及时进行绩效沟通,将有关绩效情况告知相关人员,后者就会及时加以注意,并改进绩效,就可以避免这种情况发生了。绩效管理中这种强调沟通的管理理念,将有助于避免惩罚性管理,从而避免对组织和组织成员带来双重损害。

五、提升工作质效

绩效管理通过相关数据,告诉组织成员工作质量和效率情况,以便于大家对照工作绩效标准发现工作中存在的不足,并及时加以改进。要准确找到绩效短板,就必须分析绩效,看到问题背后的问题。具体实施过程中,要强调把指标分解到部门,分解到个人。各项指标能够分解到部门的就分解到部门,能够分解到个人的就分解到个人。这样才能够找到短板,才容易找到短板。

有一次,长宁法院案件移送天数特别长。按道理,长宁法院就在中级法院的斜对面。案件从长宁法院送到中级的时间应该是全市最短的。但我们的这项数据在全市非常落后。于是,我在党组会上要求各位分管院长在各自的分管领域里抓一抓,把这个时间压下来。结果,一个季度后,这个数据没有任何改善。于是我就决定让技术部门对数据进行了分析。结果一分析,把各个部门、各个法官的数据一分解,马上就发现问题之所在了。其中,有一个庭的某一位承办人,有26件案件拖了全庭的后腿。这个短板一查出来,这个部门的这一项立即就得到了改善。所以,在管理中,绩效分析特别重要。

第二节　法院绩效管理存在的问题

法院的绩效管理经过长时间的探索,得到完善发展,但在某种程度上还存在理念不符合司法规律、绩效数据体系不完备、管理方法不科学等情况，主要表现为以下几个问题。

一、绩效管理理念不符合司法规律

管理学家凯勒和普拉思在《超越绩效——组织健康是最大的竞争力优势》一书中指出，**“对短期结果的固化关注，会削弱组织健康并影响它的未来，让它只能是昙花一现而不能实现基业长青”**。在法院管理的实践中，已经出现大量因为追求短期绩效而产生的短期行为，其根源在于绩效管理理念不正确，“唯数据论”“唯排名论”泛滥。正因此，最高人民法院院长周强专门在全国高级法院院长会上作出指示，要求“坚决避免唯数据论、唯指标论的不良导向”。

简单运用数据排名的方法，会产生以下几个负面效应：

一是行为短期化。人们为了追求绩效数据排名，容易采取急功近利的方法。那些短期内不能改善绩效，但能够产生长远利益的机制建设，容易被忽视。长期以来部分法院盲目追求数据的“亮眼”，而忽视对司法公正、司法效率、司法效果的实质追求，将部分质效数据作为压倒一切的头等大事，作为衡量工作优劣的唯一标准。比如，为了追求较高的结案率，忽视审判工作的规律，忽视公众的司法需求，一度造成了“立案难”的现象。

二是管理方法简单化。甚至有些绩效管理方法粗暴化，给组织成员带来较严重的伤害，从而给组织带来伤害。上海法院的案件质量评估体系是通过 61 项指标综合反映法院审判工作的各个方面。个别法院对案件评估工作的评价、引导、激励、规范和监督等功能缺乏深刻认识，对各项指标的真实作用缺乏科学理解。这些现象的存在制约了评估工作健康、有序、科学地发展。例如，片面追求均衡结案度，人为控制收结案，以致曾经出现均衡结案度为 0 的情况。又如，为减少执行天数，出现部分案件执行天数为 0 天的不符合审判规律的荒唐现象。

三是刺激造假冲动。为了追求数据排名，人们往往会创造出五花八门的方法来达到目的。其中包括数据造假、掺水等。有的法院为追求均衡结案度，从年底不收案演变成月底不收案；有的法院为片面追求条线人均结案数，将人员编制列入综合部门，以提升条线人均结案数排名；有的法院在年底为提高同期结案率，鼓动当事人撤诉，第二年再重新立案，以致出现表象繁荣而导致数据失真。

二、绩效管理数据体系不科学

法院现行绩效管理数据体系不科学，表现在体系不完备和数据设置不科学两个方面。

1. 体系不完备

关于体系的完备性问题，我们可以参考企业管理中的平衡计分卡方法。企业管理中著名的平衡计分卡方法，改变了传统管理中只关注财务绩效的重大缺陷。

以财务指标为核心建立起来的体系会使企业更多地关注短期行为而忽视长远目标。事实上，一个组织要想获得长远发展，必须在关注财务状况的同时，兼顾员工的培养开发及客户满意度等维度。许多企业纷纷引入平衡计分卡方法并取得显著效果。平衡计分卡方法由罗伯特·S. 卡普兰和大卫·P. 诺顿首创，作为一种绩效衡量工作，平衡计分卡方法具有注重全面而平衡的绩效数据体系这一独特的优势。平衡计分卡从组织发展的战略出发，将组织及其内部各部门的任务和决策转化为多样的、相互联系的目标，然后再把目标分解成多项指标组成的绩效评估体系。这一体系主要包含了财务、客户、业务管理和组织成员发展四个维度。其实，平衡计分卡方法之所以更科学，是因为它注意到了管理中四个方面的相互联系与相互影响。如果缺乏其他三个方面的支持，企业也不可能实现核心业务目标。同时，平衡计分卡方法的另一个独特优势，是既考虑过去业绩的考核，也考虑未来业绩的考核。

这样，我们可以看出来，完备的绩效考核体系应该由四个方面组成：业绩、社会效果、业务管理、组织成员的成长与发展。

对照我们法院现行的绩效考核体系，即上海法院审判质量效率评估指标体系[1]。目前，上海法院审判质量效率评估指标体系由评估

〔1〕 该评估体系表 6－2 中“质量效率指标”栏前 15 行原文涂红，序号亦不连续，“效果指标”栏、“管理指标”栏序号亦不连续，未查到相应资料。

数据和调研数据组成，基本实现对审判工作各阶段、各环节、各条线的全面覆盖。

其中，评估数据为 28 项（18 项主指标、10 项副指标）：

表 6－1

1. 同期结案率	9. 一审服判息诉率
1－1. 结案率	9－1. 一审民商事服判息诉率
2. 月均存案工作量	10. 二审改判发回瑕疵率
2－1. 当前存案工作量	11. 申诉率
3. 审限内结案率	11－1. 民商事案件申诉率
4. 执限内执结率	12. 裁定再审率
5. 均衡结案度	13. 生效案件改判发回率
6. 18 个月以上未结案数	14. 实际执行率
6－1. 30 个月以上未结数	14－1. 执结率
7. 延长审限未结率	15. 初执标的清偿率
8. 民商事调撤率	15－1. 执行标的清偿率
8－1. 民商事调解率	16. 案均执行标的清偿率
8－2. 民商事撤诉率	17. 向上级法院投诉率
8－3. 一审民商事普通程序调解率	18. 立案投诉率

调研数据为 28 项（24 项主指标，4 项副指标）：

表 6－2

1. 平均审理天数	12. 上诉案件延期移送率
1－1. 平均审限天数	12－1. 上诉案件平均移送天数
2. 平均执行天数	13. 二审改判发回率
2－1. 平均执限天数	14. 二审开庭审理率
3. 人均结案数	15. 一审重复开庭率
3－1. 法官人均结案数	16. 申诉听证率
4. 12 个月以上未结案数	17. 刑事附带民事诉讼调撤率
5. 判决书上网率	18. 行政和解撤诉率
6. 判决书附录法律条文率	19. 裁判自动履行率
7. 立案变更率	20. 民商事调解案件申请执行率
8. 简易程序适用率	21. 执行终结率
9. 一审案件陪审率	22. 信息输入差错率
10. 当庭裁判率	23. 进京上访数
11. 上诉率	24. 请示案件数

质量效率指标	效果指标
1. 同期结案率 1－1. 结案率 3. 审限内结案率 4. 执限内执结率 6. 18 个月以上未结案数 6－1. 30 个月以上未结数 7. 延长审限未结率 1. 平均审理天数 1－1. 平均审限天数 2. 平均执行天数 2－1. 平均执限天数 4. 12 个月以上未结案数 12. 上诉案件延期移送率 12－1. 上诉案件平均移送天数 15. 一审重复开庭率 10. 二审改判发回瑕疵率 12. 裁定再审率 13. 生效案件改判发回率 7. 立案变更率 13. 二审改判发回率 22. 信息输入差错率	8－1. 民商事调解率 8－2. 民商事撤诉率 8－3. 一审民商事普通程序调解率 9. 一审服判息诉率 9－1. 一审民商事服判息诉率 11. 申诉率 11－1. 民商事案件申诉率 17. 向上级法院投诉率 18. 立案投诉率 17. 刑事附带民事诉讼调撤率 18. 行政和解撤诉率 19. 裁判自动履行率 20. 民商事调解案件申请执行率 23. 进京上访数 14. 实际执行率 14－1. 执结率 15. 初执标的清偿率 15－1. 执行标的清偿率 16. 案均执行标的清偿率 5. 判决书上网率 6. 判决书附录法律条文率 8. 简易程序适用率 9. 一审案件陪审率 10. 当庭裁判率 11. 上诉率 14. 二审开庭审理率 16. 申诉听证率 21. 执行终结率
管理指标	组织成员的成长与发展
2. 月均存案工作量 2－1. 当前存案工作量 5. 均衡结案度 3. 人均结案数	

对照业绩、社会效果、业务管理、组织成员的成长与发展四个维度。上述全部 64 项指标在四个方面维度的分布情况可以用图 6－2 展示：

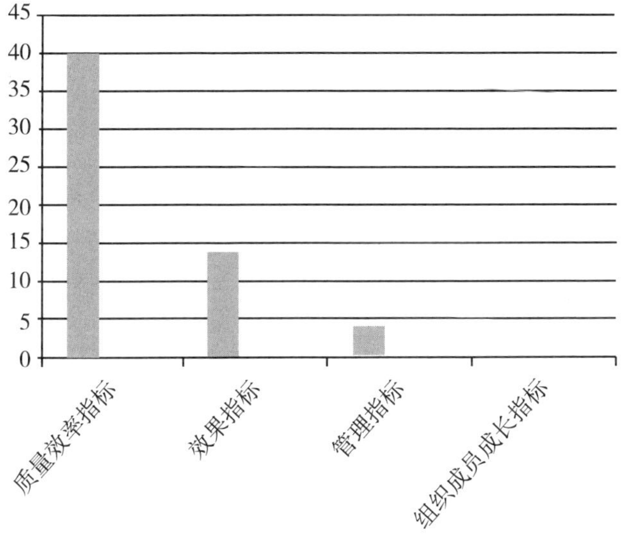

图6－2

从图6－2可以看出,我们的绩效指标较多地集中于质量效率层面和效果层面,占全部指标数量的72.3%。相对而言,效果指标占21.5%,管理性指标则仅占6.2%,而组织成员指标则为空白。可见,我们的指标,对管理和组织成员的关注较为薄弱。

这主要源于我们的管理还存在重办案能力评价,轻管理能力评价的情况。目前,各个法院对审判的具体效果的评价普遍较为重视,但对于法院管理人员(如院长、分管院长、庭长、审判长)的业务管理能力、管理情况尚缺少一种客观的科学的评价标准体系。我们现在对院长、庭长的管理能力的评价,基本上是主观性评价(当然,对管理能力的评价,是现代管理学兴起以后才出现的一个新事物,其操作本身存在相当高的难度)。我们现在考核班子时的群众测评,应当说是一个非常好的管理能力考核手段,但这一方法的不足有二:其一,不能排除个别人的恶意评价(在体操比赛中采取减去一至二个畸高分、畸低分的做法);其二,测评内容过于单一,不能体现管理能力的方方面面。其实,这方面我们可以有很多创新,比如,针对院长、庭长的管理问卷调查就是一个比较深入的方法。调查结果既有利于准确评价管理者,也有利于发现管理者身上存在的具体问题。

2. 数据设置不科学

我们的考核评估制度不够完善，其中数据设置不科学主要表现在以下几个方面：

一是重数量性评价，轻质量性评价。各法院对于结案数及结案效率等指标较为重视，但对于质量性的评价，目前还较为忽视，主要集中于改判发回率指标。事实上，案件被维持并不等于质量毫无瑕疵。其中有些瑕疵势必成为隐患，在许多情况下反映出我们法官行为习惯中存在的问题，在条件成就的时候，势必酿成更为严重的后果。但我们的评价指标中，这方面的指标非常少，诸如办案中的程序差错、裁判文书中的缺陷等，均无评价，不能客观反映法官的审判质量和办案水平。

质量数据不能全面反映工作质量。尤其是案件质量尚缺乏比较权威的数据。目前以发回重审和改判率为核心的质量数据系列，尚不能准确反映案件质量。

以铁三角统计结果为例。[1]

二是重机构性评价，轻个人性评价。目前我们法院的评价体系主要集中于各法院或法院内部各业务庭，对于个人办案水平、办案能力以及办案绩效的情况，现行评价体系几乎无法反映。因此，个人能力与工作实绩的判断主要取决于主观感受，并无实际数据的支持。前两年，黄浦法院试行了法官个人质量效率评估体系，对于加强针对性管理起到了较好的作用。目前，在上海市高级人民法院的推动下，我们已经建立了法官个人业绩档案。但遗憾的是，我们的个人业绩档案中，缺乏系统的、能够反映个人工作情况的评价指标。因此，我们在几次晋升中有明显感受，即个人业绩档案还不能反映工作实绩。

三是重个案性评价，轻思路性评价。这也是上海市法院目前在评价法官时存在的一个较为普遍的问题。对于法官办案思路的评价无从下手。有的庭长在日常管理中，较为关注具体案件的细节，却非常

---

〔1〕 作者未及详述，未查找到相应资料。

忽视案件中反映出来的思路问题，因而无论是办案效率还是办案质量都难以提高，靠强力取得的效率是事倍功半。

四是重法律评价，轻社会效果评价。当前，在我们司法管理的过程中，办案的法律效果的评价得到比较大的重视，如改判发回率。但是，对于我们所办理案件的社会效果的评价，却极为缺乏。目前，我们的社会效果评价指标仅限于调解撤诉率和息诉率，而当事人的投诉率、上访率、重复上访率、认同度等未纳入社会效果的评价之中，且现有的调解撤诉率和不上诉率指标亦未归入个人名下。对于另外一类评价社会效果的指标，就是各级法院针对办案过程中所出现的一类法律问题或者针对个案中出现的单个法律问题，需要引起党委和政府有关部门或者相关企事业单位重视的，我们可以发出法律建议书，但是，目前我们各法院连发送了多少份司法建议书都没有一个特别的统计，更不用说以此指标对法律适用进行社会效果的评价了。

五是重内部评价，轻外部评价。有管理学专家认为，质量是由使用者而不是生产者评价的。如果顾客认为一件产品不好，这就意味着公司失败了。因此，对于质量的评估，管理者必须同时注重公司内部和外部的意见。当然，这个问题对于司法产品而言，显得更为复杂。因为司法产品要做到胜败皆服事实上是很难的，在现实中只能说是一种理想。通常情况下，总有一方是服的。但我们不能因此而忽视外部评价。在我们所收到的一些群众来信中，确实有相当一部分是反映了客观问题的。但我们现有的考核评价体系中，我们对于外部评价的关注显然是不充分的。我们发现，目前各法院对于来自当事人的投诉信的处理呈现出某种零散化的状态，难以发挥其统计学上的意义。

六是重一般性评价，轻个性化评价。我们的考核评价体系中对法院内不同部门、不同条线的标准偏重于简单化，缺乏针对不同部门的不同标准。例如，我们的数量考核指标中，不同类型的案件即缺乏横向比较。因而，有的审判部门尽管审判任务繁重，但在考核评价中无法反映出来，致使有些部门积极性被挫伤，例如我在长宁法院工作期间,每年年终考核时,民三庭等部门由于承担的房地产案件审理难度大、审理周期长等因素,经常加班加点,但在考核数据方面,无法与有大量简易案件的民一庭相比。美国法院在解决法院人员配置数量问题时,有一个做法值得我们借鉴,那就是通过对数十万件案件的统计分析,计算出不同类型的案件之间的工作量权重(Case Weight),再以之为基础,得出一套人员配置公式。再如,目前我们对审判部门的办案考核,相对比较驾轻就熟,但对综合部门,则缺少一套类似于平衡计分卡之类的个性化考核体系。

有一次,我们曾经讨论审判员晋升考核方案。政治部按照过去的方案作了一个预评估。预评估的结果出来后,我和其他几位党组成员都有一个共同的感觉,那就是我们考核出来的结果与我们平时所观察到的这些法官的工作状况有比较大的反差。这说明我们过去的考核方案还需要改进。

比如,难度不同的案件没有区分。在缺乏权重系数的情况下,对案件工作量的评估就会出现较大偏差。

考核过程中批量案件怎么处理?审判实践中,会有一些简易批量案件。例如,电信公司催讨电信费的案件,电信公司的人到法院立案窗口来一次,会立上几百件案件,过几天再撤回一批。这些案件在我们的绩效考核系统中,与那些通过漫长审理而结的案件是作相同考核的。对于这种简易批量案件,如果不能统一考核上的特殊处理方案,就会造成考核的不公平。

三、绩效数据不客观

绩效考核中最为可怕的问题是绩效数据失真。最为著名的数据失真就是大跃进时期的"放卫星"。"放卫星"那样的现象现在当然已经不可见了,但实践中,我们还是依稀能够看见这种现象的影子。例如,在最高人民法院公布的绩效考核数据中,有的省的信访投诉数居然为0。至于大部分数据不为0的省份,这一数据也明显偏低,与实际情况存在较大偏差。

管理学大师德鲁克说,军事组织之所以能够比行政系统更具执行力,是“因为军事组织早就知道仅仅发布命令是没有用的,必须同时建立反馈制度,可以检讨命令的执行。而最可靠的反馈,却在于亲自视察”。一位营长要想知道下属伙食如何,一定会亲自到食堂去看看士兵们吃的东西到底怎么样。经验告诉我们,报告或数字不一定靠得住。信息化技术发展起来以后,在电脑的辅助下,管理者与下属之间可以不见面就完成诸多决策、沟通。管理者过少到工作现场,与实践的脱节越来越严重。

事实上,我们经常被数字所欺骗。我们现在对每家法院都有许多质量效率评估数据。

我们能够看出各个法院的管理水平来吗?其实,这个问题非常复杂。

要想对质效评估数据进行评价,必须做到两个基本前提:一是数据的同质化;二是数据的真实性。所谓数据的同质化,是指进行评估的数据必须在数据的定义、内容等方面相同。比如,我们说两家法院的人均办案量,甲法院的数据是130件/人,乙法院是135件/人。我们很容易判断乙法院的人均办案量比甲法院的人均办案量大的结论。但这个结论可能会存在较大问题。乙法院有数量达3000件的简易批量处理的电信合同纠纷案件。这类案件的处理极其简单,只需有两三位书记员就可完成大部分相关工作。处理方式上也基本上是以撤诉为主。这些案件在很大程度上增加了乙法院的人均办案量。如果剔除这批案件,乙法院的人均办案数变为125件/人。这样,我们可以发现,要对人均办案数这个数据进行比较,我们就必须对其数据的内容进行相同处理。这就是数据的同质化过程。数据缺少同质化,就会出现不公平的评价或比较。我们从部分获得法院先进模范的数据中就可以看出这一点:

有的先进典型一年办案2000多件,甚至3000多件,大大超过了一个普通法官可能承受的工作量。但这个数字背后到底包含多少批量案件、简易案件?难易程度怎么样?我们并没有认真分析。

这样的评价结果就是，那些办理难度相对较低的法官更容易获得好的评价，而那些获得难度较高案件的法官，则通常会陷入与荣誉无缘的境地。

数据真实性对评价公平性的影响则更加巨大了。如果我们不能确保数据的真实性，就会出现弄虚作假、投机取巧的情形，大家的精力就不会放在如何改进工作，而是放在如何"处理"数据上，更加容易通过数据"处理"去获得好的排名。这种方法不需要真的投入努力，也不可能会对工作产生积极的促进作用。

更加可怕的是，如果一家法院出现了数据的"作弊"现象，就会带来更多的坏先例，形成恶性的示范效应。

1. 数据失真的表现形式

数据失真的表现形式包括：数据造假、数据包装、数据假象、数据偏差等。

一是数据造假，包括虚构数据、数据掺水。关于数据造假的动因，有的是为了追求政绩，有的是为了部门利益，有的则是为了逃避责任而虚报瞒报数据。

二是数据包装。数据包装表现为选择性使用数据。主要有两种方法，第一，报喜不报忧；第二，挖掘数据的不同侧面。利用不同角度挖掘出来的数据效果对绩效进行包装，得到粉饰太平的结果。

三是数据假象。数据假象是说数据反映的情况与实际情况存在差距。比较典型就是平均值：统计数据大多数以平均值的结果公布，峰谷值之间差异很大且样本较少时，就会出现平均值失真现象。例如，对比尔·盖茨与9个随机抽样的大学生进行统计，平均收入一定会极高。但那9个人甚至还没有参加工作，收入实际上极低。当然，求平均值是最基本的统计学方法，并不必然导致数据失真。关键在于样本数量的多少。

四是数据偏差。数据偏差可能由数据采集的误差引起。曾经出现过这种情况，有一起案件移送天数长达1000多天。经查，该案件被二审维持原判退回卷宗，但系统中由于二审立案部门忘记点击收到一审移送卷宗的信息点。这说明,信息系统中的数据校验规则还不是十分完备。

数据信息漏斗也可能引起数据失真。信息在传递沟通过程中呈递减趋势,我在长宁法院工作时要求建立管理台账的重要原因,就是有的任务口头布置以后走样得厉害。

五是数据认知偏差。例如“立案难”问题。立案难问题的产生,既有客观原因,如根据目前诉讼法的规定,立案采取审查制,法院对要件进行实质性审查,决定是否立案。有时当事人诉讼能力不强,通不过审查,就无法立案。

但也有主观上的原因。在我们的绩效评估数据中,有两项指标对各法院形成比较大的影响。其一是同期结案率(指报告期结案数与收案数之比)。其二是均衡结案度(指报告期同期结案率的均值为参考值,计算各法院每期同期结案率的均衡程度,旨在反映阶段时期审判工作周期幅度)。这两项指标要获得较大幅度的改进,必须同步提高审判能力和审判管理两个方面。但这两个方面的提升,是需要管理者投入较大精力和智慧的,必须经过漫长的努力方可见效。

后来,在实践中,有个别法院发现有一个方法可以迅速提升这两项指标——控制收案。每个月能够结多少案件,接下来就收多少案件。这样,只需要收案数等于结案数,同期结案率就可以实现100%。这种方法比较简便,无须花什么力气就可以做到。于是,个别法院到月底开始控制收案。于是就出现了当事人临近月底、年底到法院无法立案的情形。

2. 数据失真的原因

一是价值观出现偏差。为了追求所谓的政绩,个别领导着眼于局部利益或个人目的而随意篡改统计数据,使统计数据失实的现象日趋严重,也使某些信息遭到扭曲。例如,有的单位为了申领全勤奖,向有关部门报送的考勤记录是全体全勤。尽管这家单位的员工并非全勤,也会申报全勤。其目的是作为一个单位,要把本单位的利益最大化。这种现象在实践中并不鲜见。

形式主义作祟也可能会让我们脱离实际设定目标。在考核、奖惩压力大的情况下，有人因为难以完成责任目标，或者过于追求奖惩目标，就采取数据造假的做法。

二是统计水平比较落后，统计口径、范围、数据采集方法等基本要素未统一，易出现混乱。不少数据必须依赖人工输入或者人工汇总，易出现技术性误差和人为差错等。以上海法院为例，过去干部人事系统中的人员信息，与审判流程管理系统中的人员信息，由于分属两个独立的系统，往往相互之间不能吻合，甚至会出现较大差异。其原因，就是两个系统中的统计口径不相同。

再如，我们开发了一个针对全市法院信访投诉情况的信息化应用系统。在这个系统中，各基层法院都有一个输入界面。在这个界面中，各法院按规定应当将本法院被投诉的情况输入系统，以便进行跟踪管理。但从实际运行情况看，这个系统使用情况不容乐观。

信访投诉数越高，在管理学上的评价往往趋于负面，说明其行为越有可能被质疑。根据行为心理学，在没有监督的情况下，人们通常不会把对自己不利的数据输入系统。

三是制度执行不够有力。数据真实观念淡薄，有制度不依，执行制度不严，为了本单位的利益有意虚报、瞒报等数据失真现象时有发生，而虚报、瞒报、篡改统计数据的人很少会承担责任。我们虽然每次开会都强调要采取措施确保数据真实，但实际上并未坚持每年都抽查。即便抽查，也未将结果认真公布。

四是统计人员素质不高。统计和审判管理专业人员水平参差不齐，不少人专业知识不足，知识面窄，难以适应数据管理科学化的要求。比如，我们目前的很多统计还仅仅是把一些数据罗列出来，没有参考、比较，没有趋势，没有平均值，这样的数据呈现的信息量很少，实用性比较差，难以挖掘出更多的信息。

3. 数据失真的危害

数据造假，能给我们带来一时的“数据繁荣”，但从长远来看，会掩

盖问题,影响决策,破坏制度公平,最终影响到人民法院的公信力。具体而言,危害如下:

一是会掩盖问题,让问题看不见。比如,我们设置"重复开庭率"的数据统计,初衷是为了检验法官的开庭效率。重复开庭率高可能反映法官在事实查明、焦点归纳等方面的庭审技巧需要提高。但是在实际操作中,有的法官为了降低重复开庭率,在已经安排的庭审开始前,在流程管理系统中取消庭审。这样,实际召开的庭审在统计数据中没有反映,重复开庭率就不会升高。这实际上是一种数据造假的行为。虽然数据好看,但是掩盖了问题,让问题看不见。

二是造成管理决策失误。数据是管理决策的重要参考,如果数据本身出了问题,决策就不可能切中要害,难以对症下药。

三是造成管理失效。如果可以通过数据造假、数据包装达到提升数据的效果,管理就没有实际效用,解决不了实际问题。

四是造成管理不公平。导致负面行为流行——劣币驱逐良币现象。当有破损的1块银币和完好的1块银币购买力相同时,就会产生劣币驱逐良币的现象。通过数据造假、数据包装就可以得到效率、效果的提升,获得红利却没有不利的后果,这对通过真实努力获得良好绩效的人是明显的不公平。

五是破坏公信力。对内,假如"处理"数据的行为得到了鼓励,其他人将争相效仿,组织就失去了公信力。对外,法院提供的数据明显与群众的感受不相符,将破坏法院司法的公信力。

四、绩效管理方法不科学

一是绩效计划缺失。事实上,许多法院的领导并没有明确的绩效计划(此问题详见第三章)。

二是绩效反馈不到位。部分法院在实施绩效管理过程中,绩效反馈不及时,甚至缺少了绩效反馈这个关键环节。这在一定程度上造成绩效考核形式化。由于缺乏必要的沟通,法官无法对自己存在的不足有清晰的认识,而且与法院管理者往往无法形成对绩效的共识,绩效考核的认可度也受到影响。

比如，在一次晋升时，有位法官的裁判文书的分数不及格。但这位法官的平时工作是非常努力的。后来发现，有关部门未能及时把文书检查的分数告诉这位法官，以至于他根本就没有引起重视，直到分数被扣到极低。绩效未及时反馈，结果就是他不会注意到自己的问题，从而一直在不断重复自己所犯的错误。最终，于公于私，都是损失。

如果关于一个人不称职的绩效结果未及时反馈给他，那一旦作出对他非常严重的处理（如下岗或待岗），就有点像古人说的“不教而诛”了。

所以，每一次考核、晋升、测评，都应该把相应的结果，反馈给本人，尤其要注意把问题反馈给他，让他更好地关注并修正自己的行为。

三是绩效诊断不到位。绩效诊断，是指从绩效数据中发现工作中存在的问题，进而分析出问题的成因。

有的领导认为绩效反馈只是简单地告诉下属一个绩效排名。这种观点是一个大误区。简单排名，只会给下属带来心理压力，更容易让下属产生工作厌倦感甚至对立心态。

正确的绩效反馈不仅要告诉下属绩效现状，更要告诉其绩效中存在的问题，同时，还要帮助下属共同分析问题的原因，帮助下属掌握必要的提高绩效的方法。

有两名法官，办案的难度基本相同。但两个人的办案效率相差较大，其中法官 1 的平均结案天数是 46 天，法官 2 则是 82 天。如果简单地将这个结果反馈给两人，则对他们的绩效改善作用不大。如果进一步对两人在关键办案节点的把握进行分析，就可以看出许多问题：

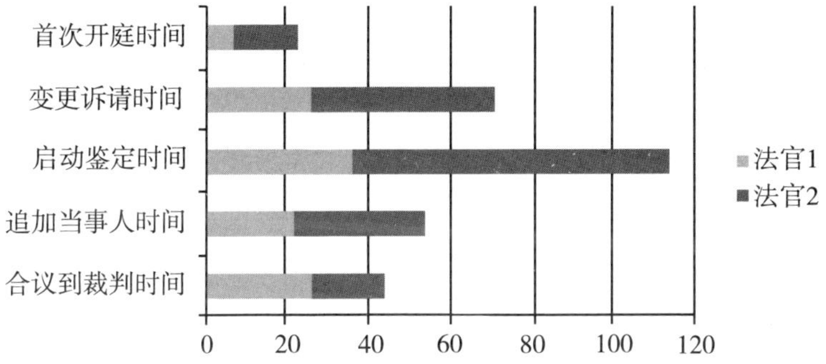

图 6－3　办案能力分析

从图 6－3 可以看出，法官 2 在五个关键环节的把握上都存在效率低的问题。如果从这五个方面入手改进，则审判效率可以大幅度提高。

管理实践中，最需要管理者具备的能力，就是绩效诊断。这件事情大部分管理者都在做，但做的水平高低，则大有不同。比如，我们执行庭的信访投诉率一直居高不下。许多申请执行人在来信中措词激烈地表达着自己对执行法官的不满。于是便引起了我的重视，将投诉率指标打印出来，批给他们，要求他们“执行投诉率居高不下，反映出我们在工作中还存在诸多不足，应当认真抓一抓，切实改进”。执行庭长收到批示后，立即召开全庭会议，要求全体执行法官认真改进工作作风，切实减少群众不满，但情况并未好转。

于是，我们开始认真分析群众来信的情况。经过分析，我们发现，群众来信的根本原因在于信息的不对称。一方面，我们执行法官特别忙，一直奔走在调查和执行过程中，忙得连坐在办公室喝口水的时间都没有。另一方面，当事人一直想找我们的执行法官，想知道执行调查的进展，但多次来电总是找不到人，心里就渐渐积累起不满。等到法官完成所有调查，查明被执行人无财产可供执行，将结果告知当事人时，当事人通常会立即表现出极度不满甚至愤怒。

根据心理学原理，你做了一件事情与当事人知道你做了这件事情是两回事。因此，我们经过分析，我们认为解决问题的最佳方法是让当事人更便捷地知悉执行进展及执行过程中的各种信息。于是，我们便成立了专门的执行接待中心，让申请执行人随时能够找到接待人员。通过这个办法，执行投诉立即大幅度下降。

参见某基层法院2012年第一季度信访投诉情况一览表（表6－3、表6－4）。

表6－3　来信投诉情况一览表

被投诉业务庭	投诉事由																			小计（件/人）
	诉讼程序							裁决结果				案件执行				审判作风				
	案件受理	文书送达	举证质证	诉讼保全	强制措施	案件审限	诉讼费用	事实认定	法律适用	文书表述	文字校对	财产查封	执行措施	执行期限	执行文书	着装仪表	言行态度	释明反馈	工作纪律	
民一庭 件（次）									1											1
民二庭 件（次）									1											1
民三庭 件（次）								1	1											2
民四庭 件（次）									1											1
刑庭 件（次）																				
执行庭 件（次）													1	2						3
立案庭 件（次）																				
诉调中心 件（次）																	1			1
小计								1	4				1	2			1			9件

投诉内容涉及实体问题5件，执行问题3件，释明反馈问题1件。

表 6-4　来访投诉情况一览表

被投诉业务庭		投诉事由																			小计「件/人」
		诉讼程序							裁决结果				案件执行				审判作风				
		案件受理	文书送达	举证质证	诉讼保全	强制措施	案件审限	诉讼费用	事实认定	法律适用	文书表述	文字校对	财产查封	执行措施	执行期限	执行文书	着装仪表	言行态度	释明反馈	工作纪律	
民一庭	件(次)																				
民二庭	件(次)																				
民三庭	件(次)								1												1
刑庭	件(次)																				
少年庭	件(次)																				
执行庭	件(次)													2							2
立案庭	件(次)																				
诉调中心	件(次)		1																		1
小计			1						1					2							4件

投诉内容涉及程序问题 1 件(人),实体问题 1 件(人),执行问题 2 件(人)。

在上述案例中,我第一次批示实际上是一次绩效反馈方法,是让执行庭长了解其所在部门的投诉情况。但由于这次绩效反馈只是将数据告诉执行庭长,因而,他们未能有针对性地采取改进措施,以致问题始终未能得到根治。后来,经过分析我们发现申请执行人对执行调查进展信息的及时知悉,会减少其对“法官工作不力”的误会。

在绩效诊断中还需要注意避免螃蟹与鸭子猜拳现象。即由于规则不公平造成的结果不公平。比如,某类案件的信访投诉率总是居高不下,而有的案件投诉总是不高。如果采用同一标准,就会出现看上去公平、实质上不公平的现象。

有一次,长宁法院执行庭准备设置执行信访投诉率这项考核指标。庭长告诉我,说他们准备成立一个甄别小组,专门来区分有效投诉和无效投诉。这个想法初一听觉得有道理,但如果我们深入思考,又会发现有问题:一是甄别过程非常复杂、麻烦,会消耗大量人力资源,在案多人少的情况下,投入这样一部分人力资源并不合理;二是甄别过程会诱发大量矛盾,认定有无过错会产生许多争议与冲突;三是人为操作,容易产生人情问题,时间一长,结果容易失去客观性。

那么,是不是因此就不设执行信访投诉率指标了呢? 非也。仍然应当设置该项指标,但不采用人工甄别的方法,而采用设置目标值的方法,即以前三年执行信访投诉的平均值为目标值。同时,考虑到信访投诉中的重复投诉、匿名投诉信,如果不剔除这部分数据,则有可能出现无论一个人怎么努力都很难翻身的现象。我们有一位非常优秀的法官,工作尽心尽力,各方评价也比较好,但有一次遇上一名性格偏激的当事人,死嗑上了他,一个月发出针对这位法官的几十封甚至上百封投诉信。如果在信息处理时不作出处理,对这位法官就非常不公平。

四是绩效沟通不系统。绩效沟通是考核者与被考核者就绩效考评反映出的问题进行实质性沟通,并寻求解决之道的环节。绩效沟通是一个持续性的交流过程,由目标制定沟通、绩效实施沟通、绩效反馈沟通、绩效改进沟通四个方面构成。四个方面共同构成绩效沟通系统。但实践中,大部分管理者都没有做到全程绩效沟通。据调查,我们的管理者在绩效沟通,以事后沟通为主,在工作过程中的沟通极少。

比如,研究室的抱怨。[1]

绩效沟通的流程图:

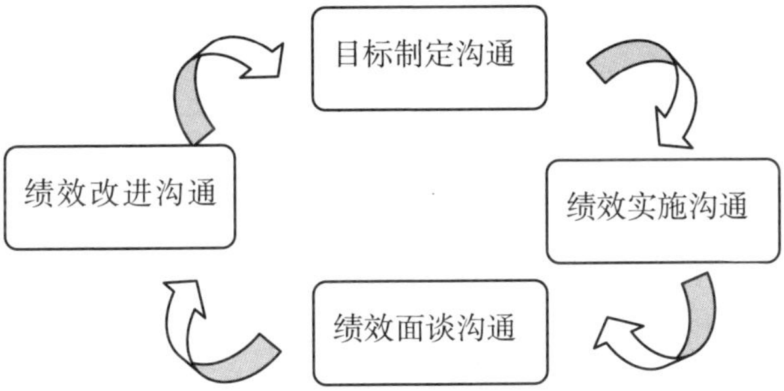

图 6－4

第三节　如何进行绩效管理

一、绩效考核与管理模式

绩效考核模式,可能因为管理模式的不同而改变。

比如,传统的执行管理模式,是一个案件由一名执行法官一包到底的。在考核上,采取的是按照执结的案件数来进行的。而按照流程分段管理的模式,一个案件在不同的流程环节要经历不同的法官完成相关工作。在考核上,就无法按照案件数来进行考核了。这种情况下,应当如何调整考核方案呢?

此外,长期以来,法院审判部门与综合部门在考核中难以进行比较。其中一个很重要的原因,在于综合部门的管理模式与审判部门有较大差异。目前,从法院的管理模式来讲,分为以案件为核心的管理模式和以流程分工为核心的管理模式两类。其中审判部门以案件数量为基本考核单位,容易计量。考核起来比较简单,结案数、结案率就是一个非常重要的指标。因此,审判部门的考评从考评方案、具体落

〔1〕 此处作者未及完善。

实等方面都有一套制度化的规范。

但是,法警、立案庭、办公室等非审判岗位的考评则相对比较薄弱。由于考评方案相对笼统,考评手段主要采用测评等原因,这些非审判岗位考评与审判岗位考评相比,具有较强的主观化倾向,因此给法院队伍管理带来了一些不利影响。一方面,在非审判岗位和审判岗位之间,因考评标准不同,考评结果的可比性较差,在涉及晋职晋升、争先创优工作时容易引发矛盾。另一方面,在非审判岗位内部,因缺乏系统客观的考评数据,做多做少难以在考评结果体现,对于个别工作懈怠较为明显的同志也难以依据考评结果进行处理,导致忙闲不均,进而影响干警工作积极性。

因此,绩效考核必须充分考虑管理模式的特点。

相较于审判岗位,法警、立案庭、办公室等非审判部门岗位的工作存在岗位间可比性低、工作难以量化以及工作效果差异不明显等特点。为了解决这些问题,实行有效的绩效管理,我在长宁法院工作期间确定了定人、定岗、定量、定责、定标准的“五定”原则,并且在实施考核之前完成了三项基础性工作:第一,划分岗位职能,明确岗位职责;第二,分解岗位职责,量化岗位任务;第三,建立工作台账,完善考评依据。

在确定了“五定”原则,做好了三项基础工作之后,由各个非审判部门参考现代管理学的绩效考核方法,分别制定了各部门的绩效考核方案。按其方法基础的不同,可分为以下四种模式:

一是量效结合的考核模式。这一模式由最早进行试点的法警队所采用,其基本方法是从工作量和工作质量两个维度对具体岗位工作进行考评。第一步工作量考评。法警队将所涉及的工作分为三个序列,分别设定难度系数 1.6、1.1、1.0,以法警每月连续每项工作的小时数为分数基数,乘以每项工作的难度系数,得出该法警该项工作的分值,将该法警每月从事各项工作的分值相加,得出工作数量项的总分数。第二步工作质量测评。对每个法警所完成工作的质量进行的测评,分为加分项和减分项。加分项是指对工作中的亮点,如获得高院、区里或院级荣誉或各项评比活动获得名次。减分项则根据工作内容设定，以巡逻为例，"负责大楼巡视工作的同志，按规定携带防刺背心、防暴头盔、防割手套、警棍、盾牌、对讲机等装备。未带齐装备扣3分。"

二是与管理台账对接的层层考核模式。这一模式为政治部、监察室和审监庭所采用。该模式的特点在于形成部内干警工作台账与部门管理台账无缝化对接，形成"任务逐级分解，压力逐层传递，责任逐人落实"的状态。即将部门管理台账确定的工作内容分解到各个岗位，落实到具体的责任人。考评时，按照工作是否完成，是否达到预定效果进行评分。

三是分岗、定人、定责的考核模式。这一模式以办公室、研究室为代表。该模式的特点在于人、岗、责相匹配，通过系数调整相互间的可比性。以办公室为例，根据工作性质的不同将人员分为五个工作组，确定每组的工作系数。组内人员依据工作内容定岗，明确各自的职责、目标及考评标准，确定各人员的工作完成量。根据组内分工、工作难度及工作重要性，确定组内各人员的工作系数。部门各人员的考评分 = 工作完成量 × 工作系数。

四是目标管理考核法的考核模式。这一模式以立案庭为代表。该模式的特点在于实行目标管理考核法，将考核的内容分为队伍建设目标项目、工作岗位目标项目及综合事务目标项目三部分，并依照考核内容的不同采取了达标制、加分制、减分制三种考评方式。同时根据岗位的要求职责和价值取向，设定不同的岗位系数。个人最终的考核分 = 考核内容得分 × 岗位系数，对于一人多岗多职的分别考核，综合折算。

二、绩效管理的方法

1. 绩效分析

绩效管理的根本目的是，通过对组织成员做得好的工作进行表扬，帮助没有达到绩效期望的成员改进绩效，从而实现整个组织的绩效提升。因此,绩效考核不能一“考”了之,好的绩效考核必须包括绩效分析环节。要通过绩效分析,找到组织成员工作表现优异的原因,工作出现失误的原因。找到原因得出结果后,就要继承和推广好的做法,及时改善工作中的失误。只有这样开展工作,才能达到绩效管理的真正目的。

绩效分析主要分为以下几个层次:

寻找短板——在建立了数据体系的前提下,通常一目了然,比较容易做到。

查找问题——在数据体系中查找问题,有一定难度。

分析原因——从数据中找到问题的原因,需要一定的专业性。

我们以法院 12 个月案件的当月新发生数为例进行分析:

表 6－5

法院	新增 12 个月以上已结或未结案/件
高院	82
一中	75
浦东	433
徐汇	131
长宁	77
闵行	248
奉贤	77
金山	35
松江	8
二中	47
杨浦	75
虹口	50
黄浦	361
静安	49
闸北	76

续表

法院	新增 12 个月以上已结或未结案/件
普陀	97
宝山	135
嘉定	74
崇明	32
青浦	112
海事	30
铁中	1
沪铁	
宁铁	3
蚌铁	
杭铁	
徐铁	
全市	2383
基层	2148

这是各法院 12 个月案件的当月新发生数。从这个数据中,我们能看出超 12 个月案件在全市各法院的数量分布情况。但从这个数据中还不能看出超 12 个月案件占各法院所结案件的比例。

表 6－6

法院	一审二审再审普通程序结案数/件	新增 12 个月以上已结或未结案/件	比率/%
高院	781	82	10.5
一中	15,874	75	0.47
浦东	9759	433	4.44
徐汇	3620	131	3.62
长宁	1784	77	4.32

续表

法院	一审二审再审普通程序结案数/件	新增 12 个月以上已结或未结案/件	比率/%
闵行	3948	248	6.28
奉贤	1618	77	4.76
金山	1236	35	2.83
松江	2426	83	3.42
二中	11,894	47	0.4
杨浦	2194	75	3.42
虹口	1752	50	2.85
黄浦	5570	361	6.48
静安	1380	49	3.55
闸北	1675	76	4.54
普陀	2079	97	4.67
宝山	2082	135	6.48
嘉定	1570	74	4.71
崇明	822	32	3.89
青浦	1613	112	6.94
海事	689	30	4.35
铁中	87	1	1.15
沪铁	24		0
宁铁	23	3	13.04
蚌铁	9		0
杭铁	10		0
徐铁	11		0
全市	74,530	2383	3.2
基层	45,205	2148	4.75

在这个表中,我们增加了两组数据,结案数和比例。这样,就可以看出超12个月案件在各法院的案件中所占比例。从比例中,我们可以初步判断各法院对超12个月案件的管理水平。比如,最高的法院与最低的法院之间相差了6个百分点。但如果我们想更加清晰地判断出各法院对案件流程节点的管理水平,那就需要更加详尽的数据。

超12个月案件在全年的累计发生率。[1]

在这个图表中,我们就可以看出,全年下来,各法院的管理水平的差距就比较明显了。峰值与谷值之间就相差[2]个百分点了。

仅仅看这个数据其实还不能根本解决问题,我们仍然需要进一步判断问题的成因。

于是我们进一步分析各流程节点的数据:[3]

表6-7　从立案到开庭时间

法院	开庭审理总天数	平均间隔天数	最大间隔天数	最小间隔天数
高院	2884	37.31	813	1
一中	10,212	27.7659	1907	0
浦东	61,465	26.7692	2270	0
徐汇	15,144	28.9167	638	0
长宁	13,621	19.4755	672	0
闵行	24,262	22.4357	579	0
奉贤	10,348	26.8401	498	0
金山	10,071	26.1478	562	0
松江	13,015	34.7304	527	0
二中	8592	21.1646	1734	0
杨浦	11,965	24.7756	598	0

〔1〕作者未及详述,无法查证上述数据对应的时间节点,无法补充此处的内容。

〔2〕作者未及完善,从上下文判断这里缺一张表,查找未及,数据无法补充。

〔3〕此处原文涂红。

续表

法院	开庭审理总天数	平均间隔天数	最大间隔天数	最小间隔天数
虹口	13,823	18.7909	403	0
黄浦	20,264	28.2668	777	0
静安	6240	21.2316	673	0
闸北	10,589	19.915	622	0
普陀	13,279	22.2605	627	0
宝山	15,080	25.0277	669	0
嘉定	11,038	26.9567	868	0
崇明	5977	24.5742	587	0
青浦	12,277	25.0747	790	0
海事	462	96.7619	480	2
铁中	55	89.0545	356	12
沪铁	254	15.0079	229	0
宁铁	88	43.8636	323	4
蚌铁	68	11.75	185	4
杭铁	55	23.0909	163	3
徐铁	59	28.8644	153	3
全市	291,187	25.4752	2270	0

这组数据能够看出庭前准备所耗费的时间。从中我们可以看到，最长的是海事法院，为平均96天。这与海事案件涉外及需要公告的特殊性不无关系。但铁路法院的平均89天就不太合理了。同样是铁路基层法院，最快的12天，最慢的为43天。在基层法院中，最快的为18.8天，最慢的为34.8天，案件数量均超过了万件。这其中的庭前准备时间管理能力相差还是比较大的。

表 6－8　多次开庭间隔时间

法院	平均间隔天数	最大间隔天数	最小间隔天数
高院	67.33	643	1
一中	47.97	1309	1
浦东	44.14	1859	0.5
徐汇	57.39	419	1
长宁	43.18	524	0.5
闵行	65.5	534	1
奉贤	43.41	475	1
金山	37.52	475	1
松江	56.07	450	1
二中	57.86	441	1
杨浦	40.49	448	1
虹口	49.24	513	1
黄浦	55.69	526	1
静安	56.2	370	1
闸北	48.51	423	1
普陀	57.34	463	1
宝山	40.13	484	1
嘉定	33.63	518	1
崇明	37.29	560	0.5
青浦	68.33	461	1
海事	96.01	455	10.5
铁中	67.5	178	12

续表

法院	平均间隔天数	最大间隔天数	最小间隔天数
沪铁	40.95	162.5	7
宁铁	91.8	205	35
蚌铁	22.5	43	2
杭铁	31.8	102	7
徐铁	32.5	120	1
全市	47.31	1859	0.5

这组数据能够看出各个法院法官审判思路的清晰程度和庭审的效率。在其他各项数据基本接近的情况下，这项数据就能够说明法官必须比其他法院的法官多开几次庭方能解决问题。

表6－9　审计、鉴定、评估开始到结束平均天数

法院	平均天数	最大值	最小值
高院	147.33	303	47
一中	266.66	2007	20
浦东	65.09	893	1
徐汇	92.36	589	2
长宁	90.25	788	3
闵行	70.88	658	2
奉贤	109.25	1038	3
金山	113.43	543	7
松江	90.53	631	1
二中	80.17	196	12
杨浦	113.42	508	2
虹口	78.03	413	5
黄浦	144.69	1127	7
静安	92.44	731	11

续表

法院	平均天数	最大值	最小值
闸北	86.97	587	9
普陀	103.58	942	5
宝山	109.19	1081	6
嘉定	101.64	724	2
崇明	110.62	510	20
青浦	121.3	635	9
海事	126.14	625	26
沪铁	40.44	68	13
宁铁	221	361	94
杭铁	48	48	48
徐铁	67.25	182	29
全市	90.76	2007	1

这组数据能够看出法院对评估鉴定审计的管理水平。最高的法院与最低的法院之间相差的时间实在是太大了。

表 6-10 最后一次开庭到结案时间

法院	最后一次开庭到结案平均天数	最大间隔天数	最小间隔天数
高院	49.99	966	0
一中	28.43	911	0
浦东	7.11	641	0
徐汇	7.31	541	0
长宁	2.25	446	0
闵行	9.08	1278	0
奉贤	3.6	770	0
金山	5.36	481	0
松江	11.55	383	0

续表

法院	最后一次开庭到结案平均天数	最大间隔天数	最小间隔天数
二中	28.79	1175	0
杨浦	5.55	377	0
虹口	5.05	353	0
黄浦	7.06	574	0
静安	7.35	429	0
闸北	3.72	496	0
普陀	7.06	600	0
宝山	6.24	505	0
嘉定	5.21	721	0
崇明	3.6	471	0
青浦	10.66	500	0
海事	30.05	468	0
铁中	17.73	115	0
沪铁	1.17	98	0
宁铁	5.32	178	0
蚌铁	0.38	19	0
杭铁	1.38	22	0
徐铁	0.08	4	0
全市	8.61	1278	0

最后一次庭审结束后，接下来就是法官研究、合议案件及撰写判决书的时间，这一段时间，基本上处于法官主观能够控制的范围。所以，该时间的长与短，非常能够说明审判效率。而需要我们特别关注的是，各个法院都有一批案件在开完最后一次庭后，都搁置了超过500天的时间，也就是超过了一年半的时间才下判。恐怕从管理的角度，应该予以特别关注。

2. 严格绩效信息的收集

有效的绩效管理还必须从根本上解决数据失真问题：

一是增强数据采集技术。通过信息化手段，通过科学合理的程序设计尽量通过技术手段客观地采集基础数据。要保持数据的客观性，加强信息化系统自动采集数据的能力。

二是做到数据规范统一。好的数据一般具有完整性、一致性、标准化以及没有歧义等特征。而不规范的数据，如无效数据、分歧数据、缺失数据会给数据的应用带来困难，需要耗费大量的时间去清洗数据。

三是加强数据校验。数据校验是富有技术含量的专业性工作，对于数据不完整、噪声（人机界面操作失误）等常见问题，在提取数据之前要进行验证，去除不合理数据。

四是严格数据责任。如果发现数据造假、数据包装的现象必须要严格管理，当事人必须承担相应责任。

五是让数据真实性看得见。数据应当设定一定的管理权限，在适当的范围内公示，如果有问题及时反映，及时校验，及时更正。同时，还应加强数据的可视化，采用柱状图、线性图、饼形图等多种类型的方法进行展示。

同时，还要注重平衡管理成本与成果之间的关系，通过运用可视化的手段来降低管理成本，提高管理效率。

要实施客观的业绩考核，并最终实现可视化管理会不会引起管理成本增加？要做到可视化，数据采集是基础工作，数据采集必然涉及成本，无论是人力还是物力。运用可视化确实可能提高管理成本，但是成本我们可以想办法通过技术手段来减少，产生更大的效益。

我在长宁法院工作期间，曾尝试了审判辅助人员辅助办公服务的一些改革。比如建立诉讼档案归档中心，归档中心的目标就是把书记员归档以及信息补充输入工作全部集中办理。归档中心将承担全部书记员30%左右的工作量。归档中心正常运行后直接就能够让各个部门省出来一部分工作力量。

省出来的这部分工作力量干什么？长宁法院同时推动另外一个改革项目，即法官助理。让一些优秀的、文字功底好的书记员，包括文员，帮助法官起草判决书。让法官实实在在地得到工作上的帮助。

这个过程我们遇到很多困难，这是一种新的模式调整，这种新的模式调整将对我们造成一种很大的挑战。比如技术问题，档案过去如何交接？我们后来在归档中心一共装了 18 个摄像头，全方位监控。所以不需要做清单，或者现场办交接那么复杂，材料在镜头前扫一扫，自动扫描到电脑里。这样，交接的材料不会少，因为每一个环节都有好几个镜头记录，从不同的角度，而且这个镜头跟数据中心是连接的。我们还定了一套设备，可以储存一年的录像资料，至少保存一年。如果想要保存两年、三年甚至永久保存也可以，刻成光盘存起来即可。所以万一将来觉得有问题，把资料调出来看即可。

这样，我们就避免了技术上的交接环节，包括打印目录、报编译略码都是到归档中心，把这些工作尽可能集中起来。

当时，我们还曾考虑在这个基础上再往前走一步。采用服务外包，是否能再尝试庭审记录专业化，想办法把一部分的工作再外包，引进语音输入系统。这样，法官辅助资源的配置就能够有比较彻底的改变，法官可能有时间看案子，有时间写东西，参加培训学习（我们现在很多法官还做不到）。

3. 绩效反馈

绩效反馈很重要，是现代管理中的一个关键程序。组织成员在工作中有什么长处，有什么短处，如何改进，都应当及时让他们知道。一方面，绩效反馈可以使被考核对象了解自己的绩效与绩效目标之间的差距，认识到有待改进的方面，与组织共同制定绩效改进的计划。另一方面，绩效反馈是让绩效考核双方对绩效结果达成一致的意见，增强了绩效评价结果的可接受度。实践中，有的管理人员对绩效反馈感觉压力大，而不愿意做。心肠一软，不愿意采用各种方式进行绩效反馈。其结果是什么呢？落后者不知道自己处于落后状态。这样有几个比较大的弊端：一是他不知道落后，就不会努力改进；二是他不知道自己落后的状态,会给自我评价带来错觉,自我感觉良好,容易带来一系列的不平衡,比如,在评先进的时候,总觉得别人不如自己,造成心理失衡;三是容易带来突发性的后果,积患为疾;四是造成管理上的对立,比如领导批评他工作状态不好,他会振振有词。

实际上,关心同志、爱护同志有大爱和小爱之分,平常积极的反馈可能最终对这个人的成长,对这个人的进步会有帮助。

比如,职级职务工作晋升因为是法院里面非常重大的一项制度,对很多人的利害关系、利益关系会构成影响。所以这项工作也是属于比较敏感的一项工作。有一年,我所在的长宁法院需要晋升一批干部职级,党组对参加人员事先做了评估。后来,群众测评的结果与我们事先的评估是一致的。我们这一年在院内进行的晋升公平合理性测评结果,84.21%的中层干部认为公平合理,95.17%的普通干警认为合理。这说明我们在职级职务晋升总体上是公平合理的。

但是我们的评价机制还有问题,因为在95.17%认为合理的普通干警中,还有37.93%的人认为是基本合理。这就意味着我们必须保持清醒的头脑,不能因为有一次评估与测评吻合的结果就认为我们的晋升考核就非常合理了。在我印象当中,我们有一个部门准备给某一位同志一个基本称职的评价,但党组讨论时发现,我们给这位同志的评价缺乏客观数据的支撑,在过去的一年中没有把他的绩效数据积累下来,更谈不上让他签字确认。虽然从主观上评价,大家都感觉这位同志工作态度不十分积极。但从绩效管理的方法上看,我们还缺乏基本的客观数据积累。同时,不及时把绩效反馈给他,他就不知道有意识地改进。后来,这个部门每周把绩效表格公布出来,有异议可以提出来,没有异议,就认可存档。到年终考核时,就会很有说服力。这个效果被证明非常好。

4. 重视绩效档案的作用

进行绩效反馈,经常会有一些质疑或争议。此时,有没有绩效档案就非常重要了。

绩效档案由四个部分组成:

一是经双方确认的绩效目标。绩效目标包括几种形式，第一种是绩效计划，这是管理者和组织成员共同的承诺，是双方对工作目标达成共识的结果。第二种是岗位说明书，明确了岗位职责、任务、要求。这些内容都是绩效管理的重要依托，贯穿于从绩效计划、绩效诊断、绩效分析到绩效反馈的全过程。

二是绩效数据记录。绩效数据记录是管理者在平时管理活动中，跟踪组织成员绩效目标的时候发现和记录的内容。这是进行绩效管理的重要辅助性材料，也是绩效评价、绩效诊断、绩效分析的重要依据。缺乏绩效数据记录，管理者就无法向组织成员解释考核结果的由来，当然，组织成员也就不会认可结论。

三是绩效反馈记录。绩效反馈记录记载了管理者和组织成员就继承长处或改善短板之间达成的共识，为下一步推进绩效改进奠定基础。

四是绩效记录确认签名，代表组织成员对绩效评价结果，以及下一步的绩效计划的承诺。

绩效档案有四大作用：

其一，帮助建立客观可视化的绩效记录，避免记忆偏差；

其二，提高绩效沟通效率，及时发现实际绩效与绩效目标之间的差异；

其三，有利于及时找出绩效分歧，统一认识；

其四，绩效预警，避免突发性绩效事件。绩效及时预警，能够让干警及时调整工作状态。在绩效警告后，让员工有改进的机会。

第四节　绩效考核体系的改革

毋庸讳言，关于质效评估，实践中出现了一些值得我们关注的异常现象，个别数据甚至出现异化现象。这些现象也引发了一些管理者的不同声音。对于这类问题，我们应当高度重视，采取有力措施加以扼制，但是对于质效评估体系的功能及作用，我们还是应当冷静面对，深入分析，客观判断。

我们要看到，上海法院案件质量评估体系是强化审判管理、追求公正执法的重要抓手。对比上海法院近五年[1]来的数据情况可以看出，均衡结案度从28.9%下降至5.04%；上诉案件平均移送天数从29.3天下降至11.7天；18个月以上未结案从338件下降至119件；审限内结案率从82.4%上升到99.5%；实际执行率从62.5%上升至93.9%。这些数据充分证明，上海法院的质效管理意识持续增强。依托建立的先进的审判管理信息系统和信息交流平台，各级管理者利用质效评估数据体系提供的大量信息，有效地改进管理方法和工作机制，所取得的成效有目共睹。因此，我们要防止从一个极端走向另一个极端，防止全面否定案件质量评估体系的作用。

管理是一个渐进的科学化过程，需要我们不断深化认识，不断摸索调整。上海高院党组书记、院长崔亚东曾经在讲话中指出："要注重发挥好审判质效评估的正向指引作用，真正使审判质效评估价值回归。"对上海法院做好审判绩效评估工作提出了新的要求。结合上海法院实践，我认为，不断改进法院绩效管理工作，需要做到以下"四个转变"：

一、绩效管理要从内部评价向群众观点转变

当前，全国各级法院都在学习贯彻习近平总书记"努力让人民群众在每一个司法案件中感受到公平正义"的指示精神，群众路线教育实践活动，要求我们把群众观点作为审判工作的指导思想，切实维护人民群众的利益。绩效评估工作当然也应一以贯之。当前，不少地方法院的内部评价与人民群众的感受存在较大反差，这一现象亟待我们正确认识。我们法院内部某些"光鲜"的绩效数据，在社会各界看来认同度并不高。例如，平均审理天数少于40天，这已经是比较"光鲜"的数字，但这其中很重要的原因是某一部分案件的"高效""稀释"了普

〔1〕 作者原始书稿内容截至2014年10月。

通程序案件在效率方面存在的问题。又如，我们某些执行指标的统计方法，还不能反映"执行难"的现状。

现行评估体系中有多项指标与人民群众的感受息息相关，能够反映群众利益，如一审服判息诉率、调解申请执行率、审限内结案率、调解撤诉率、18 个月以上未结案数、二审改判发回瑕疵率、申诉率、实际执行率、执行标的到位率、向上级法院投诉率等，这些都需要重点关注。其中，相当一部分属客观指标，依靠短期突击行为难以改善，必须通过强化管理、提升素质、改进方法，经过长期不懈的努力才可能获得提升。

要做到现行评估体系与人民群众的感受、认同相匹配，我们还有很多工作要做。从大的方面来讲，我们从立案的时候，就应该树立"努力让人民群众在每一个司法案件中感受到公平正义"的理念。从具体的方面来讲，比如，要坚决扼制立案难和申诉难的重新抬头，防止诉调中心异化为法院立案的"蓄水池"。对于执前督促案件，也应严格管理，规范操作。对于极个别法院出现的诉调前和执前案件的"体外循环"问题，各级法院需要高度重视，要认识到其背后隐藏的巨大风险，坚决杜绝游离于诉调中心流程管理之外的现象产生。实践中，上海二中院充分利用"倒逼"工作机制，聚焦不达标的问题，将审判管理延伸到审判领域的很多方面，将群众工作纳入审判管理范畴，做到有标准、可考核、见成效。上海嘉定、崇明、徐汇、闸北等法院将案件质量评查活动与全面加强审判管理、提升审判质量、提升队伍司法能力和群众工作能力相结合，助推审判质效取得新成效。这些做法都考虑到了绩效管理与群众工作的结合，体现了绩效管理中的群众观点。

总之，在绩效管理中，绝不能为简单追求评估数据的表面光鲜而忽视人民群众的感受甚至损害人民群众的利益，要真正把群众的利益放在首位，切实方便群众诉讼。

二、绩效管理要从数据导向向规律导向转变

开展审判绩效评估工作要讲指标，但不能唯指标论，应以科学的

态度看待绩效管理、评估工作。要一切从实际出发，尊重审判规律，不能简单地把评估结果作为衡量审判工作的唯一标准，坚决反对“唯数据论”“唯排名论”的评估理念。当前，我们已经进入“大数据”时代，数据化管理手段是现代化管理的必然要求，也对为法院的绩效管理工作提出了新的要求。我们要充分运用评估指标体系给我们提供的大量数据，从中挖掘数据背后的司法规律，寻找管理方法，提升审判管理能力。

应当看到，大数据在发现问题、分析原因和寻找方法方面，具有独特的优势。比如，均衡结案度，对于分析法官和书记员的工作量分布情况具有重要作用，有助于减少月底突击结案而引起的加班现象。通过均衡结案度，也可以发现法官工作习惯上存在的问题，并从中找出管理对策。如果我们只是简单地采取控制收案的方法去追求结案均衡，就与审判管理的目标背道而驰。需要指出的是，有的法院为了提升同期结案率和均衡结案指标，采用了控制收案的方法。其实这种方法是难以为继的，因为在存案工作量事实上已经少于一个月的情况下，意味着法官大部分案件都要当月收、当月结。这显然违背了审判规律（我们的平均审理天数为 40 天，并且这个数字还是被稀释的），一方面会让法官有力使不上；另一方面也会让法官的精神始终处于紧张疲惫状态，容易引发法官的抱怨情绪。又如，数据峰值与谷值之间的差距，往往隐藏着管理的提升空间。在某一年度上半年的司法统计中，基层法院上诉率最低的为 10.18%，最高的为 33.48%，其中相差 20 多个百分点；行政和解撤诉率，最高的为 65%，最低的 13.16%，其中相差 50 个百分点，这种差异非常明显。为什么会发生这种差异？其中一定隐藏着某种规律性的东西。这需要我们运用不同的评估数据深入研究、分析。

在这方面，有不少法院进行了非常有益的探索。例如，浦东新区法院建立了审判管理专项检查平台，以审判流程节点为管理重点，对可能制约审判效率的各个节点开展专项检查，针对某些环节衔接不紧密等问题，重点抓好首次开庭排期和后续环节，从而缩短审判流程环节间隔。通过这些举措,他们的平均审理天数缩短了5.03天。又如,上海铁路运输中级法院积极应对法院改制带来的一系列问题,出台了新的绩效考评办法,通过强化绩效分析讲评,加强改制后两级法院的审判管理。再如,闵行法院提出"紧盯关键数据,提升主观数据",充分发挥审判信息数据对审判实践的透视作用,推动精细化管理。

总之,我们在审判管理中应当树立遵循审判规律的理念,实现从"数据导向"向"规律导向"的转变。上海高院相关职能部门要以最高法院下发的《关于加强均衡结案的决定》《综合评估指数的编制办法》为契机,科学设置指标权重,不断优化上海法院评估体系。

三、绩效管理要从短期行为向长效机制转变

当前,在绩效评估中还存在一些短期行为。比如,个别法院采取"运动式"的方法来提高审判质效,在短期内也确实可以收到一定的成效。但由于未抓住问题的本质,管理机制未能建立起来,时间一长,问题依旧。美国著名管理学教授理查德·A.斯旺森在《绩效分析与改进》一书中指出,**"管理机制凝结着组织内部的卓越和智慧,不依赖于任何个人,无声无息而持续发挥着作用"**。[1]在审判管理中,构建长效工作机制将有助于使管理效能更具可持续性。例如,一中院正在积极开发审判管理分析软件,以实现从"人管"到"机管"的转变;虹口法院注重创新审判管理机制,细化工作目标,健全工作制度,明确管理责任,紧抓重点指标,审判质效得到明显提升;静安法院不断改革和完善案件评查机制,进一步细化了质量责任;普陀法院在刑事审判中,将各审判流程环节纳入管理机制,与区检察院会签了《关于案件移送若干规定》,加快了案件流转速度,通过集约化管理,刑事审判六项数据位列全市第一;宝山法院制定了《关于加强长期未结案件管理的办法》,切实防止"边清边积",确保老案"看得见、防得了、控得住"。

实践中还存在重复开庭数过高的现象,这也是绩效管理中缺乏长

---

〔1〕[美]理查德·A.斯旺森:《绩效分析与改进》,张仪、杨生斌译,中国人民大学出版社2010年版。

效机制的一种表现。在某一年度上半年关于普通程序一审案件开庭次数的司法统计中，我们发现，有近 11% 的案件开庭次数在 3 次以上，近 4% 的案件开庭次数在 4 次以上，有的案件开庭次数达到 13 次。应当看到，这其中既有案件本身的因素，也有法官办案习惯的因素，但我认为更为重要的是在绩效管理上存在短期行为，尚未着眼于构建长效机制，导致案件审理中出现大量重复劳动和无效劳动。当然，也有做得比较好的基层法院。比如，长宁法院推行庭前合议制度，及时做到"五个固定"(即固定诉讼主体、固定权利请求、固定请求权基础、固定鉴定材料、固定诉讼主张)，有效减少了重复开庭次数。

构建审判管理长效机制始终是审判管理的工作着力点，通过长效机制，向管理要效益，向规范求发展，推动审判质效持续向好，这对于各级法院来说都是非常重要的一项工作。

四、绩效管理要从片面理解指标向综合解读数据转变

"知其然，亦知其所以然。"反映到法院的绩效管理中，就是要求我们准确把握各项评估指标的功能定位，提高综合解读指标的能力，这样才能在工作中做到有的放矢。具体来说，要引导法官通过综合解读数据来准确全面地理解评估指标的作用，特别是帮助法官正确理解评估指标。主要包括：一是要理解评估指标的设置目的、含义及其构成；二是要理解各评估指标之间的辩证关系；三是要理解各评估指标背后的关键行为。这三个方面是相互关联的。我举个例子加以说明。调解率指标，是法院绩效评估体系中的一个重要指标，在该指标的设定上，我们需要考虑，除了权重高于撤诉率之外，调解率指标对服判息诉率、调解案件申请执行率、裁判自动履行率等指标均会产生重要影响，因而应当设法适当提高。例如，针对诉调对接中心调解员在完成调解工作后，往往更愿意选择让当事人撤诉来结案的情况，长宁法院赋予调解率更高的考核权重，因而近几年来长宁法院民商事调解率逐年提高，现基本保持在 40% 左右。又如，有的法院为了追求实际执行率和到位率，把当事人自动履行的调解案件列入当事人申请执行的案件，

但这两项指标上升的同时,会带来调解案件申请执行率的和当事人自动履行率两项指标的下降。所以,在设定评估指标的时候,要在综合解读数据的基础上,准确把握各评估指标的辩证关系,确保评估指标设定的科学性与合理性。

值得一提的是,上海市第一中级人民法院在全院积极开展指标体系的解读工作,拓展法官对管理过程的参与度,从而赢得法官们对管理措施的认同。虹口法院在《审委会通报》中设立“庭务管理和质效分析”专栏,加强对重点指标的科学分析,不断加深法官对指标的理解度,使管理措施更加具体化。浦东法院构建了完善的审判质效态势分析机制,建立全院、部门和法官三位一体的审判数据分析平台,及时梳理问题、分析原因,不断改进。这些创新举措,都有助于引导法官准确全面地理解评估指标的作用,提高法官对评估指标的认同度。上海法院综合评估指数参照了最高法院评估体系的设计,[1]由 24 项指标组成,涉及评估项目为 33 项,共涉及 61 项数据,基本实现了对审判工作各阶段、各环节、各条线的全面覆盖,可以说是比较全面的。但是在具体实施过程中,我们还有一些细节需要把握:

一是正确解读同期结案率、均衡结案度、月均存案工作量三项指标的关联作用,在强调收结案良性循环的同时,提倡保有一定量的合理存案,确保绩效管理符合审判规律。

二是启动相关指标“合理区间”和“合理时段”的调研,尽快使我们的质效评估体系更加符合绩效管理实践的需要。各项评估指标的设定也不是一成不变,而应该适时调整,此外,还要对同期结案率、均衡结案度、月均存案工作量等指标开展调研,探索符合审判规律的评估指标设置方法。

---

〔1〕 在最高法院评估体系中,一审判决改判发回重审率、生效案件改判发回重审率等主要反映案件质量指标的权重占公正指标的 50%,这些是提高公正指数的关键性指标。在效率指标中,法定审限内结案率、结案均衡度、一审简易程序适用率为三项主要指标,权重合计占效率指标的 37%,是提高效率指数的关键性指标。在效果指标中,实际执行率、执行标的到位率、裁判自动履行率是权重较高指标,合计占效果指标的 38%,是提高效果指数的关键性指标。

三是对现行案件信息输入管理模式开展调研，探索构建第三方参与案件信息输入的管理机制，努力解决目前存在的部分案件信息输入不准、不实，受人为因素影响等问题，提高数据质量。

四是加强评估指标体系的培训力度，将评估体系的理解和适用纳入日常菜单式培训，特别是对即将走上领导岗位的中青年法官要加强培训，帮助各法院正确理解评估指标各项数据。

五是对影响审判质效的关键流程环节、关键行为开展专项调研，调研结果供各法院在审判管理中参考。

第七章　群众工作的可视化

第一节　群众工作是最难改进的工作

一、群众工作容易成为管理中的死角

有一天下午我外出开会，在我们的大堂看到一位七旬老太太在转悠，就问她怎么了。她说她早上8点半就到法院来了，前后有两三档人接待过她，但都是问了几句话就离开，然后，既没有人正式接待她，也没人管她了。后来我让负责接待的人出场。结果，问清原委，稍作解释，老太太很快就回家了。这件事情给我带来的思考就是，为什么一个老太太在法院里面滞留那么长时间，没有引起我们任何人的重视？为什么滞留那么长时间没有解决问题？为什么领导一出场，就那么快解决了问题？为什么领导看不见的时候就解决不了问题呢？

曾经有个当事人投诉，说他家里人被撞成植物人，急需索赔，于是起诉到法院。案件10月已经交到法院，但到第二年的1月还没有立案。一起并不复杂的人身损害赔偿案件，当事人被撞成残疾卧床不起急需赔偿，为什么我们会立案审查了三个多月还没有立案呢？这能够怪群众不懂法吗？

我们对这起投诉进行了核查分析。调查发现，这个案子被放到诉调对接中心。为什么放到诉调对接中心呢？又跟我们的考核方法有关了。平均结案天数，也是我们考核法院的一项重要指标。法院为了达到改善考核数据的目的，把案件放到诉调对接中心去借时间，因为在诉调对接中心耗费的时间是不计入平均结案天数的。

更值得我们深思的是，这起案件放在诉调对接中心，一放三个多

月，无人问津，既没有人打个电话向当事人了解案情，也没有人为当事人安排立案、接待、鉴定等方面的事宜。面对群众的质疑，我们真的无言以对。从自我内省的角度，我们内心是否把群众放到心中比较重要的位置？应该说，我们并没有做到。群众工作做得怎么样，社会效果怎么样，我们并不清晰。

这起投诉看似偶然，实属必然，其背后一定有它的基数。根据我的经验，当事人的投诉只有少量的转到院长手里了。如果真的有当事人的投诉到了院长手里，那说明群众投诉问题已经很严重了。

我们有一位法官曾经写过一篇文章，说他到医院看病，发生了许多让他感觉很糟糕的事情。结果他就从法官的角度去理解那次看病的经历，比较了法官和医生的相似之处。这篇文章能够让我们看到作为法官，如何对待当事人，真的就像医生对患者一样，很难被度量。因此，在管理实践中，如何把这种群众满意不满意作为衡量我们工作的标准呢？

这其实是一项巨大的难题。

二、法院群众工作难以改进的其他因素

很多时候，法院的判决是公正的，当事人却不理解，甚至整个社会都不理解。

当然，这个问题有时会比较难以判断。因为有很多时候，法院判决是公正的，但在一个具体的当事人（尤其是败诉方当事人）看来，可能是不公正的。所以，能够为社会所接受并不等于说是被所有当事人接受。同时，更加麻烦的是，为社会所接受，还不等于为社会舆论所接受，因为许多时候，法院依照法律所作出的判断会有异于社会公众的常理判断。

这种因为正常原因产生的群众不满与法官工作作风、工作态度有问题而产生的群众不满交织在一起，更加增加了问题的难度。

第二节　群众工作为什么难以改进

为什么群众工作会成为管理中的死角？群众对我们的审判工作有怨言，固然有群众不懂法、不能理解法律的原因，但更多的还是因为我们工作中存在一些问题和不足。

我们当中部分人眼中只有案子，简单地认为只要案子办好就可以了，进而忽略了群众工作。有的工作人员在接待群众时态度冷漠、言辞生硬，或者三心二意，不认真倾听；更有甚者，在群众明确表示不满时，不予理睬，依旧我行我素。凡此种种行为都是因为群众工作看不见，尤其是群众工作好的时候，更是没人能够看得见。

"小病不治，大病难医"，当群众工作真正看得见的时候，往往是出大问题的时候。这些年，我们国家出了不少群体性事件，如 2009 年湖北石首事件。值得我们注意的是，发生这些群体性事件期间正是我们党强调群众意识的时候，从党的代表大会到党和政府的工作报告，每年都有这方面的专章表述。但即使我们党多次强调群众意识、宗旨意识，具体群众工作要求仍落实不到位，全国各地群体性事件仍时有发生。

一、价值观层面的问题

群众工作一直做不好，首要原因是价值观层面的问题。价值观是推动并指引一个人采取决定和行动的原则、标准，使人的行动带有稳定的倾向性。价值观决定人的自我认识，它直接影响和决定一个人的理想、信念、生活目标和追求方向的性质。做好群众工作的核心就是树立正确的价值观。我们党提出要树立群众意识、宗旨意识，很重要一点就是关心群众、服务群众，把人民群众放在我们工作的第一位。

现在中国部分地区出现政府官员侵犯群众利益的现象，如暴力拆迁、什邡"7·2"事件等。这些都是政府牺牲群众利益、换取经济增长的事例，究其原因，用中央文件的正式说法，就是还有一些干部没有建立正确的政绩观。他们简单地追求GDP、追求发展速度，看不到群众的利益需求。如何端正干部的价值观，以群众需要作为工作的出发点和以群众满意度作为工作绩效的评价标准，增强干部对群众的认同感，这应该是需要解决的根本性问题。

在法院群众工作中，我们发现了在群众接待、工作作风等方面的一些问题。所有这些问题表面上看起来都是个案的、零碎的，但归根结底，根源在哪儿？根源还在我们的内心，因为我们的宗旨意识不强，没有真正做到司法为民和人文关怀。而在管理实践中，触及心灵层面的东西是最难改变的。

另外，我们在追求绩效的过程中，还存在采取特殊手段控制数据的情况。比如，为了追求同期结案率和均衡结案度的数据，我们有的法院采取了“以结定收”的方法。所谓“以结定收”，是指法院以每个月的结案数作为收案的数量依据。结多少案件就收多少案件。通过这个办法，法院的同期结案率就可以保持100%。这一方法虽然让法院的绩效好看了，但显然影响了群众利益，会造成群众的不满。因为“以结定收”意味着我们是以每个月的结案数来确定我们的立案数，而不是以法律规定的立案标准来进行立案审查的，也就意味着当事人的案件要么立不进来，要么要跑很多次才能把案件立进来。前者可能使当事人丧失了通过诉讼途径保障其合法权益的机会，后者则不必要地增加了当事人的诉讼成本。这些显然不符合当前我们党倡导的宗旨意识和司法为民要求。

二、群众价值观在我们的评价体系中看不见

领导提了很多要求，但这些要求并未体现在评价体系中。这就造成领导希望与实际要求的内容脱节，也就是理想状态与标准或基准之间的距离，产生管理中的深层次问题。评价标准或基准偏离理想状态，那么若实际工作达不到评价标准或基准，必然会带来实际状态和理想状态的巨大差距。虽然我们党提出群众工作路线要求和司法为民，但是群众价值观却未被收纳在法院评价体系中，法官和法院的群

众工作情况如何没有被作为一个绩效考核标准。既然如此，群众工作得不到重视，自然也就会产生很多的信访和投诉问题。

当然，现实中，我们法院还是有很多法官关心群众的。可是，我们的数据指标体系中，并没有多少内容能够反映出他为当事人所做的所有工作。

有一年过年的时候，有个离婚案件的当事人来电称要自杀。我们那位法官接到这个电话以后是怎么应对的呢？他牺牲自己过年的时间，去联系当事人所在的街道办事处，跟那边负责稳定工作的干部一起进行案情分析，最后上门做思想工作，让当事人走出了情绪危机。这起案件恰好因为我在值班的时候听人说起，于是我专门批示对这位法官进行了表扬。但这样的事例，又有多少能够被我们看到，能够反映在我们的绩效考核系统当中呢？

我们还有一位博士法官，专业能力很强，同时也非常善于做群众工作。有一次，他在开庭时遇到一位当事人心脏病发作，当庭晕倒。于是他立即休庭将当事人送到医院去抢救。事后，当事人的家属怒气冲冲找他兴师问罪。这位法官坐下来有礼有节，在接待过程中把事情的经过详细地向当事人家属作了解释。当事人家属了解事情经过以后，感觉内疚并向法官道歉。他又多次提醒当事人家属，不要让有心脏病的当事人出庭，以避免在法庭上因为受刺激而发生意外。我们这位法官，在每一次与当事人通完电话后，都会回顾一下通话内容，看看是不是把话说到位了，感觉到位，心里才会踏实。他在给当事人做解释工作时，总是和风细雨，耐心细致地给当事人做解释工作。凭这种工作态度，取得了当事人的信任。许多非常麻烦、矛盾激化的案件，都在他手里调解了。如果内心没有为民意识，是不可能做到这些的。

我们的少年审判面对的对象更为特殊。未成年人心智尚未成熟，若严格按照相关法律规定审理涉未成年人案件，可能会对他们的心理造成不可挽回的影响。因此，我们的少年审判针对未成年人的心理生理特点，坚持未成年人利益最大化原则，采取多种手段。例如，处理案件时关注当事人尤其是未成年当事人的心理健康，打开当事人的心结，真正做到案结事了。法官在重要节假日对涉少民事纠纷案件的未成年人开展回访活动，了解裁决的执行和权益的维护情况。又如，我们法院开展的判后观护工作，便于我们更及时全面地掌握未成年人的合法权益是否得到有效维护。但是，我们少年审判的这些工作在绩效考核体系中几无反映。

把前绩效考核中的一幅图表复制过来。[1]

因为绩效考核评估体系中没有群众工作这一块内容，像上面这样的事情，很少纳入我们的绩效考核评估系统。对于某位法官群众工作做得好，某位法官做得不好，我们并不能做到心中有数，往往是对两头的人群会有体察——做得特别好与做得特别差的，对于大部分人在这方面的工作情况，基本处于不了解的状态。但是，群众工作做得特别差的时候往往是群众问题最为严重的时候，这时候再去解决问题，只怕就要费很大力气了。

工作中，其实还存在大量领导看得见的事情大家抢着干，领导看不见的事情大家站着看的现象。群众工作也是这样，做得好不好，领导一般情况下是看不见的，因而大家都不重视也就很正常了。当群众工作明确成为评价法官和法院绩效的要素之一、得到领导重视时，大家也就会在平时工作中多加注意，建立群众问题发现机制，预防问题的发生，同时，对已经出现的问题及时改正，以免问题扩大化。这样，我们法院的群众工作情况将会大有改观。

三、群众工作的效果看不见

可视化的本质就是在让问题与异常情况曝光之后，驱动人的“要做点什么”的本能来解决问题。既然采取了各种方法进行了各种尝试，就应该验证其效果如何，只有这样才能找到对症良方。法院群众工作效果如何，我们的判断标准是群众的满意度。然而群众满意不满意，是一件非常难以衡量的事情。

---

〔1〕 未查找到相应图表。

判断群众满意度的复杂性首先在于,判断群众满意不满意很容易与司法中立性特点相抵触。司法权是定分止争的权力,法院是社会公平正义的最后一道防线,既然是裁判者,那么就必须居中决断,不应有倾斜,更不能为外力影响、控制。这也就是宪法中规定的司法独立。

而要把群众满意度作为评价法院群众工作的标准,让群众对法官进行评价,显然是会影响法官中立的价值判断的。在法院工作中,群众不是一个抽象的概念,而是一个个具体的当事人。他们肯定是从个人利益角度看待案件审理的。如果让他们对法官进行评价、打分,就容易出现让法官曲意逢迎的现象,从而影响法官判案的中立性。因此,法院系统从一开始就不能建立起让当事人直接评价法官的机制。这也就是为什么长期以来我们很难具体地把握群众对司法的满意度的原因。

判断群众满意度的复杂性其次在于,当事人对法院判决的感受、对法官的感受,都会受其诉讼利益的影响。"关心则乱",对于那些与自己利益攸关的案件,任何一个当事人都不太可能保持平和的心态。在败诉的情况下,当事人对法院和法官产生负面评价有其合理的一面。尤其是我国尚处于法治发展的初级阶段,法治建设还不健全,全民法治观念、法律知识还不完善,让一个败诉的当事人对法官进行评价,这本身有其不合理之处。正因为如此,群众投诉,很容易被一句话给掩盖:这个当事人不懂法,不讲道理。

四、群众工作方法看不见

方法不到位也是群众工作出现问题的原因之一。

我们的法官在群众接待方法上还存在一些常识性缺陷,缺乏一些基本方法,包括情绪控制方法、沟通方法、调解方法。例如,心理学接待技术中有个重要方法,就是要克服"反驳倾向",即在发现接待对象话语中存在的错误后,要避免立即指出或纠正。反驳倾向会使接待对象产生心理阻抗,破坏接待对象的信任感,从而妨碍接待过程的正常进行。反观我们法官，由于专业能力较强，容易发现当事人法律理解方面的错误或漏洞，因而反驳倾向是一个普遍存在的问题。正因如此，法官与当事人在法庭上发生争执也就不足为奇了。

法官是否善做群众工作直观地反映在案件的接待和调解过程中。长期以来，由于受制于法官知识结构的单一化等因素，我们的法官在接待和调解中不能有效运用谈判学、心理学等方法。尤其一些法官在与当事人沟通时往往说不明白、解释不清楚、群众不认可，这些能力上的不足导致我们法官的调解水平参差不齐。

十余年来，宋鱼水法官没有一件案件裁判不公，没有一件案件被投诉或举报，被当事人誉为"辨析法理、胜败皆服"的好法官。经她审理的各类民商事案件近两千件，其中五百多件属于疑难、复杂、新型案件。宋鱼水调解案件成功率极高，在整个北京市法院系统都是有名的。之所以有这些成绩，除了因为她牢记司法为民和宗旨意识外，正确的群众工作方法起到了很大的作用。在办案过程中，她尊重当事人的陈述，即使庭审当事人都已经有点不耐烦，她仍然静静听着，从不生硬打断当事人发言。宋鱼水倾听当事人发言，不单是尊重当事人、了解案情，也从中分析当事人心理，找出当事人存在心理疙瘩的症结，从而对症下药，令当事人服法、服理、服气。宋鱼水办案始终遵循一个信条，"不能让当事人接受一个想不明白的判决"。经她手审理的案子，绝大多数当事人都表示服气。

五星级酒店每天迎来送往的都是高端客户，他们对酒店服务要求肯定高于一般顾客。如果酒店大堂里有人情绪激动，那么对整个酒店声誉将造成极为不利的影响。为此，酒店大堂工作人员对情绪激动人员有专门的处置方法，主要可以归纳为两点，即防止站立效应和围观效应的发生。人在站立的时候，容易发脾气，因此，面对心怀不满的顾客，酒店大堂工作人员的第一反应是马上让客人坐下，并且沙发的高度不能太高，以免客人情绪过于激动、从位子上跳起来。一个人的时候不容易暴躁，但如果有一群人围观，那么被围观的人就容易被点燃，因此，酒店大堂工作人员往往是把不满的顾客单独带至一个房间，与其面对面交流、解决问题。

然而这些方法在我们法官的培训和相关工作要求中，基本上都是看不见的。因为没有掌握正确的接待和交流方法，我们的法官在与群众接触过程中经常问题百出，容易让群众产生不满情绪。

第三节 如何让群众工作看得见

一、让群众工作中的问题看得见

要解决法院群众工作中存在的问题，第一步就是让大家看到问题。人本来就具有自己对事物作出判断、采取适当行动的能力。只要将问题暴露在视线中，不需要谁来讲大道理，人也会自己判断采取行动，这是不可忽视的人的能动性。[1] 我们的群众工作之所以存在前面所说的种种问题，关键是因为"看不见"——群众价值观在我们的评价体系中看不见，群众工作的效果很难看得见，群众工作方法看不见。为此，作为法院管理者，一定要让群众工作中的问题看得见、可视化，营造一个无论有没有自己去看，问题都会"跳进眼睛里"的一个良好环境。

信息管理系统对群众工作问题的可视化有很大助力，通过信息化技术能将大量群众反映问题的信件、来访来电等录入系统，实现信件的电子化保管和办理，提高了工作效率。同时，IT 处理系统将各个部门通过办理流程联系起来，实现了各部门之间信息的及时共享，便于群众工作的有序开展。但是，我们在引进信息化技术的同时要注意防止"IT 一边倒"。因为虽然建立了信息管理系统，但还是有赖于有人"主动去看"。要传达的内容已经录入系统，看上去是"容易看见"了，实际上，对于没有"自己去看"这种想法的人来说，结果反而是"看不见"了。

另外，信息管理系统无法传递情感。明治大学斋藤孝教授将沟通

〔1〕［日］远藤功：《可视力——实现可视化管理的 5 种方法》，林琳译，中信出版社 2007 年版，第 14 页。

定义为“意思与感情的互换”。可视化作为沟通方式之一,不仅要保证信息的准确性,同时研究如何实现“感情的‘可视化’”也同样重要。[1]群众投诉内容被录入信息系统后,他们投诉信件中包含的不满乃至愤怒也就被过滤掉了,特别是群众来访来电这种经过实际接触之后,将他们反映的内容归纳总结录入系统的情况。情感被过滤掉的群众问题记录,在一定程度上是失真的。

因此,群众问题的纸面记录仍不能丢弃。在群众问题可视化这个事情上,我们应该好好研究“对谁”“传达怎样的信息”,从而采用合适的可视化方法。

二、让群众工作在管理目标中看得见

管理学家德鲁克提出,管理有三大目标:绩效、社会价值及人的培养。这三大目标也可以说是组织存在的价值所在。

对于企业来说,绩效是指获得利润,社会价值是指为社会创造正向价值。如果一个企业能够赚钱却不能给社会带来正向价值,这个企业必然是不可持续的。例如,当年三鹿奶粉掺入三聚氰胺就是一个典型案例。

对于法院来说,绩效指的是审判的案件,社会价值则指的是这些案件必须是向社会输出公正,并最终能够为社会所接受。法院本来就是社会公平正义的捍卫者,如果法院只看重审判案件的数量,而不注重案件审判结果的社会接受度,那么案件不为社会公众接受,又谈何公平正义的输出,法院的社会价值又如何体现。

法院工作内容包括两方面内容:一是个案的审理,解决个案中的是非纠纷;二是通过个案体现的行为规则和价值导向向社会输出公正。前一项工作面对的是形形色色的当事人,后一项工作面对的是更为广大的一般群众,这都要求法院管理者处理好与“人”——当事人、社会广大人民群众的关系。

---

〔1〕 [日]远藤功:《可视力——实现可视化管理的5种方法》,林琳译,中信出版社2007年版,第50页。

党的群众路线要求，一切为了群众，一切依靠群众，从群众中来，到群众中去，把党的正确主张变为群众的自觉行动。法院工作概莫能外。在司法审判工作中贯彻党的群众路线要求，就是要重视“人”这个因素，贯彻司法为民的精神。

虽然因为种种原因，我们的审判结果在一些情况下不能为群众所理解和接受，但这并不意味着必要的引导、教育和疏导工作就不必要了。尤其是在当前矛盾突发增多形势下，社会对规则和公平正义的需求更大，我们更应加强法律宣传工作，以个案释法，生动形象地向社会传播法律知识和司法公正理念。把法律观点变为群众的自觉行动，恐怕还是我们相当一段时间内的重要任务。

这个问题，即便是在当代西方法治发达国家，也一样在强调。英国、美国、法国、德国、日本等国家，都在加强法官对当事人的阐明义务，以填补法律与现实之间的巨大鸿沟。

要让司法工作为群众接受，就要提高当事人对案件审理结果的满意度。当事人对案件审理结果不满意，自然会走信访程序。信访后得到的答复如果让他们满意，那倒还好，至少还是解决了他们心中的问题。但如果对信访结果不满意，而信访人执念又较重，那么信访人可能因此走得越来越偏，无法回归正常的生活。这些都不利于我们的法治建设。所以，法院工作应当努力提升群众满意度。

群众满意度怎么衡量？衡量的标准就是投诉率明显下降。2013年比2012年下降30.4%，2014年比2013年下降6.25%。投诉率下降，表扬信增加，刚才讲到了，执行庭有33封表扬信、34面锦旗。其他部门也是同样，我经常看到表扬信，表扬谁把案子解决掉了。这种现象明显增加，说明我们在群众满意度这方面的工作已经慢慢有成效。还有我们的信访案件、信访老案大幅度减少，一批一批的信访老案化解掉，而且现在新增的信访案件极少，主观原因造成的信访增量案件最近好像还没怎么看到，说明群众满意度大幅度上升。

三、让群众工作方法看得见

职业化绝不只是理念，职业化更是方法。

群众工作说了很多年，但实际上，我们更多的是在强调价值观。在职业化方法层面，我们还存在许多缺陷，还不能做到群众工作方法看得见。

例如，我们有的法官在接待当事人的时候，不少人的手机会随时响起来。手机一响，我们的接待人员经常拿起来就接，接听的时候旁若无人。按照心理学的要求，接待的时候最重要的是要对被接待者保持专注。专注体现的是一种尊重。什么叫专注？接待时的专注，是指在听对方说话时，必须做到全神贯注。一边接待一边接电话，是非常不职业的表现。

再如，我们有的电话接线员，接电话的时候声音特别响、特别尖，像吵架一样。一声"喂"隔着楼层都能听见。其实我们很多人接电话都这样。我们曾经请了一位专业的投诉电话接线员为我们培训。她告诉我们，当我们坐上电话坐席的时候，整个人的精神状态马上就要作出调整，连声音都要改变，必须把音调变得低沉柔和起来，音量也必须让人听上去舒适。过去，我们几位电话接线员的声音相互干扰太大，就准备把他们的接听坐席隔离开来。后来，我们去参观专业的电话接听室，才发现他们电话接听室里有几十位座席员，每个人相距一米都不到，但相互之间根本不会构成任何干扰。每个人戴着耳麦，柔声细语，音量小到只有听筒里的人能够听见。这就叫职业化。

我们再看看五星级酒店。酒店大堂里的服务生、前台、大堂经理等，所站立的位置、姿态、脸的朝向等都有特定的规范。我们法院接待大厅里的保安、法警、值班人员，则情况有较大的不同。我们的法警人在哪个位置，在紧急情况出现时显得尤为重要。我们曾经有一次抽查法警紧急情况的反应速度，结果全市各法院，反应速度最快的是 17 秒，最慢的七八分钟人还没到位。这就是不够职业的表现。

还有，我们的接待大厅，有的接待人员叫当事人的时候，经常用

“哎哎哎”之类的称呼。

其实，我们喊“哎哎哎”或者接电话声音特别响并没有什么特别不好，只是因为他们从未接受过一些基本方法的训练。改进群众工作，一定要把提高思想认识与改进工作方法结合起来。光有思想不行，还得讲方法。

一要改进接待方法。从窗口到大堂，从法庭到接待室，从网络到电话，所有领域的接待人员的接待水平都要提高。在长宁法院工作期间，我时常在立案大厅、信访大厅巡视，发现部分法官在面对当事人时不知道该如何应对，言行上欠妥当。为此，我提出要编写群众接待规范，《群众工作接待规范——场景设计65例》（以下简称《65场景》）应运而生。《65场景》运用情景案例教学法将立案、审理、执行、信访接待工作中当事人最关心、最具体、最现实的问题还原为65个预设场景，将群众接待工作规范化。在《65场景》推出后，长宁法院法官在上述工作中有章可循，以规范做法对照自己的言行，运用心理学方法应对群众问题，真正做到秉公办案和关心群众相结合，群众不满情况大大减少。

二要改进沟通方法。接待过程中，有些必须对当事人告知的事项。这些事项，我们要理出一个清单来。告知内容也要看得见。曾经有一次，我们把一个优秀的接待法官接待的现场录音调取了10个。结果听下来，我们发现许多该告知的内容没有告知。因为单凭记忆容易遗漏，很多告知事项需要以一定方式记录下来。后来，我们专门制作了两个执行中的告知事项专题视频。一个专门给申请执行人看，主要内容是执行权利、流程和风险告知。另一个专门给被执行人看，主要内容是拒执罪等执行威慑内容。这样，在接待当事人之前，先让他们看专题片，让他们充分理解那些告知事项。在当事人充分了解后，我们与他们的沟通交流将会顺畅很多。

反馈是一种很好的沟通方法。什么叫反馈？我们执行调查很辛苦，为当事人调查了许多财产线索，但我们的法官很少会主动告诉申请执行人。并且，申请人如果想打个电话找法官问问进展，还往往找不到人。所以,一旦法官将无财产可供执行的情况告诉申请执行人,申请执行人几乎没有例外的都会火冒三丈。其实如果法官把自己调查的情况和结果告诉申请人,让他知道法官在为他工作,他的情绪就会比较平稳了。

三要改进调解方法。调解过程中,有许多方法。法官在审理案件中,与双方当事人保持同等距离,不偏不倚,充分听取双方当事人意见,建立起双方当事人对法官的信任感,这是顺利开展调解工作的前提。弄清案件基本事实,理顺法律关系,是能够正确开展调解工作的基础。在做调解工作的时候,法官不仅是裁判者,还应当积极充当双方关系的斡旋协调者,当出现调解僵局时,法官应主动介入打破僵局。调解要分清是非责任,但并不应当像判决说理那样明确,要根据案情留有余地、张弛有度。法官还必须懂得根据不同案情,恰当把握当事人情绪,化解当事人的对立情绪,营造有利于调解的氛围。当事人既然因矛盾纠纷走上法庭,那么必然有各自的利益追求。法官调解时要善于寻求双方当事人的利益平衡点,让他们各得其所。在整个诉讼和调解过程中,法官要潜移默化地向当事人传递"以和为贵"的传统文化理念,这样既有利于调解成功,也为当事人服判息诉打下思想基础。

有人认为,法官调解的案件多是因为法律功力不足,不敢下判。其实,这种观点是不对的。我们可以来看一组数据:

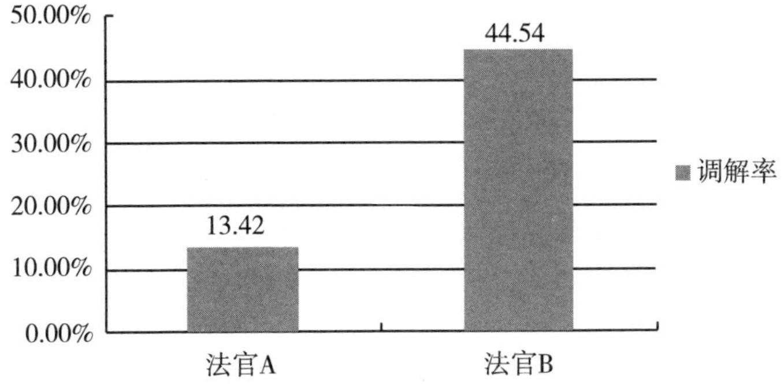

图 7－1　调解高手与调解低手对比图

以上为2012年1月1日至12月31日，某法院两法官调解率对比图。两者案件调解率差异较大，调解工作的结果也需要可视。

为实现群众工作方法和智慧的可视化，长宁法院多次举办群众接待工作专题研修班，邀请了市委政法委、区政法委、高院、市人大信访接待处、区信访办、市心理学会、银河宾馆、建行、强生公司等单位的领导、专家为法院干警授课。通过群众工作研修班的学习，法院干警在迎宾接待、调解、接听电话等工作中能够搭准当事人脉搏，了解当事人心理，平复当事人情绪，掌握沟通技能。

四、让群众工作作风看得见

行为和态度是两个基本方面。奥地利作家罗伯特·穆齐尔(Robert Musil)曾说过，**一个人是什么样的人就会做什么样的事，他做什么样的事就是什么样的人。**态度对行为有重要的影响，这也就是一直以来人们关注态度研究的原因。在群众工作中，如果我们态度上不重视群众，无视群众的不满，自然我们在行动上也就真的会把群众工作放在一边，只专注于做我们认为重要的审判工作。长此以往，我们法院的工作必定会受到群众诟病，群众信访投诉量只增不减。因此，我们要从态度上端正，让群众工作作风看得见。

态度和作风本来是看不见摸不着的，我们要借助外部手段让群众工作作风看得见。投诉件数图表(投诉占比数的统计图)虽然可以让我们掌握群众投诉的整体情况，但是看不到真正重要的内容。我们无法通过投诉件数的统计了解投诉原因，从而有的放矢地解决问题。

投诉事由图表(系统首页事由投诉饼形图，见图7－2)将群众投诉的具体事由、投诉对象明白展现，让具体行为和工作态度完全暴露在阳光下。通过投诉事由图表，我们可以真正实现群众工作作风问题的可视化。

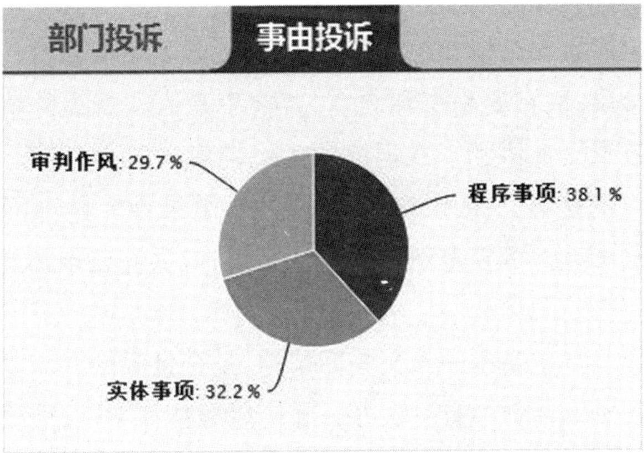

图 7－2　事由投诉饼形图

作风问题的核心是党和人民群众的关系问题。就我们法院而言，群众工作作风就是要求我们要坚持司法为民，发扬司法的人文关怀。

要把提高办案效率和为民服务结合起来。很多人认为，要提高办案效率就要牺牲群众工作，因为群众工作是需要花费时间的。这种观点有失偏颇。首先，二者完全可以结合起来。提高效率本身就是群众诉求的一部分。一个案件低效拖拉，势必会引起当事人不满。其次，强调做好群众工作，并不必然影响提高效率。我们有个法官，一个案子已经开好庭了，判决书也起草好了。但为了对事实的把握更加准确一些，召集双方当事人再到现场去看一下。结果，现场的一些事实细节特别具有说服力。法官一做工作，双方当场就调解了。仔细想想，这起案件其实效率并不低，还减少了上诉。又如，我们有一起案件，当事人在法庭上说，被告交付的家具质量低劣，杯子放上面就会留下印痕。开庭时双方争执不下。于是法官就召集双方当事人到现场去看看。双方当事人同时到家具现场做了一个杯子实验。结果根本不是原告说的那样。原告当场就脸红了。这个案子也就现场调解掉了。其实很多时候，多看一眼，多做一步，虽然增加了一点办案时间，但总体上看效率是提高的。

要把依法办案跟对人民群众的感情认同结合起来。现在，从政治层面讲，要有三个认同，即政治认同、理论认同和感情认同。感情认同,实际上讲的是群众观念和群众感情。这是人民法院坚持和实现人民性的动力源泉和思想基础。我们法官,还是要做有感情的法官。我们有时候会讲,法官要耐得住寂寞,要有不食人间烟火的精神。这其实是在廉政意义上讲的。在司法的人民性意义上,我们要做有感情、有人文关怀的法官。带不带感情去办案,结果会完全不同。听宋鱼水、袁月全、陈燕萍等模范法官的先进事迹,其共同特点都是带着感情去办案。

法官应当具备基本的人文关怀精神,是全世界的共同要求。英国著名法官丹宁勋爵曾经有一次办一起房屋居住权案件,婆婆在儿子去世后起诉媳妇,要求后者搬离自己的房屋。房屋的所有权属于婆婆,按照所有权至上的法律原则,婆婆本应胜诉。但媳妇带着幼子无处可去。于是丹宁就采用衡平原则,判决媳妇有权在房屋内居住抚养孩子。这显然也是一个非常有人情味儿的判决。

其实,我在长宁法院的时候,注意到身边有不少非常有人文关怀精神的法官,有许多值得赞颂的事迹,但我们并没有认真宣传、激励,在我们的绩效评估体系中也缺乏必要的体现。

五、让群众工作在绩效评价体系中看得见

就企业管理而言,绩效考核有以下四个维度:客户、员工、流程和管理者。企业管理的最终目的是占领市场,吸引最多的顾客,实现企业利润的最大化,因此,上面这四个维度应当围绕客户这个核心。管理者应当专注于是否满足核心顾客的需要。员工是企业生产、创造利润的基础,因此,应当考核员工满意度、员工保持率、员工培训和技能等内容,以增强员工对企业的认同感、提高员工的工作技能,从而为企业生产服务。内部流程的考核应当以对客户满意度和实现财务目标影响最大的业务流程为核心。管理者作为企业的领导者,负有制定经营战略、凝聚员工的重要职责。

结合法院工作来看绩效考核的四维图:

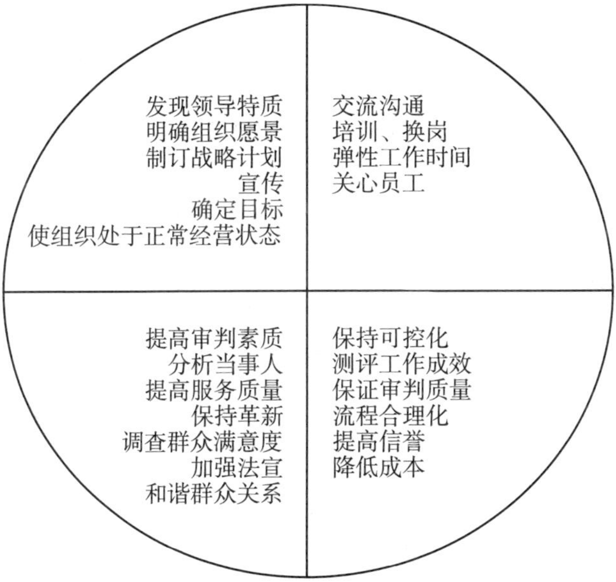

图7－3　绩效考核的四维图

根据上图，我们可以将法院的绩效考核的四个维度分析如下：法院管理层方面，要根据当前的社情和审判形式，合理确定法院的工作目标，制订恰当的战略计划，保证法院审判案件的工作能够正常开展，并且能够逐年提高，以实现法院的愿景。同时法院管理者应当懂得规范审判流程和行政事务的工作流程，确保审判质量，降低司法成本。对于审判工作和行政类工作的成效评价应制定合理明确的标准。就法院干警而言，应当多多沟通交流，了解关心干警的生活需要，增强他们对法院的归属感，培养价值认同感。定期为干警提供在职培训，提高他们的工作技能。当事人是法院工作面对的顾客，法院的审判工作就是要化解当事人之间的矛盾纠纷，让他们服判息诉。就当事人层面而言，法院应当加强法制宣传，增强群众的法治意识。提高接待水平和服务质量，减少群众因判决以外的其他原因而对法院心生不满，和谐群众关系。

要在评价体系中看得见群众工作效果，主要是要让群众满意度看得见。近年来，不少法院开始尝试多种方法进行改革，让群众工作的效果看得见。

有的法院则建立起了第三方评价机制，由第三方针对一家法院进行评价。上海宝山区人民法院于 2014 年 5 月率先制定了《听取院外第三方评价意见工作规定（试行）》及其实施办法，采取以问卷调查为基本形式，走访座谈、电话、网络、旁听庭审、实地考察为重要补充，每年分两次听取当事人代表、律师代表、公众代表、特邀监督员和人民陪审员的意见，监察部门再将反馈的评价意见统计汇总后在一定范围内通报，并有针对性地作相应处理反馈。珠海横琴新区法院更是在全国率先推行法官评鉴机制，完整提出针对法官的第三方评价方案，开展自律性的法官综合评鉴和特定案（事）件评鉴，评鉴结论供有权机关判断法官是否适任、应否退出法官员额时参考。这一举措有效地解决了法院原有考核制度内部人员自说自话，内外评价脱节的问题。

第三方评价机制“从司法到社会，从社会到司法”，不针对具体某一位法官，这样就做到既了解了群众对一家法院的满意度，也避免了法官中立性地位受到干扰的问题。

有的法院在接待窗口安装了服务质量评价器，让群众在办完事情后根据接待人员服务态度和质量在评价器上打分，评价分为“很满意”“满意”“一般”“不满意”四个档次。这让群众的满意度直观地展示在接待人员的面前，不管他想不想听、想不想看，都明明白白地摆在那里。这就很好地实现了群众满意度的可视化。

六、群众工作可视化的长效机制

（一）谈访色变与抱怨是金

信访，是当前一个令人头痛的老问题。由于种种原因，不少人甚至谈访色变。确实如此，由于我们长期以来忽视树立法治观念，以至于全社会都在为个别人的行为承受着不遵循规则的巨大代价。

如果我们换个角度看，信访也会为我们的工作带来特殊的优势。美国管理学家珍妮尔·巴洛、克洛斯·穆勒在《抱怨是金：将顾客的投诉看作珍贵的礼物》一书中指出，顾客愿意投诉，表明他们“愿意与我们沟通，给我们弥补的机会”，同时，“如果我们更充分地利用客户投诉的有效信息，我们就能把投诉变成产品和服务质量改进的基础”。实际上，顾客投诉中包含了企业产品和服务缺陷、管理漏洞等大量信息，甚至还隐藏着新的市场需求和创新信息。

顾客投诉是企业管理的黄金资源。本来企业做出的各种尝试和努力都是为了使提供给顾客的产品或服务的价值最大化。市场本就是千变万化的，工作是否能够满足顾客需求、顾客需求是否发生变化，这些都是企业管理层需要了解的。而管理层很少亲临现场，对市场变化、产品的问题、服务提供过程中存在的不足都是不清楚的，多只能依靠下面工作人员的汇报。顾客投诉就是管理层能够了解现场可能出现的问题的重要途径。但是，人都有隐瞒坏消息的本性，下属的汇报很有可能并不能全面真实地反映实际存在的问题，也就是说“二手信息”称不上是可视化。因此“顾客之声”的真正可视化对企业经营管理层来说至关重要。是否能抓住顾客的需求、满足顾客愿望是对企业发展起着决定性作用的一环。

CLIO 新神奈川在本田汽车的经销商里颇有名气，旗下的本田 CLIO 店连续 8 年、本田 VERNO 店连续 9 年获得顾客满意度第一的好评，而这些都归功于该公司将顾客的调查问卷做到了可视化。该公司的顾客问卷分三种，分别为第一次来店、听取业务员介绍后填写的调查问卷，购车后填写的调查问卷以及车辆修理后填写的调查问卷。下至当天的接待人员和分店负责人，上至社长都会过目，有时候社长还会亲自提笔答复顾客。正是因为 CLIO 新神奈川真正认识到了可视化、透明化的重要性，顾客调查没有流于形式，才能保证企业的生命力、竞争力。

群众投诉是法院管理的黄金资源。法院是向社会输出公平公正的地方。信访虽然是中国特色的产品，在一定程度上和我们的“案结事了”的法治理念不相符，但是透过信访，我们可以看到审判工作中存在的诸多问题。

长宁法院从 2011 年开始写信访投诉分析报告，对每个季度的信访投诉事项仔细分析研讨。信访投诉分析报告介绍该季度的信访投诉概况,统计投诉数量,点明投诉对象,指出投诉事由,从当事人和法官两个角度分析投诉产生的原因,提出解决对策。被点名的法官虽然当下不太高兴,但是,今后就不会再犯同样的错误。其他的人则是会引以为戒,用投诉分析报告对照自己的行为,避免发生和投诉问题类似的情况。在信访投诉分析报告这项举措施行后,长宁法院的投诉率在逐年下降,群众工作也有了很大的改善。

投诉分析将群众工作中的问题可视化。通过投诉分析,我们可以清楚地知道问题产生的环节、原因,群众工作中存在哪些疏漏,明确"是谁""因为什么而被投诉",将责任落实到个人,半点儿不容含糊。正是因为信访投诉分析力度之大,我们的法官才能真正做到重视,从而群众工作情况得以切实改善。

当事人投诉是群众的呼声,我们要勇敢地面对当事人投诉,将当事人投诉视为对我们工作的监督。

(二)信访流程监控机制

2008 年,长宁法院自行研发了集导入、移交、转办、承办、督办、反馈、统计、监控等功能于一体的信访信息管理系统。2013 年,信访信息管理系统进一步升级,强化了系统的移动化办公、可视化管理、数据化分析特点,以最大化地发挥"查、管、控、办"的实效功能。目前,该系统涵盖了信访人的 23 项信息点,案件的 26 项信息点,信访行为的 16 项信息点,完整刻画了信访人的静态面貌,案件的矛盾定位,以及信访行为的动态变化。

管理系统的启用,实现了信访工作的"四个化":

一是信访办理标准化。根据信访人诉求、信访缘由、行为表现等信息,我们将信访人进行分类管理,而且系统还会根据数据的变化,自动调整类型。我们提前为每个类型设置了详细的办理要求和相应的应对原则,实现类型化管理。这样可以有效地避免办理信访件过程中的敷衍、推诿。

图 7－4　输入、办结要求界面（来信来访基本信息界面）

二是信访监控全程化。由于信访件从一开始就扫描录入到系统，只要进入系统，就可对具体信访件进行跟踪管理，办理过程尽在掌控，避免出现泥牛入海的情况。

图 7－5　全程办理界面（信访处理流程或流程图）

三是信访预警实时化。对于即将到期的信访件，系统会在承办人及主管领导的工作台上亮起红灯，提醒及时办理。由于所有的信件办理过程在系统中都能够看得见，因而也就有效地避免了信访件不了了之的情况，初信初访转化为重信重访的现象得到了有力扼制。

图 7－6　跟踪查询界面（系统首页待处理中的警示项）

四是查询统计精细化。系统具备强大的统计分析功能，可以从信访类型、信访事由、信访初发部门和信访责任部门等多种角度进行统计和量化分析，使信访分布情况一目了然，不仅直接促进了信访工作的有序开展，也有力地推进了审判作风的改善和审判质量的提高。

图 7－7　统计界面（统计分析功能界面的 PK 或对比分析）

信访信息管理系统的启用，大大提高了信访件的处理效率，使信访形势逐年好转，来信来访总量和重复信访量逐年下降。2011 年来信来访共计 2187 件，较 2010 年下降 30.04%；2011 年重复信访 1390 件，较 2010 年下降 10.67%。2012 年来信来访共计 1790，较 2011 年下降 18.15%；2012 年重复信访 1240 件，较 2011 年下降 10.8%。

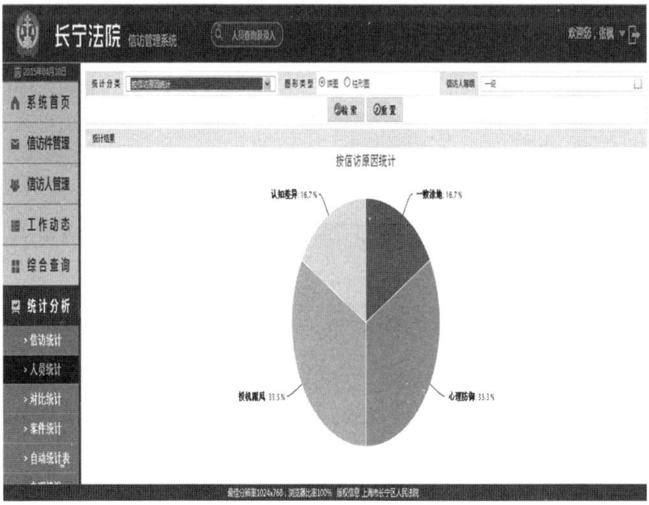

图 7－8　连续四年的下降趋势图表（系统首页信访管理态势的信访数年份统计图）

（三）信访内部听证机制

要解决问题，必须全面了解存在哪些问题和产生问题的原因。“看见”现场的问题是可视化活动的出发点和源泉。[1] 信访形势之所以这么严峻，人人谈访色变，不愿意接手信访工作，原因之一就在于大家“看不见”信访工作中存在哪些问题和信访问题产生的原因，不知道如何应对，有人来信访就随便搪塞了事，抱着应付一个是一个的态度处理问题。因此，我们有必要把问题放大，让问题细节看得见，信访投诉内部听证制度就是很好的方法。

内部听证制度，是针对一些当事人投诉，由监察室牵头、相关部门共同组成听证小组，由被投诉人进行内部申辩的一项制度。因为只有法院内部人员参与，所以场面不会特别激烈。今年开始，长宁法院开始对有典型意义的信访投诉件进行内部听证，让被投诉者对被投诉的问题进行申辩。信访听证制度把信访人的诉求、缘由、事实和理由等都摆到了台面上，让问题的全部细节一览无余。

通过听证，我们发现，有的被投诉者工作作风比较粗糙，出现了一些明显的差错；有的没有出现差错，但解释沟通工作不到位；有的则是工作方法不当，需要加以改进；还有的当事人为了给自己的案件造势，捏造事实，无理投诉法官。

在了解信访事项具体内容后，我们根据不同类型做出相应处理。对于无理投诉，为被投诉者正名，避免过去不了了之的情况；对于投诉不成立但被投诉者处置欠妥的，提出友情提示，避免重复发生；对于投诉成立的，根据实际情况提出不同处理意见。

通过建立信访投诉内部听证制度，群众诉求日趋受到重视。这项制度有三大作用：

一是聚焦作用。信访投诉内部听证制度具有将问题放大的作用，将一个小小的信访投诉问题肢解为问题具体内容、产生原因、指向对象等，使问题细节可视化、透明化，让被投诉人和承办人员一目了然，

---

〔1〕［日］远藤功：《可视力——实现可视化管理的5种方法》，林琳译，中信出版社2007年版，第61页。

从而能够更有针对性地解决问题。该制度实施以来，效果很好。

二是警示作用。由监察室和相关部门人员组成听证小组，由被投诉人进行内部申辩，这样就把审判活动中审判作风、审判实体或程序上存在的诸多不当行为置于聚光灯下。一方面，通过听证小组的仔细审查，认定投诉事项是否属实，以更好地解决信访投诉。另一方面，也是该制度更为关键的作用是，让被投诉人在今后更加注意规范自己的行为，这样就建立了一种审判行为上的警示机制。

三是申辩正名作用。若经过听证小组判断，投诉实为当事人因误解法律、对案件结果不满迁怒法院而做出的错误投诉或因当事人对法院信任缺失导致的无端猜疑，那么信访投诉内部听证制度就能为被无理投诉者正名，维护法官个人的社会评价。

群众工作看不见，不受法院管理者和广大干警的重视。群众工作出现问题后，我们仍然“用手蒙着眼睛”，不愿意看见，不愿意认真解决，从而使群众对司法的不信任感日益加深。群众不满审判作风、审判结果，多方信访，乃至非理性信访。这对我们的法治建设和和谐社会的建设是极为不利的。法院管理者应当思想上树立宗旨意识和司法为民意识，多手抓，构建群众工作可视化的长效机制，制定合理的群众工作目标，实现群众工作问题、方法、作风、评价的全方位可视化。群众工作中的问题能够自动跳进我们眼睛里的时候，就是我们群众工作真正开始转好的开始。

近年来，长宁法院在群众工作可视化上下了很多功夫，编写投诉分析报告，举办群众工作研习班，建立信访信息管理系统和信访内部听证机制。这些举措实现了群众工作的可视化。因为长宁法院做到了群众工作的可视化，信访量逐年递减，投诉率逐年下降，当事人服判息诉的比例增加，当事人的满意度明显上升。

第八章　价值导向的可视化

第一节　价值导向的重要性

一、价值观的重要性

毫无疑问，价值观具有强大的引领作用。正确价值观，能让一个组织焕发出无穷无尽的活力。价值观引领的力量不足，相当于发动机的动力不足。

我们怎么样才算是真正的关心干警？

不少人认为，关心员工的收入和晋升对提高工作效率十分重要，对员工的幸福感十分重要。所以要把提高收入和晋升机会放在极端重要的位置。但我们对干警的关心如果仅限于此，那我们对问题的理解就过于简单了。毋庸置疑，为干警提供福利待遇及晋职机会是非常重要的。但仅仅依靠福利和晋职机会并不能从根本上解决问题。

我们接下来看看影响管理学的三大理论：

一是马斯洛的心理需求理论。

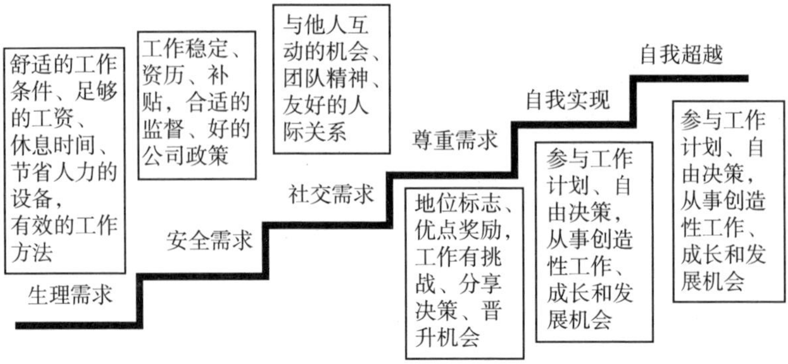

图 8－1

按马斯洛的心理需求理论,个体成长发展的内在力量是动机,而动机是由多种不同性质的需要所组成,各种需要之间,有先后顺序与高低层次之分;每一层次的需要和满足,将决定个体人格发展的境界或程度。马斯洛认为,人类的需要是分层次的,由低到高。这些需要分别是:生理需求,即人们最原始、最基本的需要,如舒适的工作条件、足够的工资和休息时间、节省人力的设备、有效的工作方法等,这是最强力的不可避免的最底层需要,也是推动人们行动的强大动力;安全需求,即稳定的工作、资历、补贴、合适的监督、好的公司政策等;社交需求,即与他人互动的机会、团队精神、有好的人际关系等;尊重需求,即尊重的需要,包括地位标志、优点奖励、工作有挑战性、分享决策、晋升机会等;自我实现,即参与工作计划、自由决策、从事创造性工作、成长和发展机会,充分发挥自己潜力的一种需要,竭尽所能的使自己趋于完美;自我超越,即当一个人的心理状态充分的满足了自我实现的需求时,出现的短暂的"高峰体验",通常是完成或者执行一件事的时候,才能深刻体验到这种感觉,这是马斯洛在晚期所提出的一个理论。

这六种需要像阶梯一样从低到高,按层级逐级递升。需求层次理论有两个出发点:其一是人人都有需要,当某层需要获得满足后,另一层需要才出现;其二是在多种需要未获得满足前,首先满足迫切需要,该需要满足后,后面的需要才显示出其激励作用。一般而言,某一层次的需要相对满足了,就会向高一层次发展,追求更高一层次的需要就成为驱使行为的动力。

二是双因素理论。

双因素理论是美国的行为科学家弗雷德里克·赫茨伯格提出来的。20 世纪 50 年代末期,赫茨伯格在美国匹兹堡地区对 200 名工程师、会计师进行了调查访问。访问主要围绕两个问题:在工作中,哪些事项是让他们感到满意的,并估计这种积极情绪持续多长时间;又有哪些事项是让他们感到不满意的,并估计这种消极情绪持续多长时间。结果他发现,使职工感到满意的都是属于工作本身或工作内容方面的;使职工感到不满的,都是属于工作环境或工作关系方面的。他把前者叫作激励因素，后者叫作保健因素。

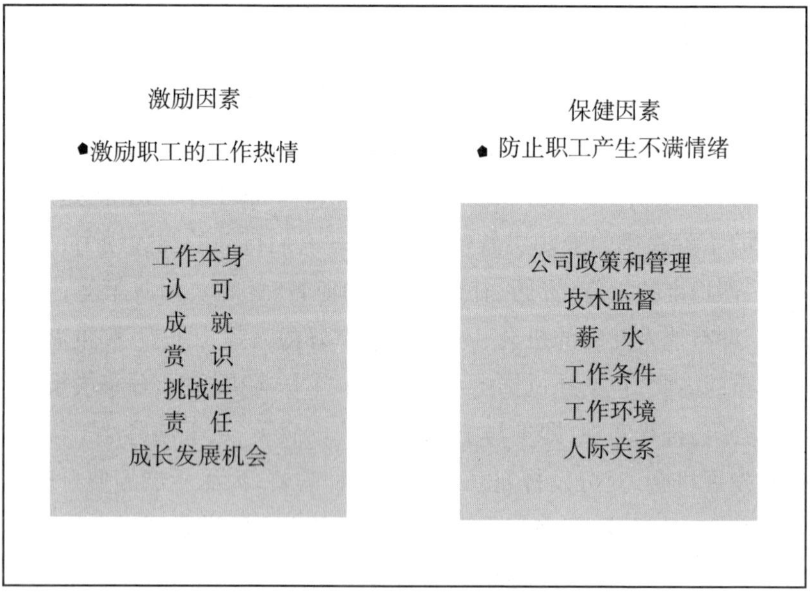

图 8－2 双因素理论示意图

激励因素是指那些能带来积极态度、满意和激励作用的因素，即能满足个人自我实现需要的因素，包括工作本身、认可、成就、赏识、挑战性、责任以及成长发展机会等。激励因素基本都来自工作本身或工作内容。保健因素主要是指公司政策和管理、技术监督、薪水、工作条件以及人际关系等因素，具有外在性特征，基本都属于工作环境和工作关系。

赫茨伯格发现，管理者应该重视保健因素的作用，不过不能完全依赖于保健因素。物质需求的满足是必要的，没有它会导致不满，但是即使获得满足，它的作用往往是很有限的、不能持久的。保健因素属于传统的激励方法，如工资刺激、人际关系的改善、提供良好的工作条件等，能消除不满意，但不能产生持续的成就感和价值感。要调动人的积极性，不仅要注意物质利益和工作条件等外部因素，更重要的是要注意人尽其才，注意对人进行精神鼓励，给予表扬和认可，注意给人以成长和发展的机会。随着温饱问题的解决，这种内在激励的重要性越来越明显。管理者应该更多地将注意力投向让组织成员产生价值感、成就感，更多地帮助组织成员享受工作。只有“激励因素”才能使人们有更好的工作成绩。

三是 ERG 理论。

美国耶鲁大学的克雷顿·奥尔德弗在马斯洛提出的需求层次理论的基础上，进行了更接近实际经验的研究，提出了一种新的人本主义需要理论。奥尔德弗认为，人们共存在三种核心的需要，即生存（Existence）的需要、相互关系（Relatedness）的需要和成长发展（Growth）的需要，因而这一理论被称为 ERG 理论。

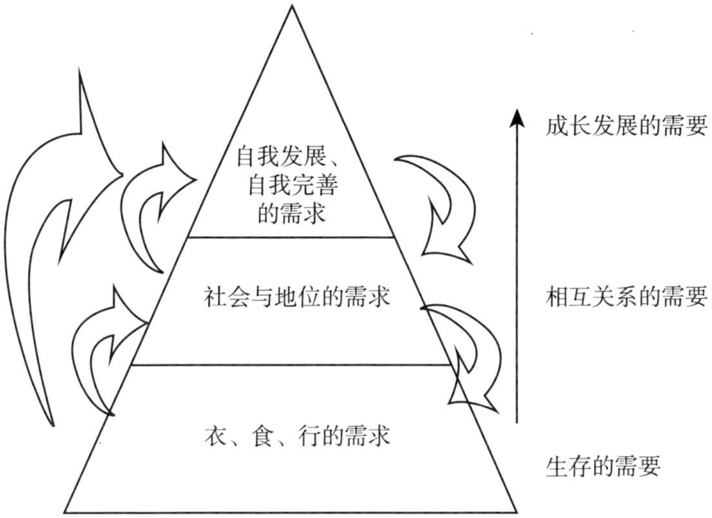

图 8－3

其中，生存的需要与人们基本的物质生存需要有关，即生理和安全需求（如衣、食、行等），关系到人的存在或生存，实际上相当于马斯洛理论中的前两个需求。

相互关系的需要，即指人们对保持重要的人际关系的需求。这种社会和地位的需要的满足是在与其他需要相互作用中达成的，与马斯洛的社会需要和自尊需要分类中的外在部分是相对应的。

成长发展的需要，即个人自我发展和自我完善的需求，这种需求通过创造性地发展个人的潜力和才能、完成挑战性的工作得到满足，包括马斯洛理论中的第四层次、第五层次的需求。

ERG 理论表明，人在同一时间内可能有不止一种需要起作用。ERG 理论还提出了一种叫作“受挫—回归”的思想，如果较高层次需要的满足受到抑制的话，人对较低层次的需要的渴望会变得更加强烈。比如，一个人的社会交往需求得不到满足，可能会增强他对得到更多金钱或者更好的工作条件的愿望。所以在管理的过程中，要根据不同类别成员的不同需求采取不同的管理措施。

马斯洛的心理需求理论、双因素理论和 ERG 理论对于法院管理具有十分重要的意义。这意味着，要解决好管理问题，必须首先了解人内心深处最重要的需求和激励因素。

人的自我价值肯定、自我价值实现的需求，被认可、被尊重的需求以及挑战自我、超越自我的需求，是我们在解决干警满意度时必须高度重视的因素。一个人如果在工作中能够得到充分的尊重，能够找到自我价值的实现，他会感觉到一种深层次的快乐。如果我们能够帮助干警们在工作中获得价值实现感，那也就从根本上解决了干警满意度问题。有人说，人生最大的幸福就是自己正在从事的工作就是自己最喜欢的工作。

从另一个角度看，福利待遇的提升和晋职机会的增加都是有外部客观因素局限的。近年来，公务员福利待遇日趋阳光化，留给法院管理者的空间也是极其有限的。而晋职机会也同样受到法院编制数、工作资历年限等外部因素的制约，不可能无限增长。一个法院能够获得晋升的人只能是一部分人，并且，几乎所有的人最后都会遇到结构封顶这个问题。在无法继续增长的情况下，如何抓好队伍建设，就成为摆在我们每一个法院管理者面前的难题。尤其是法官职业要求我们的法官们在名利方面比较淡泊。价值观层面的问题如果没有解决，那我们干警的满意度、我们的工作效率就不可能从根本上提升。从这个意义上说，让干警爱岗敬业，是领导者的重要职责。这是“以人为本”管理观最重要的课题。

此外，如果干警自我完善、发展的需求满足不了，他会逐步回归较低层次的需求，所以我们要想办法去为干警不断的创造自我完善和发展的途径，通过高层次的需求满足来降低其对较低层次的需求；也可以根据从事不同工作、不同年龄层次的干警有针对性地采取管理措施。

领导者通过自己的努力，让我们的干警愉快的工作，把乐观向上的人生态度带回家，影响家人，影响自己的子女，形成一种积极的惯性力量。如果能够做到这一点，那就是最成功的领导者。领导力，具体地说，就体现在价值观的影响力上。影响力是领导者凭借其个人的综合素质、威望、社会地位和组织赋予的权力，在领导的过程中，有效地影响和改变被领导者的心理、思想与行为，并使之做出预期反映，使其更符合领导目标的能力。领导者通过正向价值观影响力不断引导与鼓励干警在工作中产生更多的价值感、成就感。

所以说，价值观影响力就是领导力，越是有着积极价值观影响力的领导，就越有助于引导干警建立积极向上的工作态度和无私奉献的工作精神。

二、价值导向就是组织的发展方向

价值导向就是组织最希望倡导的东西，应该能够代表一个组织的发展方向。比如，我们希望士兵上战场做到一切行动听指挥，就必须把服从命令这一价值导向在日常行为中体现出来。所有服从命令的行为都应该得到倡导，所有与之相冲突的行为则应该受到抑制。这样，组织的执行力就会提升。

清朝康熙时代，吴三桂反清时，察哈尔王乘乱打劫，带兵三万直逼京城，距京城不足百里。康熙匆忙组织起五千精兵，并令周培公训练新兵。这批精兵却是八旗子弟，都是皇亲国戚，纪律松弛。周培公是个汉将，八旗兵根本不把他放在眼里。有一次操练，两个兵士迟到了还非常蛮横。周培公看在眼里，二话没说，按照军律将两人当场砍头。全体将士立即严明军纪了。后来，这批将士短时间内就被训练为虎狼之师,消灭了察哈尔叛军。

军中无戏言。要想让军队具有战斗力,就必须严明军纪、赏罚严明。周培公就是因为做到让违反军纪的后果看得见,才把一群松散的八旗兵训练成为一支纪律严明、训练有素的军队。

相反,如果一个组织强调的价值观在它的制度层面不能体现出来,那么这个组织将不可能会有执行力。

价值导向,就是把组织提倡的价值观体现在对组织成员的激励制度上。凡是符合组织价值观的行为都应该得到正向激励,凡是违背组织价值观的行为都应该受到贬抑。价值导向,就是组织的发展方向。

三、价值导向混乱是组织的灾难

价值导向混乱,会造成组织成员无所适从,最终让组织陷入混乱。

比如,我们在法官晋职晋级方面,重晋升考核,轻日常表现。法院内部,审判员、助审员晋升竞争越来越激烈。晋升考核也成为法院的一项重要事务。晋升考核机制也应运而生。这一机制在实践中发挥了相当大的作用。但是,现行机制存在晋升考核分值过重,日常表现的权重过轻的现象。虽然现行考核制度中包含了群众评议、部门领导评议以及日常工作评分等组成部分,但事实上这几部分由于各部门均希望确保本部门能够顺利晋升,在评分的时候都普遍高评分。如果某个部门客观地对本部门同志评出一个比较客观的低分,那么在其他部门不客观地评高分的情况下,这个部门就吃亏了。这样,对各候选人所评出的能够客观反映日常工作的分数几乎无法拉开差距,日常工作表现几乎反映不到晋升考核中去。考试的分数几乎成为能否获得晋升的决定性因素。其结果,平时工作认真负责的同志花在复习应考的时间相对较少,而平时工作的情况也反映不到考核中去,显然,这对其积极性是一个极大的压抑。同时,对于法院的审判员尤其是审判长而言,案件管理能力是其核心能力,更能反映应试者平时的工作能力。因此,如何厘清案件审理思路,如何汇报案件可能应当是考核重点。

表8－1　某法院晋升审判员考核分数记录

排名	姓名	考核成绩														
		工作绩效评价							群众和部门测评			庭审考试	审判实务考试	面试	加分	合计
		基础分	工作量	工作质效	满意指数	独创性工作	工作差错	教育培训	群众测评	部门测评	职能部门测评					
1	A	90	5.43	12	5.48	1.5	0	0	9.81	9.60	9.85	28.95	38.79	47.5	3.1	262.01
2	B	90	1.71	14	4.29	1.5	0	0	9.92	9.60	9.69	28.05	41.5	46.81	3.9	260.97
3	C	90	−6	10	−2.52	0	0	0	9.90	9.40	9.25	28.19	35.16	45.5	5.1	233.98
4	D	90	−0.75	14	−7.25	0	0	0	9.98	9.99	8.93	28.05	32	44.69	2.5	232.14

工作实绩不进行充分考核，或者考核不准确，就会出现干多干少一个样、干好干坏一个样的结果。这将是对努力工作的人的沉重打击。客观地说，不会有哪个领导愿意伤害那些努力工作的人。但是，如果在我们的管理行为中，不能体现对工作干得多干得好的人的激励，相反，获得激励的是那些不为群众认可、没有实干精神的人，其结果就会伤害大批认真工作的人。

小张和小李在同一家法院担任法官。小张比小李的办案能力稍强，也更加努力。所以，小张比小李的办案数要多一点，并且办案质量和文书质量也更好一点。所以，庭里交给小张办更多的案件。而小李干的活儿少不说，许多活儿还要领导来帮忙。可是，全市法院法官晋升考试，却从来不看工作实效，只看审判员晋升考试成绩。小李花了更多的时间复习应考，而小张因为忙于办案，无暇顾及考试。结果，小李的考试分数比小张高几分。最后，小李获得了晋升机会，而小张则只能期待下次考试早日来临。

像刚才讲到的这个例子，在我们的法院管理实践中比比皆是。一考定终身，考试考不出，工作累死也白搭。其结果，必然会伤害那些努力工作的人。可以想象，以上范例中，小张很快就会发现自己处于极为不利的境地。这就是为什么许多人在工作中不太愿意过多付出的重要原因。

四、价值导向清晰是组织的动力之源

一个组织的价值导向清晰，是组织发展的动力之源。对于那些符合组织发展方向的行为予以鼓励，自然会让那些行为增加。反之，则会抑制。

只有坚持司法的人民性，司法制度才会有无限的生机活力；反之就会陷入困境和险途。其实，我们抓自己工作的时候，也是这样的。一个单位或部门的群众思想工作做好了，积极性调动起来了，这个部门就会表现得很好。

我们法院里面，还有一些人，精神状态较差，在工作岗位上很痛苦、很郁闷。他们总是抱怨工作辛苦，报酬太低，还有的年纪不大就开始混日子。

为什么会出现这些现象呢？

美国心理学家马丁·塞利格曼通过将狗关在笼子里给以电击所作的实验说明了这一现象，即第六章提到的“习得性无助”的概念。

“习得性无助”指因为重复的失败或惩罚而造成的听任摆布的行为。习得性无助是指通过学习形成的一种对现实的无望和无可奈何的行为、心理状态。

如果一个人从事某件事情时总是遭遇失败，他就会很容易放弃努力。如果这种失败过多，甚至会产生自我怀疑、自我否定，陷入低自我效能感状态。

这样，他就会习惯于挫折和失败，失去改变现状的动力。我们的不少法官可能正处于这种状态。有的法官明明还可以再多办点案件，但他们认为干得再多也是没有用的。所以，最终就容易心态不好。

如果我们的领导行为、管理机制出现了干多干少一个样、干好干坏一个样的情况，大部分组织成员很快就会陷入习得性无助。这个组织最终会失去前进的动力。

第二节 法院管理中价值导向存在的问题

实践中，我们有的法官办案总是拖拖拉拉，不能按时完成工作，而有的法官则办案又快又好；有的法官开庭时总是不耐烦，而有的法官则耐心细致；有的法官精神状态萎靡不振，而有的则精神饱满，工作踏实勤奋。为什么会出现这种差别？

价值观的差异造成了这种局面。一个人价值观的形成，一方面取决于个人自身的生活经历和思想境界，另一方面也取决于组织管理中的价值导向。我们在价值导向方面还是存在一些问题的。

一、价值理念模糊

我们有的领导，未认识到价值观对组织的重大价值，因而在领导和管理行为中不能坚持价值导向原则。对于下属的努力视而不见。甚至在领导和管理行为中不能确立正确的价值导向，或者，不能正确处理组织中的各种价值冲突。

例如，我们的立案难问题，就是因为我们有些法院领导未能正确处理好绩效价值与社会价值之间的冲突。我们因为追求同期结案率和均衡结案度这两项绩效指标，采取了人为控制收案的方法。这样，绩效指标得到了提升，但当事人能否及时立案却要受到法院结案数的严格制约。

二、价值标准模糊

目前，我们在价值引导方面存在的另一个比较大的问题，就是组织倡导的核心价值没有能够在各个方面体现出来，未能有效形成引导组织成员的价值标准，甚至存在价值观标准模糊的表现。其表现如下：

(一)价值观未能转化为具体行动要求

我们经常提出要求，要求我们的干警要让人民群众满意。但在具体实践中,如何判断人民群众是否满意,却需要做大量研究。稍有司法常识的人都知道,在一件件具体案件中,大多数案件都是零和博弈。那种所谓“胜败皆服”只能是一种神话(当然,这丝毫不能成为法官不认真做好双方当事人思想工作的借口)。这样,我们虽然提出了“让人民群众满意”的价值目标,但对于如何确定哪些行为符合这一价值目标却未明晰,以至于出现这样做可以,那样做也行的现象。

在双方当事人只能有一方胜诉的情况下,我们应该如何处理呢?有的领导认为,此时,法官应该动用价值平衡机制。或多或少,得让败诉且情绪激烈的一方当事人获得一些利益。这样,个案就获得了社会效果的最佳平衡。似乎这样非常符合“让人民群众满意”的标准。但这仍然可以被我们质疑,因为这样的做法,完全牺牲了法律规则的稳定性。它在告诉世人,法律规则是可以随意破坏的。只要情绪激烈,法官是会突破法律规则的。它在鼓励当事人在不利的情况下采取“情绪激烈”的方法来处理问题(目前,此一倾向仍然广泛存在)。这样,在一起具体个案中,“让人民群众满意”,到底是一个抽象价值标准,还是一个具体价值标准——“让某一方当事人满意还是让双方当事人满意”,成为一个难解的死结。

(二)相关行为缺少可衡量的标准

例如,我们要求法官注重法律效果与社会效果的平衡,但对于何为“法律效果与社会效果的平衡”,却缺乏有效的评价标准。这就导致了实践中法官们无所适从的问题。此类标准需要具备容易操作、明确而直观的特征,才能够让法官理解,在审判中遵循与使用。

(三)一些衡量标准似是而非

例如,向上级法院投诉次数指标,对于案件数量多的法院,投诉次数通常也会更高;案件数量少,投诉次数也会少。这样,如果仅仅是对投诉次数进行评价,就会对案件数量多的法院不公平。如果将该数据转换成单位案件的投诉率,就会对相关法院比较公平。从这个例子我们可以看出,投诉次数看上去比较清晰,但实际并不十分明确。

三、价值导向混乱

(一)资源配置的价值导向混乱

公正高效是人民法院的永恒主题。换言之,确保案件得到公正高效的处理,应该是人民法院的核心任务。但是,在实践中,我们法院的人力资源是怎么分配的?目前来看,我国法官队伍总量大,但是有审判职称的人并不一定在审判岗位上,而是在管理、综合性岗位等部门,实际在审判一线的人员不足审判人员总数的50%。在实行司法改革后,以上海方案为例,法官、审判辅助人员、司法行政人员所占法院工作人员的比例分别为33%、52%、15%,这种分配比例进一步缩减了法官的数额,解决好“员额制”带来的“案多人少”的矛盾的问题将影响着法院与干警们的价值导向。

表8-2 2008年某市中心城区9家基层法院人力资源配置情况

法院	总人数/人	业务庭总人数/人	业务部门人数占总人数百分比/%	综合部门人数/人	综合部门人数占总人数百分比/%	年收案数/件	业务庭人均收案数/件	年结案数/件	业务庭人均结案数/件	业务庭与综合部门人数之比/%
法院1	345	215	62.32	130	37.68	19452	90.47	19488	90.64	1.65
法院2	257	195	75.88	62	24.12	13910	71.33	13974	71.66	3.15
法院3	199	130	65.33	69	34.67	8170	62.85	8190	63.00	1.88
法院4	263	155	58.94	108	41.06	18168	117.21	18246	117.72	1.44
法院5	263	191	72.62	72	27.38	18222	95.40	17925	93.85	2.65
法院6	192	133	69.27	59	30.73	8863	66.64	8900	66.92	2.25
法院7	245	173	70.61	72	29.39	13562	78.39	13679	79.07	2.40
法院8	270	207	76.67	63	23.33	18755	90.60	18399	88.88	3.29
法院9	233	160	68.67	73	31.33	12484	78.03	12420	77.63	2.19
平均值	252	173	68.92	79	31.08	14621	83.44	14580	83.26	2.32

通过表8－2可以看到综合部门的人数一般占法院全部人数的30%左右，最高的超出40%。这种人力资源配置还不能够满足执法办案中心工作的需要，综合部门人员的占比应当合理降低。

（二）领导行为的价值导向混乱

许多时候，有的领导者采取保守主义或鸵鸟策略，官僚习气较重，不愿意承担责任，对于一些应该由自己拍板的事情采取高高挂起的办法处理。实际上，不采取行动实际上也是一种行动，不作决策实际上也是一种决策。作为一名领导者，其行为是下属的标杆。领导者的一言一行，会被下属看在眼里，记在心里。一些领导说的与做的不一致，也就是俗话说的"说一套做一套"，这种缺乏以身作则精神的领导很难具有价值观的引导力。

有的领导工作缺乏激情，下属的请示长期拖延。这样的领导，尽管口口声声要求下属高效做事，但这种要求是苍白无力的。有的领导一再强调要关心群众，可是除了偶尔作个秀，很少真正从内心关心群众。要求下属尊重群众、关心群众，但自己却对下属缺乏基本的尊重、关心与关注。这样的领导行为模式下，组织的核心价值观不仅不可视，甚至是某种消极的价值观。这种领导者的价值观无法对干警们产生积极影响，甚至产生消极影响，导致干警在工作中难以调动积极性。

（三）激励行为的价值导向混乱

现在我们的一些干警存在这样的思想：办案办到差不多就可以了，即使有时间有能力可以多办案，也不再继续办案了，只求差不多，不求更多更好。

为什么法官办案差不多就行？看一下某基层法院2008年收案分布表：

表8－3　某法院2008年收案分布表

庭室	人数/人	占全院人数比/%	收案数/件	占全院收案数比/%	人均收案数/件
民一庭	42	18.03	5755	46.10	137
民二庭	19	8.15	1084	8.68	57
民三庭	22	9.44	1946	15.59	88
刑　庭	10	4.29	613	4.91	61
执行庭	28	12.02	2404	19.26	86
小计	121	51.93	11,802	94.54	98
立案庭	19				
行政庭	4				
少年庭	10				
审监庭	5				
小计	38	16.31	682	5.46	17.95

通过上表可以看到，审判业务部门之间的收案和结案是不均衡的，一线审判业务部门人数仅占全院人数的50%左右，但审理了全院超过95%的案件，其他审判业务部门审理的案件数要远远低于一线审判业务部门。

之所以出现这种有的人干得多，有的人干得少，除了能力差异之外，恐怕更多的原因是我们的激励机制出了问题，也就是说，在我们的管理中，出现了工作量分配不均衡"干多干少一个样，干好干坏一个样"的现象。这是对组织内那些干得多、干得好的人最大的伤害。

(四)用人不反映价值导向

还就之前的例子而言，担任法官的小张和小李，后来审判能力较差的小李获得了晋升机会，这就会给其他干警，包括小张一个印象，原来案子办的多、办得好，不一定会获得晋升；反而是考试考得好就可以获得晋升，工作实效并不重要。这样会形成一个不好的价值导向，长此以往，这种价值导向会影响到我们法官的心理和工作状态，也会影响到法官的办案水平与效率。

我们现在采用的不是赛马体制，而是选马体制。选马体制有其优点，但对人才的判断往往具有一定的主观性。在选马者为人正直、眼光犀利时，往往会成为选出千里马的伯乐。但这种完全寄希望于个人识别能力的体制，经常会让人产生“千里马常有，而伯乐不常有”的哀叹。事实上，如果我们能够营造出一套相对客观标准体系的选马体制，则我们在用人上就能反映出正确的价值导向。

第三节　如何让价值导向看得见

为什么价值引领最难？其原因主要有以下几个方面：

第一，价值观的抽象性。我们一直在讲要有正向价值引导，价值观本身具有抽象性，把抽象的价值观尽力分解成为具体事例，在落小、落实、落细上下功夫，是我们推行价值引领所需要考虑的。第二，价值观的主观性。价值观是人主观对于客观事物的评判，是根据个人内心的尺度进行衡量和评价的，由每个人不同的生活条件、生活方式与生活经历影响而成，百人百态，各有不同。所以，我们能做的，就是形成一个大体的价值观方向，引导干警向一个共同的目标前行。第三，领导者的示范性。领导者是法院共同价值的代言人，干警都会以领导者为标杆，如果一个领导者展现出较强的示范性，下属会观察并学习这种价值观；假如领导者言行不一，则可能造成价值观混乱，干警无所适从，或者不能够很好地融入法院所倡导的价值观的情况。第四，领导者的知识水平。当一个人的知识水平提升，其视野也就随着知识水平逐步扩大，才能更好地审视自己，做好示范引领工作，也能在工作中去观察干警，激励干警，设立适合干警发展的途径。

要改变价值观管理不力的现象，必须解决好以下几个问题：

一、价值观要具体化

必须解决价值观具体化的问题。将价值观转化为行动方案，是价值引导比较重要的手段。价值观要具体化，必须全方位地设计价值观的体现方式。制度设计、考核方案、关键指标设计都必须体现价值观的要求。我们要求法官注重法律效果与社会效果的平衡，但如果评价指标却仅仅反映法律效果的内容，那到具体的操作层面，法官们就不会把社会效果的工作要求体现出来。对地方长官的考核要求也是如此，比如，我们要求地方长官追求科学发展，但考核却仅以 GDP 的要求为据，那么很难想象他们会把其他方面的工作要求反映到自己的决策中去。我们可以从三个方面解决价值观具体化的问题：一是加强案例讲解，所有的价值观要求应当结合具体案例来进行讲解；二是加强用人导向，凡我们重用的人如果是践行价值观的人，那我们的价值观就会很容易被绝大多数人所接受；三是加强制度导向或者说责任导向。有人说，价值观是管出来的，这话在某种意义上是有道理的，凡责任所在，必是人们的注意力所在。我们每个月每个部门都要求进行审判作风讲评，重点就围绕法官投诉及社会效果存在一些不足的案例进行，在我们用人方面，那些善于做群众工作、比较耐心的同志容易得到更多机会，在考核方面，我们设置了投诉率指标，那些投诉率较低的法官有一定加分因素，投诉率过高的法官则有一定的扣分因素。这样，与其他质效指标结合在一起，法官们就能有意识地注意法律效果与社会效果的平衡了。

把抽象的理念转化为具体的目标。

第一，要把理念转化为目标。设定一个清晰、明确而可操作的目标是提升工作质效，帮助干警更好完成工作的前提。要把目标深入到干警的思维中，成为他们行为的方向。

第二，要把目标转化为方法。如何完成目标，就需要制定具体的方法，就像登山者的目标是登上山峰，实现目标的方法就是设计具体路线，有了具体路线，才能向目标不断靠近。

第三,把方法转化为具体的行动。有这么一个老鼠和猫的故事。一群老鼠吃尽了猫的苦头,他们召开全体大会,商量对付那些猫的万全之策,争取一劳永逸地解决这个问题。一个老奸巨猾的老鼠出了一个让大家佩服得五体投地的主意:在猫脖子上挂上个铃铛,只要猫一动,就有响声,大家可以提前躲起来。可是直到最后,众老鼠也没有找出这个计划的执行者。这个故事告诉我们,再远大的目标,再有效的方法,如果不能落实到实践中,转化为具体的行动,那么都是没有意义的。

第四,把行动转变为客观的评价。行动之后,就要回过头来对整体进行评价,反思从理念到目标、到方法、再到行动的过程,分析不足与优势,从而就行为进行调整和改革。

图 8-4 四者的转换、递进示意图

要关注人的行为,我们干警点点滴滴的行为中,都透露着某种信息、某种理念、某种价值。隐藏在行为背后的东西,领导者一定要看得见,不能漠然。有一位刚刚参加工作的年轻法官写了一篇关于限制出入境做法的文章。他换了一个角度思考,觉得其中有问题,于是就把他发现的问题写了出来。其实,这篇文章向我们透露出一个非常重要的信息——他很关心审判制度背后的合理性。这其实是一种对真理的探求精神。如果领导者这个时候给他鼓励,他就会很容易更愿意去研究更多的法律问题。这位法官就会在我们的关注下不断成长。

司法为民是司法的核心价值追求。但我们是不是真的把司法为民当作我们的理念,是不是真的努力改进群众工作方法?我们是否有效地引导好我们的法官们了?

大体上来看,我们基本上做到了司法为民,但与人民群众的内在需求相比,还存在较大差距。

《大宋提刑官》中的宋慈平反了许多冤狱。难道是他比我们的智商高吗？不是。是他的精神到位。他能够冒着大雨去察看现场，能够为了一个很小的证据做大量调查走访。那是他的内心决定的，是他的价值观决定的，并不是因为他的技术有多高超。他所使用的技术跟别人掌握的技术是完全相同的。但是，他比别人想得多，走的地方多，问的人多，看的地方多，看得更仔细。他与其他人最大的区别就在这里。

二、以身作则——领导者的行为是最好的价值导向

必须解决领导者率先垂范的问题。中国传统文化一直强调"言传身教"，并且身教重于言传。德鲁克先生到中国来演讲时，有位中国企业家问他，他认为管理的最重要的秘诀是什么？他回答，以身作则。结果那位企业家大失所望，说了一句"三岁小孩都知道"。这句话让德鲁克听到了，他马上说，"是的，三岁小孩都知道，可是，我们大部分人到八十岁都做不到！"这个故事给我的印象也颇为深刻。事实上，我们共产党人，有不少人做得非常优秀，但也有人台上讲一套，台下做一套。台上要求大家有奉献精神，台下却在从事以权谋私的行为。这种状态怎么可能会让别人相信呢？做领导，实际上也是自己的修行过程。"凡要求下属做到的，必须自己能做到"。

对于干警来说，领导者的行为更具示范性。

我们有的领导坐在台上一直在号召大家遵守各项规章制度，而自己却往往是各项制度的破坏者。领导者对制度的破坏行为，对于管理具有极大的杀伤力。因为领导者的行为具有放大效应和示范效应。这与领导所处的瞩目地位是分不开的。一举一动都被下属看在眼里。比如，领导要求干警着装规范，必须穿制服上班，但自己却不着装上下班，久而久之，规范着装问题势必难以推行。这一细节，听上去似乎是小题大做，实则不然，有令不行，比无令可行要可怕得多，因为它宣示了一个主题："制度是可以违反的"。它直接削弱了领导者的领导力。

比如，领导希望下属做到日事日清，养成不拖拉的习惯，自己就应

该做到日事日清，处理问题不拖泥带水。

慢令致期，是古人视为有失官德的问题。意思是上司布置任务的时候，没有说明什么时候完成，但是忽然之间哪天想起来了，就问下属你完成了没有？没有完成，大发雷霆，骂一顿。布置任务没有说清楚完成时间，突然说这件任务到期了，其责任应当由上司自己承担。

我刚刚担任基层法院院长时，班子内部有个别同志对信访工作颇有微词。那时，我在班子中年龄最小，资历也较浅。所以，我坚持做到了三点：一是最难的我来接待；二是接待的人次我最多；三是接待准备工作做得深入细致，事先一定认真阅卷研究案情。我对大家提出要认真接待信访人，也就意味着，必须对自己提出更高要求。

有一件事情让我体会颇深：

我们有一位上访时间长达 16 年的上访老户，性格比较偏执，每年要跑北京上访二三十次。于是我决定接待她一次。接待前，我把她案件的卷宗调取出来，非常仔细地阅了卷，甚至把一些重要证据做了摘录，并制作成表格。接待过程中，她在复述一份证据的内容时，有一处与原件内容不一致，我当即给她指出来了。她当时没有说什么，但其实她内心非常震动，因为她根本没想到我会真的那么仔细地看了她的案件，于是便对我产生了信任感，在后来的三年中，一直没有到北京去上访，直到后来顺利化解。

后来，我们的信访工作有了较大改进。

这种方法帮助我顺利地度过了履职门槛的考验。领导与下属相处，如何产生凝聚力，其实不是说出来的，而是做出来的。这种示范效应对其他下属非常有用。有一次，我们政治部在办理晋升职级的同志们的房贴事宜时，遗漏了六位同志的申请，结果当时没有批下来。他们问政治部什么时候能补办。我们政治部回答说等到下一批时一起办。下一批有可能是下一年办理。这件事被我知道了。我要求政治部必须立即补办。我当时对他们说：“我们要求法官们结案的时候都是反复动员，要求限时限刻完成任务。现在到我们为法官们办事的时候,为什么要拖到下一批？我们现在表现出来的作风,就是我们要求大家表现出来的作风。”与此同时,我们启动了与区里的协调工作。结果,在大家的共同努力下很快就把事情补办妥当了。这件事给大家的教育作用是非常明显的。也只有这样,才能树立领导在下属心中的威信。

我们天天让我们的法官加班加点,提高效率。在他们遇到一些事情要处理的时候,我们如果拖拖拉拉,不积极办理,今后如何在他们面前有威信呢？我们对下属要有高标准、严要求,对自己也同样如此。这就是一种作风。我们必须用自己做事情的认真态度,做事情的高效率精神去影响别人。领导者的这种作风是能够被所有人都看得见的。这也是一种可视化。从这个角度看,不采取行动也是一种行动。领导者的任何行动,都是看得见的价值观。

其实,近年来管理学界比较强调领导者和管理者的自我管理问题。管理的核心,就是自我管理。领导者必须做给别人看,领导者只能用乐观豁达的精神状态去影响别人,用自己的人生态度去影响别人。

《责任重于泰山》里讲了一个小故事:

苏联卫国战争的时候,前线发了一封电报到了列宁的手里。它的内容是冬天就要到了,士兵们还缺少冬衣御寒,弹药将尽,请尽快解决,然后总部机关迟迟未予答复。列宁让通讯员把电报送到军区供给部,一个小时后,列宁打电话给这个部长,问送去的电报收到了没有。部长说没有收到。请去查一下邮件,列宁说。然后那个部长回答,我马上去,然后给你回电话。列宁说不,我等着。部长赶紧去查,找到了电报。他给列宁回电话,电报找到了,我们研究一下再给你回电话。列宁回答,不,我等着。然后部长马上就开会商量,回电话说,一切都定好了。现在和前线服装管理处联系然后把结果告诉你。列宁说,不行,我等着。然后一番研究以后,问题解决了。部长马上告诉列宁,然后列宁说了一句谢谢,电话挂掉了。

领导天天嘴巴上说要关心别人。前线的士兵没有冬天的衣服,拖延不办，怎么叫关心别人？这个时候就是体现领导关心的时候，再等两天就忘了，再过三天大家都冻死了，没冻死，也冻伤了，关键是把人的心给冻狠了。前线在流血，在牺牲，后方补给竟然跟不上，是不是会让人心寒？所以说，要让价值观看得见。

领导者和管理者是领导和管理别人的人，如果自己都做不到，怎么去要求下属。很多领导在台上讲一套，背后又做另外一套，那当然没有说服力了。

要注意公正公平。领导与下属要保持等距离交往，不能有亲疏远近。一个领导如果跟这个人关系特别好，跟那个人特别远，久而久之，就会给群众留下拉帮结派的印象，就容易闹矛盾。我的一位老领导曾经告诉过我一句话："当你没有亲信的时候，所有的人就都是你的亲信了。"

有了好点子，应立即付诸实践。不少法院都在内网上开设了"我的建议"栏目，其中不乏大家提出的非常好的建议。这个栏目最大的好处是群策群力，有利于从各个角度为改进法院工作集思广益。为了让大家踊跃提建议，我们每月评选金点子并给予奖励外。但最重要的是，对于那些金点子，一定要付诸实施。这样，大家能够看见自己的建议带来的改善，直观地看到自己所提建议的价值，我们的网上建议质量越来越高，批评意见越来越少。

三、激励看得见

（一）评先进与价值导向（赏罚严明）

奖罚要严明，完成得好就是一种激励，完成得不好一定是有相应的后果。曾经有一次评先进，各部门报上了先进名单。我让各部门把绩效数据附后。结果，其中有一位老同志的绩效在全部门 28 人中排名倒数第四。于是我问那个部门的负责人为什么。他告诉我说，他是老同志，要照顾一下。但我们对老同志有个规定，照顾的指标数为 80%。即使按此折算，该位同志的绩效仍未超过中线。于是，我问他为什么完全背离绩效数据。他无法回答。我继续问他，这样，那些绩效排在前面的同志会怎么想？是不是告诉他们，绩效是不重要的，大家都不用专注于绩效，只要专注于与领导搞好关系就可以了？

正如古人所说的："赏不当功，则不如无赏；罚不当罪，则不如无罚。"在评先进的时候更要注意评先进的价值导向。评先进是一种对绩效好的干警的认可与表扬，应当成为引导与激励干警更加努力奋进、争当先进的方式，而不能适得其反。

赏罚严明是价值引导的关键。但要做到赏罚严明有四个前提条件：

一是绩效标准体系完善，二是绩效数据客观真实，三是绩效反馈，四是绩效的决定性。

其中，首先要考虑的是必须有绩效反馈，必须让下属知道什么地方做得好，什么地方做得不好，对他的评价是什么。

奖惩的依据必须建立在绩效评估的基础上。怎么评估呢？三个原则：客观、公开和公平。

1. 客观

客观是什么？尊重事实，尊重数据，要客观化。客观化要求我们实现可视化，让管理状况、工作情况、存在问题都看得见。

我们曾经对全院职级职务晋升工作进行过测评。测评结果，我们还有相当比例的同志认为结果不太合理。其原因在于我们很多数据不够客观。例如，疑难案件与简单案件采用同一标准考核，审判部门与综合部门之间的绩效没有办法进行比较，等等。

我们全市法院对各审判庭也有一个排名。这个排名也有不合理之处。首先，各个审判庭的收案范围是不统一的。在案件难易程度不同的情况下，其绩效排名就不具有可比性。没有做到标准化，就不可能做到客观化。

如果干警的绩效数据不能客观反映干警的工作实绩，那么价值导向就会模糊。绩效考核就会失去其应有的效能。我们有几次晋升晋级的时候，拿出考核结果一看，发现有些数据与我们主观认知的工作状态有明显差距。有的综合部门，绩效考核结果几乎一样。有些部门因为某一项目没做好，结果导致所有的绩效分数被扣得面目全非。我们有的部门辛辛苦苦忙碌了一年，结果到年底来了个全庭不及格。这些是因为我们的绩效考核结果不客观造成的。

所以，绩效考核方案必须根据实际情况不断调整、不断优化。决不能考核下来，让那些勤勤恳恳工作的人最后的结果跟那些混日子的人完全一样。

2. 公开

评估标准和评估结果必须公开，让考核在大家监督之下进行。过去，我们干部晋升时，公布分数的时候，采用的办法是把所有的项目打个包，公布一个总分数。这个方法操作起来比较简便，但存在一个弊端：晋升者和落选者不知道自己的绩效分数到底是怎么出来的，总是有“暗箱操作”的嫌疑。后来，我们作了一次改变，最后公布分数时，连小项目的分数一起公布。这样，大家就可以清清楚楚地看到自己的具体分数组成。那些客观分数构成一目了然。落选的人知道自己输在什么地方。后来，我们向落选的人调查，他们也觉得没话可说。

3. 公平

公平化意味着对所有的人要一视同仁。评价标准要公平，不能因人而异，造成不公平竞争的后果。

鸭子和螃蟹猜拳——输的永远是鸭子。

其实，这种现象在我们的绩效考核过程中是存在的。我们有的部门办理的案件特别疑难，投诉率和上诉率都特别高，而有的部门办理的是比较简易的案件，投诉率和上诉率自然都低。到年底考核的时候，办疑难案件部门的数据会远远落后于办理简易案件的部门。这个问题在全市层面进行比较的时候，表现得特别明显。

全市法院绩效排名前十名的构成，几乎全都是办理简易批量案件的。[1]

---

〔1〕 此处原文涂红，作者未及处理。

我们在对干警进行的满意度测评中，还是有相当一部分干警对我们晋职晋级工作表达了“不合理”的意见，认为我们在晋升中还不是非常公正。

在资源稀缺的情况下，资源分配方式是否公平非常重要。谁都希望自己能够获得晋职，希望自己的部门能够获得更多的晋升名额。所以，必须找到科学合理的分配方法。通过设定游戏规则（如绩效考核），让大家公平竞争，是一个非常有效的方法。按照游戏规则竞争，大家就没什么话可说了。

赏罚严明的另一个要求——责任看得见。

为什么会领导看得见的抢着做，领导看不见的躲着走？有的同志在领导面前表现特别积极、努力，但当领导不在，或者一件事情领导看不见的时候，就表现得较为敷衍、推诿。这就是因为责任不够清晰、不能浮出水面的缘故。认真地做好每件事情，应该成为我们的价值观。所以要通过强化岗位责任，让每一位干警都能够认真地做好每件事情。

一个人如果能够一辈子把一件简单的事情一直不断地做好，这就是他的超越，就是他不平凡的地方。我们应该能够发现这种不平凡，把这种不平凡表彰出来。这样，就会让这种踏踏实实工作的价值观得到彰扬。我们的干警也就能从自己的工作中意识到自己的价值。这样，我们就能有效地影响他的价值观。

（二）晋升考核与价值导向

曾经有一段时间，我们的审判晋升采用了考试、考核加面试的方法。晋升方案中，考试分数按100%计分，日常工作绩效按50%计分。但在实际操作过程中，出现了一些难以克服的障碍。同时，我们政治部公布分数的方法是公布总分，对其中的小分根本不予公开。为此，干警们意见很大，时有抱怨。

表8－4 某法院晋升审判员考核分数表(改革前)

姓名	工作绩效评价(业务庭室基本分90分,立案庭、审监庭及综合部门满分93分)	群众和部门测评(30分)	审判实务考试(50分)	庭审考核(30分)	面试(50分)	加分项目			总分
						先进加分	工龄加分	独任加分	
A	99.1	27.22	45.5	29.03	42.92	4.8	3	3	254.57
B	103.42	28.94	39	28.43	42.5	3.9	2.1	0	248.29
C	95.23	28.7	41	29.25	41.5	5.1	0.6	3	244.38
D	88.6	29.06	39.75	28.48	44.17	7.5	0	0	237.56
E	89.68	28.34	36.75	28.8	43.67	1.2	3.6	0	232.04
F	87	28.31	37.85	27.8	42.33	0.6	5.7	0	229.59
G	92.77	27.97	32.75	27.93	42.67	1.8	2.1	0	227.99
H	90	28.92	33	23.48	39.58	3.9	4.5	0	223.38
I	78.31	27.78	32.1	26.46	39.83	0.6	4.8	0	209.88

从表8－4中我们可以看出,日常工作绩效占比分值较小,而考试分数差距较大,最后在结果上就出现“一考定终身”的现象。

后来,我们对此进行了改革:一是把考试分值和绩效分值作了调整,考试分数权重降低,按50%计分,因为考试分数只是证明工作能力(甚至连工作能力也证明不了,如果考试题目出得不好的话),工作绩效才是证明工作实绩。这样,大家就把注意力放到踏踏实实工作上了。二是把晋升小分一并公布,让参加晋升的人员对晋升结果看得清清楚楚、明明白白。下面是我们改革后的汇总表。

表 8-5　某法院助审员晋升审判员考核成绩汇总表(改革后)

序号	姓名	工作绩效评价(业务庭室基本分70分,立案庭、审监庭及综合部门满分70分)	群众和部门测评(30分)	审判实务考试(100分)	庭审考核(30分)	面试(70分)	加分项目			总分
							先进加分	工龄加分	独任加分	
1										
2										
3										
4										
5										

改革的当年,我们就有两位老同志,往年因为考试分数略差于年青同志而落榜,这一年却因为工作质量较好而获得了晋升。同时,这对于青年法官也并无不公,因为只要他们认真工作,同样能够获得机会。

四、以人为本看得见

(一)最根本的是树立以人为本的管理观

在谈到以人为本的时候,人们一般想到的是我们法院要以群众为本,以当事人为本,要最大限度地让人的价值在法院得到尊重。这个观点无疑是正确的。但是,毛主席说过,“世间一切事物中,人是第一可宝贵的”。法院工作,必须通过一个个具体的法官来实现。所有的以人为本理念的实践,是在一个个法官、一个个干警活生生的实践活动中实现的。所以,我们还得要回过头来,把注意力转向我们的法官、我们的干警们。

哈佛大学 MBA 有一道考题,老板、员工和顾客,谁最重要?

一般认为,顾客最重要,因为顾客是上帝。但这道题的答案是员工最重要。顾客最重要,是从组织价值角度的认识,而说员工最重要,则是从实现组织价值的角度的认识,员工本身已经成为组织价值之一。其次,组织的社会价值实现,必须以员工为基础,也就是说,只有员工尽职,顾客才会满意。在一个员工不愿意尽职的组织中,不可能有满意的顾客。所以,在强调组织社会价值的同时,如果不强调员工价值,就会走向一种价值失衡。所以,在管理实践中必须十分重视员工的价值。

(二)要关注下属——让关注看得见

继续加大关心人、关注人的力度。领导在实践中,一定要把以人为本这个观念贯彻到底,坚决做到。法院工作、党的政法工作,所有的一切都需要我们的干警来实践。没有一支坚强的队伍我们走不出这条路来。所以我们首先要把我们的干警关心好,如此,我们的法院才会对社会有一个满意的交代。

1. 让关注看得见

为什么说要用关注两个字,领导始终看着下属,会给他很多信心,很多力量。这个非常重要。他会觉得领导始终在自己身边,就在背后看着他。他干活的时候,心里就会特别踏实。

古时候打仗,很多时候一旦皇帝御驾亲征,战士们的积极性就特别高,打起仗来就特别勇猛,也很容易打胜仗,甚至以少克多,以弱胜强,就是这个道理。

2. 下属成长看得见

对于干警在工作中表现出来的亮点、闪光点,我们要及时巩固、彰扬,加以放大,让大家都看得到。这也是一种激励。比如,我们有个法官为了调解两个案件,动了很多脑筋,到现场做了很多调查,跟当事人也做了许多沟通。最后把案件圆满地调解。这里面体现了这位法官的责任心,是一种很积极向上的能量。我们的相关部门就不应该无动于衷,比如说办公室看到了,就想办法给他做个法宣,做个个人专访,把调解过程中那些非常生动又有趣的故事挖掘出来。我们的领导们,听到这种事情,就应该有意识地在内网、杂志、期刊、报纸上去宣传。

对下属努力视而不见是对下属最大的伤害。没有人愿意在自己被忽视和被认为理所应当的情况下长期坚持工作,只有经常与干警进行沟通,展示对他们的信任与对他们的期望,才能看到干警出色的表现和长足的进步。

（三）关心下属——让关心看得见

领导的关心应该涵盖两个层次：第一层是对现在的关心，包括干警的思想、工作、生活等现实问题；第二层是对未来的关心，包括干警的发展、晋升、目标等未来问题。

1. 关心有特殊困难的同志

这种关心应该是长效的、有计划、有组织的，要让那些生病、怀孕的同志始终感觉到组织的温暖。要有可持续性，千万不能刚刚开始生病时比较关心，过段时间就忘记了。要多从法院的角度去思考我们能为他们做点什么。要把组织关心人的价值观传递给大家。

关心下属的成长，让下属在工作中找到成就感。对下属所取得的成就和进步加以关心和夸奖，如日常的工作庭务会总结、大会小会上的表扬，甚至庭长一句称赞的话……对这些做得好的法官、干警的表扬，就是在价值导向方面的提倡，时间久了，就会对下属积累出一种很正面的导向和推动力，让下属在工作中找到成就感，沿着光明的道路走下去。

2. 解决好人的培养问题

每个人在工作岗位上都应当有机会得到提升。但是，我们长期以来并未重视这个问题。有不少人工作多年以后，个人能力和思想境界却并未能够得到同步提升。毫无疑问，如果是这样，我们的工作就没能全面成功。人的培养是组织战略目标之一。如果组织成员未能得到提升，那就说明这个组织的战略目标有问题。这样的组织不可能实现可持续发展。所以，科学发展观的管理观一定是以人为本的管理观。优秀组织都把培训组织成员作为管理的核心任务。例如，韩国的三星集团就有非常详尽的全员培训规划和计划。又如，杰克·韦尔奇在任时，每周一次亲自给中层干部上培训课，确保管理者能够保持高水平的学习状态。

3. 消除“枪手依赖”

什么叫枪手依赖？枪手，指的是某些工作能力特别强的人。枪手依赖是指工作对这些人形成强烈的依赖。枪手依赖有五弊:一是容易形成危机。一个部门长期依赖一两个枪手工作,一旦他们离开,工作会立即陷入混乱甚至瘫痪。二是形成嫉妒心理,形成对某些个人的孤立。三是剥夺了其他人的成长机会。机会均等也是一种公平。四是枪手会陷入“鞭打快牛”的状态,工作特别辛苦,其他人还怨声不断。五是组织失去持续发展的动力。

4. 用人中的价值导向——老中青相结合问题

我们为了解决干部年龄结构老化的问题,有一段时间提拔了一批青年干部。一些老同志和中年同志觉得有点失落。其实,我们的目标是形成老中青比例合理的梯队结构,也就是三三制,三者不能偏颇。一个组织不形成合理结构,就不能形成好的新陈代谢机制。领导者用人,不能唯年龄论。只要是努力的,有能力的,我们都应该器重。记得我们提拔两位中层干部的时候,年龄都已经临近内退年龄段了。为什么仍然要使用他们呢?那就是,对于工作表现优秀、能力强的同志,不管到哪个年龄段,都应该使用。只要优秀就应该使用。这就是我们的价值导向。

为了让大家看清楚老中青比例结构,我们公布了比例。

50 岁以上算老,当然实际上现在不算老,我说这个“老”是打引号的“老”。中年是 40 岁到 50 岁,40 岁以下叫青年。老中青的比例,全体中层干部加在一起,是 16∶7∶6。中层正职里面老中青的比例 12∶3∶2。中层副职里面老中青的比例 4∶4∶4。中层副职符合三三制的要求。协理员中老中青的比例8∶1∶0。中层助理老中青的比例是 0∶5∶3,50 岁以上的没有,因为我们规定,超过 45 岁的,原则上就不考虑了,中层助理主要培养年轻的。晋升处级老中青的比例是 22∶5∶2。所以所谓把注意力都放到年轻同志身上、不给老同志机会的说法是不成立的。

(四)让尊重看得见

1. 愿意倾听本身就是一种尊重

我们从 2008 年开始,每年搞一次干警满意度调查,以了解干警们对党组以人为本问题解决情况的想法。调查涉及的内容较为广泛,采用了问卷调查方式。因此,调查结果有一定的客观性。这些调查结果党组都会给予一个反馈,哪怕是一些暂时解决不了的问题也会给予反馈,好让干警知道,党组在努力去倾听,在努力地去理解他们希望表达的内容,这样能够提升干警对党组的信任度,也能够提升大家的干劲和激情。

2. 尊重离退休同志

不管是以前退休还是刚刚退休的,只要他们回到院里来,我们一定要热情接待,让他们感受到温暖。这也是一种价值观的传递,是对他们以前为我们的组织所作出奉献的一种尊重。我们应该把这当作一项职责。

3. 尊重离职同志为组织作出过的贡献

每个人对自己的事业都有不同的追求,任何一个单位,人才总是在不断流动的。对于离职的同志,我们要尊重他们曾经为组织作出的贡献。比如,进行离职谈话,对其为单位作出的贡献表示感谢;为他们撰写推荐信,为他们寻求新职位提供帮助。让离职的干警感受到单位对他们的尊重,既体现了单位包容的态度,也潜移默化地提升了单位的吸引力。

4. 尊重底层员工的劳动

有一次,有个书记员一边加班一边流眼泪,她说因为加班连约会都耽误了,还抱怨说法官们平常工作不抓紧,案件都压到月底报结,结果卷宗来不及装订,经常加班,有时会加班到很晚,甚至到凌晨。后来,我们要求法官平时加强均衡结案,避免工作压到月底,造成书记员要突击归档。这其实也是一种对他人的尊重,对我们书记员的尊重。

5. 尊重人才

人才是组织的财富,也是组织竞争力的保证。自古就有得人才者得天下的说法。领导者应当注意尊重人才。怎样尊重人才?总的来说,就是要有爱才之心,识才之智,用才之能。

6. 如何对待个别“老油条”?

我们的许多制度存在较大空隙,少数偷奸耍滑的人穿梭其中。对于这种人要心存戒心。使用这样的人时,不能把他放到权力和自由度较大的岗位上。关键还是要用制度来约束。制度要制定得严密,不让他有空可钻。曾经有个人,经常泡病假。部门领导拿他没办法。后来我们专题分析他的情况时,觉得问题还是出在请假制度上。后来我们明确规定,所有病假都必须在请假条后随附医院出具的病假证明。并且针对个别人在医院有熟悉的医生开病假比较方便的情况,我们还规定了到医院对病假证明的核查制度。通过这个方法,向全院传达了一个强烈的价值导向——对于弄虚作假的情形,我们是严厉对待的。那个人就不敢泡病假了。

同时,还要通过制度让他恪尽职守。建立岗位职责标准,让干得好的同志获得晋职晋级的机会,让不好好干、长期无法达到岗位职责要求的人,被抑制甚至被淘汰,让他有危机感。要“打草惊蛇”。实际上就是要经常性的提醒,拉拉袖子,拍拍肩膀,不要让他酿成一个毒瘤,真正犯了大错再来处理。那时就无可挽回了,既会对组织造成伤害,也会对其个人和家庭造成伤害。我们中央纪检部门一直在提倡的谈话制度其实是非常有用的。一发现有问题的苗子就马上与相关人员谈话,哪怕问题没有查实,也一样谈。为什么?目的就是提醒、警示,避免灾难性后果的发生。大部分有问题的人是心虚的,通过谈话,至少能够让他有点畏惧感。如果没有人提醒、警示,他可能就在错误的道路上越走越远。这其实是教育、挽救和保护。一次负面事件对我们的组织伤害太大了,所以确保队伍不出丑闻应该成为法院领导者的政治责任。最后,还是要努力改造。人都有向善之心,哪怕他有问题,我们从人格上还是不能歧视他,还要想办法拉住他、帮助他、改变他,通过各种方法,把他转变过来,拉入到正向行列里面来。其实,这也是党建工作的重要任务。

第九章　管理能力的可视化

第一节　中层领导者的基本素质

一个单位的发展,绝不可能只靠领导班子几个人。中层领导是一个单位的核心力量,起着承上启下的作用,对上要接受指令并及时反馈信息,对下要组织实施上级决策、对下属进行管理指导和培养等。就一个法院而言,党组意图要靠中层领导去实现,如果中层跟不上党组的战略步伐,那么党组确定的战略就不可能得到圆满实施,我们的领导目标和管理目标就很难实现。我们的中层干部,绝大部分是法院中比较优秀的人员,但较为遗憾的是,其中很少得到管理学方面的专业训练。所以,中层干部在管理能力上存在一系列问题,诸如角色定位不清、工作缺乏条理性、计划性,执行力不足、不善于发现工作中的问题、不善于凝聚同志,等等。我认为,提高中层干部的管理水平首先要增强以下几个方面的基本素质。

一、理念、目标的引领

这是领导者的第一个素质。人的素质分为两个层面,第一个是"道",第二个是"术"。多数情况下,我们讲的管理,指的是"术",这是一个技术问题。但对我们来讲,这个"道"的层面因素可能是起决定性作用的。换句话说,我们现在通常提到的价值观、理念、文化等,对我们的工作改进可能会有更大的促进作用。我认为,今后可能要逐步把注意力转向法院文化,转向党的建设,转向基本理念的转变提升等方面。因为在我看来,技术层面的东西是我们的看家本领,是最基础的,而“道”的层面的东西(理念层面的东西)则是扎根于一个人的内心,起着决定性的作用。以前我看《资治通鉴》的时候,就发现《资治通鉴》的编者在叙述每一个朝代或者历史事件的同时,经常会写上一大段的评论,其中就包含了大量的道德评价,比如从仁和义的角度来评价某个历史事件,这部分道德评判的内容在《资治通鉴》中占了相当部分的篇幅。看《资治通鉴》的过程也让我思考,大到历史发展的过程,小到日常管理活动,任何一名优秀的领导者,都有一个最重要的素质,就是对被领导者进行理念、目标的引领。

对于领导者来说,要善于去挖掘,去把握这个理念,善于确定一个团队的目标、一个组织的目标,这个非常重要。我们举几个实例来说明。比如,日本虽然经历过地震、核爆炸等打击,损失很惨重,但是这个国家有些理念层面的东西,依然值得我们学习。日本在 1868 年进行的明治维新,与中国当时的清王朝戊戌变法,前后相隔仅几年,但日本的明治维新最后取得成功,而我们的戊戌变法却失败了。戊戌变法的失败,对于我们整个民族发展而言,虽然在某种意义上标志着封建历史开始终结,但是由于没有明确要朝着什么方向发展,所以当时整个国家仍处于混乱状态。当时,很多人都提出自己的目标,但最后都失败了,直到孙中山发动辛亥革命推翻清政府,才标志着中国进入了一个全新的历史时期。那么,孙中山为什么能够成功?从管理的角度,从“道”的层面来讲,最关键的是他提出了“三民主义”,从而为在黑暗中摸索、依然没有方向的人们指明了方向和目标。他找到的这种“道”,能够最大限度地凝聚人心,于是他就能够发动辛亥革命把一个封建王朝推翻,可以说这是体现理念目标重要性的一个非常典型的例子。

又如,在国共战争中,中国共产党取得了最终的胜利。为什么共产党能赢?我认为,还是理念问题。2010 年我在中央党校学习的时候,有个授课的老师,就对这个问题提出了自己的研究结论。他认为,中国共产党接受并将其确立为党的指导思想的马克思主义,在很大程度上跟中国历史发展进程、跟我国传统儒家文化有暗合之处。我们暂且不去评价这位教授这种研究成果的正确与否。但是有一点需要注意，就是中国共产党成立之后确定了共产主义这样一个理想，由此确立了一个理念和奋斗方向。在接下来的实践中，中国共产党一直努力把这个理念转化为具体的、看得见的目标。在理念目标的引领作用下，最后转化成实践，具体表现为推翻了“三座大山”，实行土地改革，夺取抗日战争和解放战争的胜利，带领中华民族从此站了起来，走上了民主中国的道路。这也是理念目标发挥引领作用，最后走向成功的非常典型的一个例子。所以说，理念目标的确立非常重要。

从微观的角度，小到我们一个具体的单位，一家法院，一个组织是不是同样有这个问题？我认为同样如此。是否有一个正确的理念，能否坚持一个正确的价值导向，这是我们行为的关键。有了正确的价值观，一个组织所能焕发出来的活力、动力是无穷无尽的。比如我曾旁听过一个涉医患纠纷刑事案件的庭审。大致案情是这样的：父亲生病住院，儿子发现父亲快不行了，就把医生叫过来对父亲进行抢救。因为医生未核实病人情况以及抢救不到位，导致这位老父亲去世。后来医患双方发生纠纷，死者儿子即被告人将医生的眼睛打伤，构成轻伤，涉嫌故意伤害罪。庭审中被告人对犯罪事实供认不讳。这个案件的事实非常简单。我对这个案件本身没有任何评价。但是当时引起我反思的是，医生当时的职业态度和工作理念。病人家属发现父亲快不行了，凌晨的时候跑去叫值班医生，医生看完病人之后没有进一步核实情况，就得出病人是睡着而不是病危的结论，并离开了现场。等到病人家属再次叫来医生，才发现病人心电图已经停止，这种情况下家属的情绪容易激动是情有可原的。医生到达现场之后不做相应的核实工作就离开，缺乏对生命最起码的关怀。如果当时这个医生表现出一种焦急的感觉，使用一种同情的语言，被告人可能就不会伤害这个医生。这个事件中，医生眼睛被打伤，留下永远的后遗症，患者家属成为刑事案件被告人，对工作、家庭和生活带来负面影响，因此无论是对医生还是对被告人都是一个悲剧。关于这个事件的起因，我认为不完全是被告人的责任，医院也有责任。医院对医生的理念、目标和价值观的引领上出了问题。这是其一。其二,这个案子中,医生跟患者家属签了协议,涉及出现紧急情况时要不要采取进一步抢救措施的问题,将对生命的这种判断权利交给家属,我觉得不是特别妥当。我为什么要把这个例子放到这里来讲?因为这也涉及一个理念的问题。在病人病危的情况下,医生没有采取相应措施,整个过程中也没有表现出一种同情心和人性关怀,说明医生职业态度和工作理念的缺乏。我们讲审判理念,也是一种职业态度和工作理念,二者在某种意义上是相通的。审判活动中,法律不是纯理性的,适用法律的法官是有人性的,是有感情的,所以,审判工作也需要理念和目标的引领。

理念目标引领,我认为涉及四个层面的转变:一是把理念转化为具体的目标;二是把目标转化为行动的方法;三是把方法转化为具体的行动;四是把行动转变为客观的评价。作为领导者,我们要时刻牢记这四个转变。理念引领的作用,主要体现为:领导者有什么样的理念,领导者领导的这个部门就会有什么样的理念,这个部门就会有什么样的状态。最近这段时间,我看了一些关于日本丰田公司管理方面的书籍。丰田的管理,在我看来可以归纳为"精益求精"。其中给我印象很深的是"现场管理"。什么是"现场管理"?现场看到问题,看到流程,看到很多细节,然后现场加以解决,从而不断提高效率,而且这种效率提高是动态的,一边在作相应的工作调整,一边就在提高工作效率,他们就是这种理念。

二、制定发展战略

这是中层领导者的第二项素质。有一个理念和目标,比如考上什么学校,想当上大法官,或者要为中国的法治事业做出贡献,等等,都是很不错的。但是,如果一个人没有把它转化为自己的战略,那么这个理念和目标是很难实现的,所以在确立了理念和目标之后,还得制定发展战略。我们 2010 年在中央党校学习的时候,第一堂课就跟我们讲,到党校来学什么?有什么要求?要求学员做到什么?归纳而言,就是要让领导者学会制定发展战略。我认为,领导者制定发展战略涉及四个方面的内容:第一个是理论基础的夯实。学习马克思、列宁主义、学习党的最新理论知识,首先要把理论基础问题解决掉。第二个是培养战略思维。领导干部必须要有战略思维。没有战略思维,领导干部看不到长远,谋划工作就难以到位。领导干部没有战略思维,就不知道其所领导的机构、单位下一步朝着什么方向迈进,如何推进工作。第三个是世界眼光。领导干部的眼光要开阔,眼光开阔了以后,自然而然地就会从各种不同方案选择中找寻最佳方案。第四个是党性修养。领导干部仅仅有战略思维和世界眼光还不够,还要具备党性修养。要有原则性,特别是遇到挑战的时候,能否坚持原则;遇到困难和挫折的时候能否百折不挠;遇到需要沟通的时候能否知难而上,这些都是由领导者的党性修养决定的。上述四个方面是领导者在制定发展战略时所必需的素质。

我认为,领导者制定发展战略还涉及以下六个方面的要素:

第一个是战略目标。制定发展战略首先要明确的是战略目标,包括长期目标、中期目标和近期目标。战略目标的设定是领导者制定发展战略的前提和基础。

第二个是实施步骤。针对长期的、中期的、近期的以及中长期等目标要制定实施方案,分步骤推进。我们国家层面提到的“三步走”战略,也是这个道理。以一个部门为例,前段时间,长宁法院少年庭向我汇报工作,其中提到了少年庭的发展规划,涉及很多想法。考虑到少年庭现有的人力资源,如果要同时推进这些任务,可能存在一定困难。所以我提醒他们,少年庭的想法都很好,要做的工作也很多,但是要分步进行,逐步推进,列出今年、明年、后年完成的任务目标,厘清今年要齐头并进的任务、当务之急需要完成的任务以及最重要的任务,针对不同的任务类型区别对待。

第三个是实现方法。领导在考虑制定发展战略的时候,要把方法论问题解决好,弄清楚发展战略的实现方法。我当时在思考审判思路的问题时,就觉得应该从战略上来解决司法实践中审判思路不清晰的问题。经过思考,我提出了要件审判九步法,将法律适用过程即民事审判思路分解为九个步骤，从而解决了审判战略上的实现方法问题。[1] 当然，要件审判九步法提出来以后，还涉及具体分几步来实施这个九步法的问题。我认为，第一步，先进行调研，摸清法官现在的基本思路、状况。第二步，进行培训，并对培训结束后的效果进行跟踪评估。第三步，梳理对于九步法理解存在偏差的地方，研究进一步加强审判思路的路径。因此，对于九步法的实施，也是分步骤进行的，这个也是实现方法。

第四个是资源配置。资源配置是领导者在制定发展战略时必须予以考虑的一个问题。如果领导者不考虑自己的资源配置，那就是不善于审时度势。什么叫"势"？"势"包括自己单位的内部条件是否成熟。这个问题很重要，领导者如果不善于审时度势，他的工作就难以做好。如果一个部门只有几个人，但是却非要去做一件很艰难的事情，我认为是不可取的。可取的做法是，从一个部门的现有资源出发，因地制宜的配置精力和开展工作。以长宁法院的行政庭为例，我认为行政庭的战略思路就很成功。为什么？因为行政庭的案件总量不大，所以部门负责人集中一部分精力、调动一部分人力资源，将司法建议、示范庭审、裁判文书、经典案例等工作做好。我现在也在考虑，长宁法院接下来可能要对既有的分工模式进行大的调整，比如审判分工模式，将书记员进行一定的改革组合以后，做出相应的调整。当然，在这个过程中，各个部门可能也要进行相应的调整。这就要求我们相关部门在推动改革方案的时候，不断地保持部门之间的沟通。对于一个领导者而言，要从根本上去解决一个问题，就要把所领导的单位的资源整合在一起，通过排列组合对不同的岗位、不同的人员进行空间上和流程上的优化，这就是我们领导者需要考虑的战略。我在长宁法院工作的时候，建立起了中层管理台账制度。当时的出发点就是要让大家做台账，养成做台账的习惯。因为我们经常有遗漏，经常会陷入具体的事务中迷失方向。所以我们要有一本台账，以便于从宏

〔1〕 关于要件审判九步法的详细论述，参见邹碧华：《要件审判九步法》，法律出版社2010年版。

观上搭建一个战略框架,从而处理相应的工作。可以说,推动建立中层管理台账,根本的动因就在于让我们的中层领导者有一个战略思维。

第五个是竞争优势。现实中经常会遇到这样的情况:兄弟单位要来听我们的工作汇报,于是我们就写汇报稿,但是报上来给我看的汇报稿,需要修改的很多,退回去重写的也有不少。为什么会这样?我认为这就是写汇报稿的同志的战略思维能力存在一定程度的欠缺。我们在写汇报稿的时候,同样需要战略思维,即需要考虑汇报稿内容的竞争优势是什么?战略思维里面的竞争优势,指的是已经拥有的竞争优势以及即将营造出来的竞争优势是什么?亮点是什么?最近马上要开全市信访工作会议,市委政法委让长宁法院去做交流发言,我们是四个交流发言单位中法院系统的唯一一家。关于这个发言汇报稿,就需要我们有战略思维。作为领导者,需要考虑本单位的汇报内容,与我们现在国家的整体战略,与我们市委市政府的整体战略,以及与兄弟法院、兄弟政法机关相比较,我们的比较优势是什么。这个需要我们战略谋划,表面上看写篇稿子好像是一件很简单的事情,其实不是。这篇稿子体现领导者的战略思维,体现领导者的战略眼光,领导者需要审时度势,需要进行横向比较。这里面需要做的工作有很多。比如说,我们要设定一个时间段,看看我们总结汇报的内容,在同样时间段的其他单位或其他地区是否已经成为常态性做法?如果不是,那说明我们选择的这个时间段是合适的,接下来我们还要考虑,我们选定的这个时间段,是否具有价值?如果这个时间段其他单位或其他地区没有类似做法,但是我们的做法没有价值,那么这一块内容也不宜放到总结归纳稿中。我们需要考虑的是,放进总结汇报稿中的这一块内容,其最大的作用、价值是什么?这个需要我们去策划。作为领导者,我觉得我们在做工作的时候,竞争优势是在我们的思维里面始终要保持的一个概念。

第六个是团队作用。战略的实现,仅仅靠一个人的力量是不行的,而需要依靠很多人共同推动实现。比如,我们给长宁区法院民一庭的诉调对接中心设定一个战略目标——超越其他法院,仅仅靠我们法院的力量是否可行？我认为不可行。因为诉调对接中心的发展,需要党委、政府、司法局、兄弟单位乃至本院兄弟部门的协同配合。这就是团队作用。可以说,现在如果谁要是掌握了“协同作战”这条秘诀,谁就在整个发展过程中拥有了天然优势。试想,在法院管理中,如果善于优化单个干警的排列组合,就能把工作效能提高,把大家的工作量降低,同时也会给我们的同志们争取到大量的自我发展空间,从而发挥出巨大的整体合力。所以,作为领导者,我们的思维里一定要去推动团队协同,形成组合优势。

三、明智采纳意见

这是中层领导者的第三个重要素质。因为集体智慧永远大于个人智慧,与其一个人冥思苦想,不如借用他人的智慧,推动事情快速解决。所以,作为领导者,永远要从善如流,从谏如流,虚心纳谏。有一次我跟法律出版社大众分社的韦钦平社长聊到他们出版行业的价值趋向问题,其中提到“出版行业中法治文明的高速公路”这么一个概念。大致意思就是,通过出版方式,将其他国家和地区先进的法律知识、方法,将法治理念和法治文明,一次性的、广泛的投向全国乃至全世界。这里面就涉及采纳他人意见的问题。同样的,作为领导者,我们也要加强学习,包括采纳书本上的意见,不断从他人的经验当中吸取有益的东西,永远保持学习的热情。当我看到我们的伟大领袖毛主席晚年岁月的时候,很受感动。因为毛主席直到临终前,在意识迷糊的情况下,仍然让人给他念书听,这说明学习已经渗透到毛主席的骨子里去了。我们领导者如果要不断地提升自己,就要不断地去学习。我们可以经常反思,我们读过多少有价值的书籍,是否觉得自己的内心世界很丰富,很充实。

实际上,采纳意见的过程,也是一个价值认同的过程。我认为,大家就某个问题发表意见、进行讨论、交换意见的过程,就是一种价值认同的过程。作为领导者,在推进一件事情的时候,我们始终要记住,如果被领导的人的内心与领导者有一个价值认同，那么他会把这件事情做得很好，如果他的价值与领导者不同，那么他的内心就会进行消极对抗，从而影响工作顺利进行。所以，在推进工作的过程中，价值认同的作用非常重大。关于这一点，我国历史上都有一些实例可以佐证。比如，刘备手下的关羽，诸葛亮派他去联合东吴，要共商大计，但关羽这个人内心很傲，看不起孙权。所以当他过去之后看到孙权提议跟他联姻，勃然大怒，差点杀了孙权派来说事的那个人。在国家政治当中，关羽的这种行为，实际上没有任何战略头脑。毛主席曾经评论说，关羽没有统一战线观念，属于统战工作的负面典型。我从中看到的则是价值认同的问题。我认为，刘备派关羽去联合东吴，显然无法达到目的。因为关羽根本没有认识到联合东吴来对付曹操的重大战略意义，他对联合东吴这件事情没有一个价值认同。所以说，在推进工作过程中，价值认同是很重要的。我们再来谈谈三国时期的曹操。曹操最后能够获胜，原因当然有很多，除了刘备和孙权没有联合之外，我认为曹操这个人善于采纳他人的智慧。曹操手下有个谋士叫郭嘉，跟刘备这边的诸葛亮一样，非常厉害。郭嘉为曹操统一中国北方立下了功勋。但凡郭嘉出的主意，曹操只要觉得有道理，他就会采纳。曹操的特点是多谋善断，就跟他善于采纳意见有关系。当时还有一个实力派人物叫袁绍，但是此人的性格特征是多谋寡断，听不进手下谋士的意见，最终与曹操几场大战均以失败告终。这些历史典故，告诉我们在工作过程中，还需要多听听大家意见，多到基层去走一走，多听听他人的意见和建议。

四、勇于决断论事

这是中层领导的第四个重要素质。什么叫决断？领导者光听意见不行，还得拿定主意，得拿出最后拍板的勇气。面对大家提出的各种观点，领导者的内心不能犹豫不决，而应该果断做出决定。领导者要敢于、善于取舍，要有承担决策风险甚至失败的勇气和心理准备。采取哪一种观点，放弃哪一种观点，领导者的内心要坚定，并具备承担责任的胆魄。我们都知道唐太宗李世民的父亲叫李渊,毛主席评价他碰到事情没有决断心,总是犹豫不决。虽然他最后推翻了隋朝,自己建立了唐朝,但背后的故事则是李世民逼着他起兵,实际上起兵之后打天下的也是李世民。后来李渊在定太子这个事情上仍然犹豫不决,最终没有定李世民,但是拥有重兵的李世民发动玄武门兵变,最后篡权成功。可以看出李世民这个人有决断。还有上文提到的袁绍,历史上说袁绍也是这样,曹操评价他"色厉而胆薄",意思是说神色很厉害,但实际上胆子特别小。为什么?就缺乏胆魄,缺乏勇气。关键的时候拿不定主意。这些都说明,勇于决断论事,是领导者非常重要的一个素质。我们有的部门领导在这一方面做得比较好,有的可能有所欠缺。作为中层领导,事无巨细都请示单位领导,这个不可取,必要的时候还是要敢于拍板,自己做决断,要勇于决断论事。在中层领导应该决断的时候做出决断,这本身也是中层领导的责任。既是职权,也是责任,更是义务。当然,这里面需要想清楚的是,哪些是职责范围内的事,对于职责范围内的事,就应该做出决断。但是也有例外,如果这个决断将会产生巨大的风险,那在决断之前先行请示,也未尝不可。可以说,如果一个领导自己有决断,有胆魄,有担当的话,他所管理的人就会工作得很舒心、顺畅。如果领导一遇到事情就让手下做决断,让他们承担责任,那么这个领导就不会有权威。我们实践中有时候会碰到一些这样的领导,碰到问题就喜欢回避,对于别人的请示,总是习惯性地回答过两天答复,而实际上,这个"两天"跟无限期是同义词,有可能是两年,也有可能是二十年。我认为,这就叫缺乏勇气,不敢决断。这无论是对于领导的人格修养,还是领导的威信,都没有任何益处,反而会带来很多负面的影响。所以,作为领导者,该决断的时候就要去学会决断,该担当的时候得敢于担当。

五、识人容人的胸怀

这是中层领导的第五个重要素质。识人容人的胸怀,是我们要解决的重大问题。领导者识人容人的胸怀,主要包括五点:第一点,要有爱才之心。第二点，要有识才之智。第三点，要有用才之能。第四点，要有容才之量。第五点，要有塑才之德。

一是要有爱才之心。有一个"士争凑燕"的故事：

《资治通鉴》记载，燕昭王当年被齐国欺负，很生气，就提出要招揽天下人才。大家都觉得他是叶公好龙，不相信他会赏识人才，所以没人投奔。结果，他有个谋士给他讲了个千金买马的故事，说古时候国君派人去买千里马。此人遍寻无着，好不容易见到一匹千里马，结果还是死马。他就花了五百两黄金把这匹死千里马买回去了。国君看到买回来一匹死马，很生气，要责罚他。他说，国君别急，你连死马都要花五百两黄金，接下来肯定不愁没人把千里马送来。果然，这个消息不胫而走。大家争相把千里马送过来。跟燕昭王讲这个故事是什么意思？意思是我才华虽然平庸，但你把我的待遇提高后，各地人才肯定会被吸引来。结果，乐毅等名士都纷纷投靠燕国。后来燕国富国强兵，把齐国打得七零八落。

二是要有识才之智。就是识别人才的智慧。人才是什么？凡是有利于组织目标实现的人，都是人才。人才并非特指专家、教授、博士、硕士。每个人身上都有闪光点。闪光的那一点就是他的才华。领导者要能把每一个人身上的特殊才能找出来，做到人尽其才。其实，能够发现特殊人才，还不能叫识才之智。黑夜当中，有一个电灯在那亮着，谁都知道那盏灯很亮，那还需要你看吗。如能从看上去才干平平的人中，能看出其特殊之才，这才叫识人。

识才之智，要求对人才不可求全责备。毛主席说，要打破"金要足赤，人要完人"的形而上学的错误思想。

三是要有用才之能。用才之能是一个需要我们领导仔细考虑的问题，要让下属找到归属感，要用人所长，有容人之量。

首先，要让下属找到成就感。要看得见下属工作中的点滴进步。像韦尔奇说过的，看到成功，立刻庆祝。马上激励很重要，他马上就有价值感、成就感，就有成功的喜悦。在领导者的帮助下，我们的组织就能自我超越，不断地上升到更高的境界。

其次，要用人所长。把每个人的才能都发挥出来，绝不轻易放弃一个人。每个人或多或少都有自己的才能。只有发掘每个人的才能，一个组织的潜能才能发挥到极致。一个优秀的领导者会把每一个人都调整到最佳状态。在理念上，绝不会轻易放弃一个人。

要帮助我们的下属们扬长避短。有的时候，某些人工作之所以做得好，是因为他们遵循了正确的方法。领导者就应该去关注他们做事情的方法，让其他人也掌握之。帮助他掌握正确的方法，就等于帮助他扬长避短。避短就是要帮助他把工作习惯中不符合规律的东西去除掉。

汉武帝在用人上真是有神来之笔。李广大将军打仗所向披靡。但汉武帝在第一次打匈奴时，坚持用四位将军从四个不同方向出击，不分主副。实际上，他是借这次出征的机会考察四位将军的能力。尤其是他刚刚开始用卫青时，卫青是他的马夫。所有人都在内心质疑汉武帝的用人，都对卫青有不屑之念。结果卫青首战告捷，从此在大漠再也没打过败仗。汉武帝用人的眼光非常独到。但打了一段时间，汉武帝发现，卫青从未打过败仗，所以他就不敢打败仗，所以他变得特别保守求稳。于是，汉武帝又启用了年轻的霍去病。结果霍去病一到大漠，经常出奇制胜，屡建奇功。这样卫青和霍去病，一稳一奇，相得益彰，最后把匈奴彻底从汉朝的版图中消灭了。霍去病熟读兵书，但从来没有打过仗。但汉武帝的过人之处，就是他敢用，敢在战争中去培养他，让他去经历，去经历失败和挫折。不经历战争的洗礼，怎么可能成为将军呢？

四是要有容才之量。有才华的人，都有自己的个性。有的人清高自负，有的偏激、不近情理，有的说话带刺、爱钻牛角尖，等等。领导者要尊重并整合好不同个性的人，不能因为他有个性就排挤、排斥他。相反，倒应该帮助他们，对于一些特别影响其职业发展的个性，应该及时提醒他。只要不是原则问题，都应该包容，有容乃大。

我有位同事，喜欢争功。对他也要理解和包容，因为这至少说明他内心还是追求上进的。但争功的结果是容易被同事孤立，所以我决定找机会提醒他。有一次晋升，群众测评他只有一票，错过了晋升机会，非常可惜。其实他还是个挺有才华的人，于是我就找他聊天，帮他分析了群众认可度低的原因。我举了一个例子，年底工作总结时，他写的报告中对合议庭成员只字未提，好像所有的活儿全是他一个人干的。其实，合议庭成员分担了大量难题。像这样的行事风格，是不可能获得群众认可的。后来，他有了较大改变。

对于一些有个性的下属，经常会顶撞领导，甚至出言不逊，领导者应该包容，不能因此记恨。其实，一个领导者记恨下属，结果就是两个人越来越对立。领导者，就应该能够包容，理顺人事关系，不要形成对立。反之，如果领导包容心小，一旦形成对立，就会影响队伍整体的凝聚力。因为与一个人对立，会产生较大的负能量。按照负能量乘数倍增原理，一个正能量弱的人，一旦形成对立，会形成数倍的负能量。

五是要有塑才之德。对下属最大的关心，是培养他。同时，人才永远不够用，所以，优秀的领导者，要善于从自己的下属当中不断培养优秀人才。只有当优秀人才源源不断产生的时候，领导力才是最强大的。培养人应当成为领导者的第一要务。树人应当成为领导的一种美德。

第二节　中层干部的台账管理

中层干部的台账管理，是管理能力的可视化过程中非常重要的一个载体。工作台账做好了，才会在工作中做到忙而不乱，也使管理者的工作变得清晰可视，这一直是我的一个观点。忙而不乱，是我们领导者管理中的一项基本原则。

在制作管理台账之前，要养成事先谋划的习惯。有的人一拿到一个工作任务，马上就开始做起来，这样往往很仓促，而且效果不一定好。为什么？因为在工作之前，需要先动脑筋思考，而不是慌乱的第一时间投入工作。对于领导者而言，同样会存在这样的情况。比如，有的领导者今天布置了工作，明天又改变了工作布置，换了一套方案，如此反复,势必会影响部门的整体工作效率。为什么出这个问题?问题在于布置工作的领导。中国有句古话叫“谋定而后动”,意思是凡是要做一件事情,先想好、策划好了再开始行动。这对于中层干部制作管理台账,同样适用。台账怎么做?我认为,台账的主纲分为五大类(五个方面):第一,队伍管理;第二,审判管理;第三,日常行政管理;第四,调研、信息、法宣;第五,其他工作。当然,审判部门和非审判部门不同,非审判部门可以把审判管理改成核心工作,并将其作为台账主线。

一、队伍管理台账

队伍管理台账,大致分为以下六个方面:支部工作、政治学习、廉政工作、凝聚力工作、审判作风管理、总结与计划。

(一)支部工作

支部生活里面可能会涉及换届选举,当然这个不是每年都会碰到的事情,但是如果某年遇到换届选举的事情,则该年的台账应该有这项内容。需要注意的是,在做这个工作台账记录的时候,不宜电脑直接拷贝,同时要考虑换届选举的具体时间,防止出现一年12个月里面都有换届选举的情况。支部生活里面可能还会涉及党员发展计划,这一块内容也要在工作台账中反映出来。对入党积极分子进行定期考察、定期谈话,这都是支部工作很重要的内容,都需要做到台账里面去,确保支部生活开展的主动性、计划性、有序性。

(二)政治学习

政治学习中,很重要的一项内容就是按照政治部的计划,组织部门学习文件,开展主题教育活动,组织部门干警撰写心得体会,开展作风大检查,对部门队伍的思想状况进行分析讲评。政治学习是很重要的环节,是灌输一种理念,或者发挥一种理念的影响力,提高我们整体战斗力的一个有效手段,是一种价值观交锋的平台。当前,法院干警中,特别是年轻干警的思想状况较为复杂,各种层面的价值观都有,在政治学习的时候,如果我们用一种正确的价值观统领大家的思想,这对我们增强部门凝聚力是非常有用的。这也对中层干部提出了更高的要求,要求中层干部自己有一些自我学习计划,不断提升自己,用自己的行为来影响别人。要想办法把政治学习变成一个影响大家价值观的有效机会,变成一种锻炼大家口头表达能力的重要途径,变成一个对干警培养的平台。现在的政治学习活动很容易流于形式,一定要做好本部门的政治学习,充分发挥领导干部的号召力,提高大家参加的积极性。

(三)廉政工作

廉政工作包括五个方面:一是廉政教育;二是苗头分析;三是廉政自查;四是警示教育;五是制度建设。

一是廉政教育。廉政教育主要包括传达廉政工作会议精神,这是每年都有的常规性工作,是必须要做的固定工作。还包括学习廉政文件、宣传清廉事迹、组织廉政参观活动、组织讨论腐败案例等。廉政教育的活动形式可以多样化,如长宁区法院执行庭的政治协理员徐红,每到节假日的时候,给庭里面的同事发一些廉政短信,提醒大家节假日别忘了廉政,我觉得这种形式特别好,很善意,同事之间收到这种短信会觉得很温暖。有的时候问题往往在一闪念之间发生,所以关键的时候有人提醒一下,对于防止一念之差也是有好处的。

二是苗头分析。苗头分析很重要,这不仅仅是监察室的事情,各个部门的负责人都应该高度重视苗头分析这个问题。针对廉政投诉、信访投诉等各种投诉,要及时进行类型化分析,特殊部门则要进行个案分析,特别是对于有些敏感案件,如果发现苗头,要引起高度重视。

三是廉政自查。要及时、如实填写廉政自查表。比如当月审判活动中是否存在打招呼、吃请送礼等情况,都要在台账中如实反映。这种廉政自查并非没有意义,也不是走形式,而是在提醒干警,既是一种警示,也是一种交流。针对廉政投诉情形,我们需要进一步去核实,找到本人了解情况。作为领导者,要特别注意下属廉政这一块,及时了解情况,做到干警全覆盖,从而对干警形成一种警示。

四是警示教育。我认为,警示教育不仅仅是法院监察室的提示谈话、提醒谈话或者警示谈话等，还包括领导同志对身边同志的适时提醒。我们都是党员同志，既是同事，又是朋友，相互提醒很有必要。虽然这与监察室的警示教育有所不同，但是作用也很明显，可以避免干警真的犯错误。

五是制度建设。做好廉政工作的台账，还需要加强相关制度建设。比如，我们现在的案件庭室讨论制度，参与讨论的干警，按照资历高低，逐个表态发言，并将发言情况记录在案。由于这已经成为一项制度，每个人都必须发表自己的意见，进行相应的表态，这对于查清问题很有帮助。我认为，可以考虑在案件庭室讨论制度的基础上，运用信息化技术，同步建立案件讨论情况备案留底制度。就是将讨论记录备案留底，并把它放到制度建设中，除了当场记录以外，还建立录音系统，真正做到全程留痕、有据可查。这对于事后查阅以及廉政建设，都具有非常重要的意义。这也要求我们把台账做得细一点、实一点。

（四）凝聚力工作

做好凝聚力工作包括哪些内容？

第一，经常性的沟通。主要是做好谈心工作，就法院这个单位而言，庭长、副庭长，政治协理员等都要学会做经常性的沟通工作，与干警多谈心，沟通思想，这是了解下属的一个很重要的方面。只有这样，才可能真正掌握干警的思想状态和内心活动。而且，每次沟通的过程都会让领导有所收获。所以，作为领导者，与下属保持经常性的沟通，是很重要的。

第二，关心慰问干警。我认为，关心慰问工作必须包括以下要点：

一是对生病人员的慰问。对于生病的同事、生活遭遇重大变故的同志，或者同事的父母、配偶等亲人生病或遭遇重大变故，领导者一定要放在心上，必须要进行慰问，这是原则性的工作。我们既可以去干警或者其家属住院的地方慰问，也可以直接去干警家里慰问，但是这个慰问工作一定要到位。

二是对退休同志的慰问。对退休同志的慰问，既包括对本部门退休同事的欢送和慰问，也包括对退休以后的同志的慰问。

三是日常性慰问。比如，对于辛苦加班的同事，我们坚持过来看看他们，这也是一种慰问。在当前干警收入难以有较大增长的情况下，这种精神层面的慰问尤其重要。又如，节假日期间的家访慰问，也是我们领导者需要放在心上的一项工作。

四是树立先进典型。对于身边涌现出来的好人好事，要通过各种形式予以弘扬。对于我们当中做得好的一些法官、干警，特别是对于任劳任怨的同志，我们应进行价值导向上的提倡。激励方法有很多，大到通过用人机制，干部晋升、职级晋升、审判员晋升等方面予以体现，小到日常会议的口头表扬。不要忽视小的激励方式对干警的影响，有时候法院领导对干警的一句表扬，就有可能给干警带来温暖，成为一种精神慰问。这一点我是深有体会的。记得我刚参加工作的时候，有一次上海市高级人民法院李国光副院长到我工作的民二庭（那个时候叫经济庭），由于庭长和审判长都不在，只有我一个人在庭里，李院长知道我刚从北京大学毕业分配到上海高院工作，并且跟他是校友，便给我布置任务，让我写几个案例，在接下来的新闻发布会上用。然后，我就利用周末时间加班写案例，周一把案例交给了他。他看了以后很高兴，说写得很好，可以在新闻发布会上派上用场。后来李院长将这件事告诉我们庭长，庭长在庭里面表扬了我。我至今仍然没有忘记这一次表扬，它给我传递出一种很正面的导向，一种推动力。

五是做好对遭遇挫折干警的思想工作。这也是凝聚力工程里面很重要的一个方面。一个同志遇到挫折的时候会有想法，这很正常，关键是在这个时候，我们领导者要对该同志有一个及时的反应，做好思想工作。

六是加强对书记员的思想工作。书记员是最容易被我们忽视的一个群体，也是法院中比较特殊的一个群体。当书记员碰到比较苦恼的事情，或者工作上不能顺应，精力上应付不过来的时候，我们要给予帮助，对其生活予以关心指导。在关心帮助书记员的时候，我们一定要摒弃狭隘的偏见。比如，书记员要参加各种考试，即便这种考试通过以后该书记员极有可能会离开长宁法院去寻求更好的发展，我们也一定要想办法去帮助他，我们要支持他通过努力去改变自己的命运，这应该成为长宁法院的一个原则性工作。只要干警依然留在我们法院一天,我们就要去关心他、帮助他。关于这一点,我们领导干部一定要态度鲜明,因为只有做到这一点,才能够将心比心,用我们的真心换取干警在长宁法院工作的用心,只有这样,干警才会努力为长宁法院工作,才会真正融入我们这个大家庭。如果我们换位思考,将书记员想成是我们的兄弟姐妹们,那么我们就能够更好地理解他想谋求更好发展的心理。特别是在当前法院面临诸多改革,前景还不是很明朗的情况下,对于书记员想离开法院谋求更好发展的意愿,我们应当尊重并予以支持。当然,我们也应当看到,当前的书记员制度会随着改革的推进而越来越好。比如,国外的书记官制以及由此衍生出来的书记员层级制,就比较成熟。国外法院里面的书记官相当于法院的副院长,他可以管理一百多人。其实整个法院人数就一百多人,法官一共不到十个,而书记官可以管理一百多个。这里面就是书记员层级制在发挥作用。在我国,法官实行的是阶梯制,辅助人员实行的是单线制,而在国外(如美国),法院法官是单线制,其他辅助人员则是阶梯制。国外的这种司法制度有其合理的一面,值得我们学习借鉴。我认为,随着改革试点的不断推进,我国的司法体制会日益完善。但是在完善之前,关心书记员,做好书记员的思想工作,也是一种精神层面的慰问,是我们增强凝聚力需要特别注意的一个方面。

第三,加强对新进人员的工作指导。对于新进人员而言,刚进法院的一个月、一个季度是最关键的一段时间,因此,我们要指导好新进人员的工作,做好月度、季度的总结回顾。我们在做台账的时候,要将对新进人员的工作指导,月度、季度总结回顾作为台账的一项内容。作为法院工作的过来人,我们要针对新进人员的初期工作表现,适时提出意见建议,切实帮助新进人员做好职业生涯的规划,引导好新进人员的个人发展,让新进人员尽快确立一个努力方向。

(五)审判作风管理

审判作风管理,我们既可以把它归类在队伍管理方面,也可以把它归类在审判管理中。审判作风管理中比较重要的一个内容就是做好对行为规范的督促检查工作，其中有几个具体的抓手：一是检查、抽查庭审的录音、录像。二是抽查一定数量案件的裁判文书。三是对信访来件逐个地检查分析。我们法院开发了信访软件系统，要求对于信访来信来件一律输入电脑，对于这些录入电脑的信访来信来件，我都逐一看过。从加强管理的角度而言，我认为，可以从这些信访来信来件中发现很多问题，发现我们管理中存在的很多不足。四是针对不规范和司法作风问题进行讲评，落实整改措施。上述四个抓手是我们台账里面必须要反映的内容，也是台账里面必须要去认真完成的工作。

（六）总结和计划

政治工作、检查工作、廉政工作以及新一年的工作打算等，我们既要有总结，也要有计划，并且如实将这些总结和计划反映在台账中。

二、审判管理台账

在法院中，审判管理活动非常重要，也需要通过台账的形式进行记录和反映。庭长、副庭长的台账既要与院长、分管院长的台账对接，又要与庭室组长、科长、审判长的台账对接，只有不同层次的台账之间能够实现无缝对接，那么审判管理中就可以层层落实。需要注意的是，我们在管理工作中，不可能穷尽所有的角落，但是可以将绝大部分的工作分门别类，归到台账里面。因此在做审判管理台账的时候，一方面是要考虑周全，确保大部分工作有账可查；另一方面要保持适度的灵活性，为临时性、随机性的工作留有余地。此外，在台账的时间段上，我们既要做好季度台账、月度台账，也要做好年度台账，通过具体的年度台账、季度台账和月度台账，将长远的目标、规划和任务逐步分解。职能部门在做台账的时候，要注重相互沟通，通过例会、工作讲评等形式定期交流情况，共同商量解决对策。需要明确的是，做台账本身不是目标，推动工作落实、提高执行力才是我们的目标，实现我们管理才是真正的目标。中层台账对工作目标予以明确，各个层面的干警的努力方向也就明确了。

具体来说，审判管理台账，重点需要做好九项工作：

■部门例会及工作讲评

■业务培训

■绩效管理

■案件管理

■审判思路管理

■案件检查及督促整改

■信访维稳

■精品案例

■书记员工作

（一）部门例会和工作讲评

作为法院中层领导，要进一步明确下属——审判长、执行长、中队长、科组长的职责，并且强化这些干部的职责意识。通过在自己的部门内组织部门例会，或者跨部门组织经验交流会，就如何当好审判长、执行长、中队长、科组长，如何更好地履职进行座谈交流。中层领导一定要把这一个层级的人员积极性调动起来，充分发挥审判长、执行长、中队长、科组长的模范示范作用。除此之外，还应利用部门例会这一平台，定期对案件质量和审判绩效进行讲评，有针对性地做好执法办案的总结工作，推动部门的审判工作。在对审判工作进行年度总结和拟订下一年计划时，作为中层领导者一定要下大力气立足本职，结合自己部门的特色，客观总结部门工作特色、存在的问题、改进的方向等内容，并在此基础上拟订下一年度的工作计划。

（二）业务培训

业务培训，包括业务学习、调解能力培训、裁判文书制作方法的培训、心理学技巧的培训、证据规则培训、庭审技巧的培训，等等。比如，针对新的法律、司法解释或者司法条线层面的最新解答，我们要抓紧时间组织学习，尽早让干警熟悉和理解法律法规内容，为以后准确适用法律提供基础。除此之外，我们还要及时关注最高人民法院有关审判方面的精神。比如，长宁法院民二庭有一个案子，被二审法院改判，仔细研究后发现，关于这个案子的法律适用问题，最高人民法院有篇文章曾经做过梳理，我们没有注意到，我们判决采纳的观点与最高人民法院的精神不一致。这说明，我们在业务培训上，还没有做到主动性和前瞻性。当前，法律修改和司法解释日益频繁，如果我们不抓紧时间学习，就有可能在审判实践中出现偏差。在业务学习方面，特别要提及的是心理学技巧的培训。近年来，长宁法院组织多名年轻干警去研修心理学课程，不少干警获得了国家二级心理咨询师资格证书，这是应予以肯定的。但是这种书本上的心理学，距离实践中的心理学、法庭上的心理学还有一段距离。要想在实践中准确地判断出当事人各种各样的心理，能够运用心理学的技巧进行谈判、接待、接访，将心理学知识和技巧运用到炉火纯青的程度，实际上还需要后续的进一步培训。我认为，我们干警在心理学技巧的运用上，仍然有巨大的进步空间。与心理学技巧相关的另一个问题是证据规则、庭审技巧。同一个案子，有些干警处理得很好，换作其他干警，可能就处理不好，为什么？我认为，这其中就涉及一个技巧的问题，这是需要我们反复研究、不断切磋的一个问题。就审判工作而言，证据规则和庭审技巧是相当重要的内容。证据规则是我们审判实践中的一大“软肋”，因为至今尚未研究清楚，所以学界和实务界争议很大，这就需要定期开展培训，统一大家的思路。庭审里面也有很多技巧，如何让当事人在庭审过程中情绪稳定，如何让庭审效率更高，如何快速固定诉求、固定主张、固定诉讼资料和证据材料，这些都需要技巧。实践中，有些案件长期未结案，就是因为不符合上述“三个固定”的要求，导致无法结案。“三个固定”无法确定，那么案件后续的鉴定等工作就无法开展。这里面也涉及很多技巧，这些技巧掌握以后，基本思路就有了，所以我们不能仅仅满足于埋头办案，还要对办案中的技巧进行提炼、总结，并不断地进行讲评、分析、培训。

（三）绩效管理

关于绩效管理，总体来说，长宁法院审判管理办公室已经建立了一套较为完善的工作机制，有序开展质量效率评估工作，院党组也定期听取数据分析的情况。但是放到各个业务庭层面，这个数据分析还未完全常态化,尚未形成一种长效机制。就业务庭这个层面而言,一般是针对一些异常指标进行临时性的动员,比如这个月院长提出某个业务庭信息输入差错率较高,那么这个业务庭领导就开个庭室会议动员,总体来说还不是很主动。我认为,应该将对质量效率评估的研判分析放在各个业务庭的层面进行。当然,这里面需要结合法院以及条线的目标管理考核制度,来制定本部门的考核方案,换言之,自己部门内部要形成一套考核方案。在此基础上,我认为还需要做到两点,来进一步做好绩效管理工作:一是个人绩效数据体系的建立。每个人都要建立自己的绩效数据体系,这是庭长在管理过程中的一套工具。通过这套工具,既可以反映出干警的工作情况和工作状态,也可以为庭长的管理、庭室内部讲评提供依据。当然,在个人绩效数据体系方面,数据采集一定要公平公正,不能厚此薄彼。二是个人绩效的反馈制度。绩效管理里面非常重要的一点,就是要有绩效反馈。很多时候之所以会出现不平衡,就是因为我们没有如实反馈个人的绩效数据。如实反馈个人的绩效数据,可以使个人的贡献程度与其应得的回报的匹配度一目了然,这有利于个人更好地认识到自己处于什么样的位置以及努力的方向,而这要给我们管理者提供了一个有力的抓手。更为重要的是,个人绩效的反馈制度,可以让个人的工作状态实现可视化。

(四)案件管理

案件管理又可以细分为以下内容:

首先是案件讨论会制度,包括审判长联席会议、庭室讨论会议,关于这一点,我们长宁法院各庭室都有一些探索。

其次是长期未结案的管理。我们很多部门都没有把长期未结案管理放到台账里面。因此,关于怎么管理长期未结案,我们有的庭长稍显被动,这是需要引起注意的。我认为,对于长期未结案管理,可以通过几个制度杠杆来加以解决。一是超期案件的口头预警制度。除了电脑上的网络预警以外,还需要有一个口头预警机制。在某种程度上,口头上的提醒,可能比网络提醒的效果更好。比如在每周例会或者每个月例会上,庭长适当将超期案件口头点出来,效果是不一样的。

二是超过3个月或4个月案件的催办汇报制度。对于超过3个月或4个月的案件，实践中要形成这样一种催办汇报制度：进行催办后，催办后先讨论，再超过多少月，应向分管院长汇报，再超过多少时间应向审判委员会汇报，或者直接向院长汇报。经过多个层面的预警、讨论、研判以后，仍然无法结案的，那就说明承办人没有动脑筋，或者内心没有真正想结案。

最后是几类特殊案件的管理。一是类案的管理。对同一类型案件的管理，处理不慎往往会引起批量的改判，这个在绩效考核数据上带来的不利效应是非常明显的。所以庭室负责人在遇到类案的时候一定要谨慎。二是涉群体性的案件。群体性案件，稍微处理不慎极易成为一个热点，马上成为全国聚焦点，所以对于涉群体性案件，我们要有高度的政治责任心，确保不出大问题。三是矛盾激化案件。凡矛盾激化案件，我们都要注意，要有维稳意识，信访意识，同时要有做预案的意识，预案要做得严密，确保矛盾激化案件妥善处理。四是鉴定审计、评估拍卖的管理。超12个月的案件里面大部分都涉及鉴定因素。这里面需要注意的是，我们事先要对鉴定评估的必要性进行审查，确定是否有必要送去鉴定。由于鉴定机构不具有法院处理证据事项的专业知识和业务经验，因此在移送鉴定的时候，我们要固定好送检材料，防止检材的补充、反复。当前我们国家的鉴定制度仍然存在一些问题，个别鉴定人员的责任心不强，法官与鉴定人员缺乏沟通，导致鉴定结论难以及时做出。这就要求我们加强鉴定管理。对此我提出两种方案：第一种方案是加强内在管理，让承办人自己加强管理。第二种方案，加强对鉴定工作的统一管理。根据自己本部门的工作情况来进行统一管理。比如，指定副庭长、庭长助理或者内勤等专人来进行鉴定管理，负责鉴定的联系、送检、催问、沟通等事宜，及时做好证据固定工作，必要时向鉴定人员说明法律规定，争取鉴定人员的配合。所有送去鉴定的案件和材料，都必须在专人处统一登记，统一管理，提高鉴定管理的规范性。

（五）审判思路管理

对审判思路的管理，要注意把握每个法官的特点，并在此基础上做相应的辅导。审判思路管理的前提是,要发现法官的审理思路存在什么问题。怎么发现?我认为有几个方法:一是通过改发案件发现。改判发回案件,是发现法官审判思路问题的一个重要途径。二是通过案件检查发现。三是通过裁判文书的检查发现。四是通过信访来件发现。五是在案件讨论中发现。平时讨论案件可以训练法官的思维方法,同时也可以从中发现法官审判思路上的欠缺。六是通过听取汇报案件发现。比如,我们在审判员晋升面试的时候,有一项内容是听取晋升人员汇报案件,这是很重要的一个考试内容,通过听取面试人的案件汇报,我们可以发现不同法官在思路上的差异特别明显。在我们的工作台账里面,一定要把厘清办案思路作为我们的一个工作重点,及时发现审判思路中存在的问题,花大力气来解决,庭长自己可以与副庭长、专业能力强的法官共同负责审判思路管理工作,一旦发现问题,要及时进行分析、讲评、专项培训,等等。

(六)案件检查及督促整改

具体的案件检查工作及督促整改涉及的事项比较多,但是也要通过台账的形式予以反映。在做这方面台账的时候,我建议将台账里面所有的事项区别开来,做成类别化清单。清单式有什么好处?清单式可以将每一件事情当作相对独立的事情去完成,这些相对独立的事项之间可以交由不同的人分开进行,更有利于利用人力资源。同时,对于已经完成和未完成的事项,可以做到一目了然,心中有数。中层领导做台账的时候一定要把台账做成清单式,一边是"账",另一边是进度检查情况和完成情况,后面是责任人,要以表格的形式呈现出来。案件检查工作及督促整改,包括但不限于:案件抽查、旁听案件、对上诉移送时间长的案件进行检查分析、对审理周期长的案件进行检查分析、庭审明察和录音录像抽查、结案均衡度检查以及代管款清理,等等,这些事项都应该成为中层领导审判管理主要的任务。

(七)信访维稳

中层领导干部要加强对信访维稳工作的总体分析,通过定期召开月度、季度工作例会的形式,针对信访来件里面反映出的问题,以及问题的原因进行分析、讲评。立案庭则要对全院的信访件情况进行分析、讲评,及时排查部门或全院有无矛盾激化案件或者涉群体性案件,并将该项工作在台账中予以反映,推动该项工作的常态化。现在我们国家维稳压力比较大,有问题是正常的,但是排摸问题是我们的责任,有问题而没有排摸出来,我们就要承担相应的责任。其中,排摸工作涉及信访案件的管理,突发事件、矛盾激化、群体性案件的预案,信息报送,特殊案件的协调等。要把这些具体的工作作为中层领导工作台账中的一项重要内容,从而提高我们信访工作的能力水平。

(八)精品案例

这是提高法院业务部门审判水平很重要的一项工作。精品案例是培养人才的有效载体。精品案例不仅可能被《最高人民法院公报》刊登,被最高人民法院的机关刊物《人民司法·案例》发表,被《人民法院报》《法制日报》等法制类媒体刊载,而且可能被选入高院的案例库,这对审判水平的提高都具有重要意义。同时,我们也要注意将精品案例与宣传法官结合起来,通过案例分析突出法官的专业色彩,或者在专业性的文章里面适当出现法官的名字,这也是一种宣传。我们也要立足于精品案例,从案例中进一步拓展理论研究,将案例与学术论文写作结合起来,提高审判理论研究的深度。

(九)书记员工作

书记员工作是法院工作中的重中之重。因此,这项工作也是中层管理台账中不可缺少的内容。一方面,要定期听取书记员对院、庭层面以及审判人员的意见,以及书记员自身的想法。另一方面,本着“严管厚爱”的原则,在关心书记员的情况下,也要定期检查书记员的工作,其中特别要关注对书记员归档情况、录音录像情况、信息输入情况、书记员与审判员的配合情况等的抽查。针对抽查中反映出来的问题和书记员技能培训考核中存在的问题,各业务部门会同书记员管理办公室要加强对书记员的培训,提高书记员的相关技能。这些项目都应在中层管理台账里面体现出来,需要中层管理者认真对待。

三、日常行政管理工作台账

具体包括以下内容:

■工作纪律及作息考勤

■法庭及调解室等管理

■办公场所管理及资产管理

■消防及安全

■规章制度

■工会及其他工作

四、调研、信息、法宣工作台账

具体包括以下内容:

■关注网络媒体

■关注新类型案件

■注意报送信息

■制订法宣工作计划

■定期总结法宣工作

■开展法宣工作讲评

五、其他工作台账

具体包括以下内容:

■加强对非审判人员的考核管理

■积极做好陪审员工作

■展开相关单位的维系工作

■与其他单位就本院工作要求进行沟通

■定期与横向部门之间的沟通联系,将需要反馈的问题及需求与其他部门协商

遗憾的是,上述这些涉及管理层面的内容,无论是我们的法院院长们还是我们的中层干部都缺乏系统的训练。这种状况直接影响到

了法院的整体管理水平，也是目前不同法院的管理表现出现极大差异的重要原因。这种管理方面的理论、知识和技巧，必须依靠系统的训练才能解决。一直以来，法院都比较注重法律专业方面的训练，而管理学方面的专业训练明显匮乏。即便是最近几年开始对中层干部进行管理学方面的培训，也仍然存在着三大问题：一是管理课程的设置缺乏系统性；二是针对院长的培训还太少，而在法院管理中，院长的管理水平是起决定性作用的；三是法院的管理要求尚未形成一个统一的标准体系。虽然这些年上海法院制定了一些绩效评估体系，上海高院每年也会向各法院发布工作要求，但是，从管理学层面上，从未提出过一套系统化的标准、要求及责任体系。由于既无具体的检查标准，又没有落实要求，更无事后的检查督促落实，因此，每年高院发布的工作要求，各个法院的落实情况存在较大差异。

长宁法院从2010年开始推行的中层干部管理台账，其实就是基于管理学角度的一个重要尝试。台账明确了：第一，作为一名中层干部所要完成的工作内容；第二，明确了每一类工作的质量标准；第三，明确了责任人；第四，是完成进度要求；第五，是检查督促落实情况。这样，我们的中层干部们就可以较为全面地理解、掌握自己的工作，而且任务分解层层落实，不会出现递减效应，更为重要的是，借助于中层干部的台账，实现了管理能力的可视化。

第三节　中层领导的岗位和管理责任

中层领导的岗位和管理责任，涉及两个方面内容。第一个是岗位责任，第二个是管理责任，或者是领导责任。这两个方面的问题关系到部门之间的均衡发展以及整个法院的管理水平，因而需要加以说明。

一、强化岗位责任

强化岗位责任，包括五个基本步骤：第一步，明确什么是责任；第二步，锁定责任人；第三步，锁定完成时间；第四步，确保责任能够完成；第五步，奖罚分明。[1]

二、强化管理责任

作为领导，到底怎样管理才算是管理好了？显然，现在法院的管理缺乏一个明显的标准。我在学习美国管理学大师彼得·德鲁克的管理学名著《管理：使命、责任、实务》一书的时候，他的一个经典论述给了我非常大的启发，那就是管理有三大目标：一是绩效；二是社会价值；三是人的培养。经过实践思考，我认为当前法院管理中还存在三个缺陷：一是三大目标旗帜不鲜明；二是没有分解目标，即每个方面的具体目标不明确，实践中很难落到实处；三是没有指出这三大目标实现的方法和路径。应该说，这与领导的管理责任有关。当前，领导的管理责任的定位还不够清晰，有些领导对下属价值观的引领还不够，或领导者的自我修炼仍有不足，因此，需要强化领导和管理责任。借鉴彼得·德鲁克的管理学理论，我认为，作为领导者，管理有三大目标。第一是绩效。对法院而言，就是高质高效的审结案件，法院审结案件有了质量和效率，也就有了绩效。第二是社会价值。同样以法院为例，不仅要公正高效的审结案件，还要让社会能够接受判决结果，向社会输出公平正义的社会价值，实现法律效果和社会效果的统一。第三是人的培养。在法院中也叫干警的成长。法院的领导者，在法院管理活动中，这三大目标缺一不可。

我认为，上述三大目标，最需要我们法院领导者关注的是第三个目标，即人的培养。培养法院的干警，让干警成长，应当包含在法院管理理念当中。当前，我们的法官管理中还存在一些问题，但这些反映出来的问题归根结底是干警的成长问题。在法院管理中，关于以人为本、以干警为本的理念还没有引起领导者足够的关注，这一定程度上与领导者的领导、管理责任定位模糊有关。

---

〔1〕 此部分内容详见第五章第二节。

法院干警的成长包括哪些内容？我认为，就对一个人成长而言，包含三个层面的内容。

第一个层面，专业知识的填补。应该承认，有些法官特别是年轻干警对很多概念把握不准，专业基础知识仍有所欠缺，这就需要加强培训，填补干警专业知识的不足。通过专业知识的填补，干警的专业能力和水平得到提升。当然，这属于干警成长中的最低层次。

第二个层面，思路的把握。在填补专业知识的基础上，还要进一步锻炼干警分析问题、解决问题的能力。比如，拿到一个案子之后，如何去破解案子中的难题，怎么去开展工作，这就是一种思路的把握。思路的把握，既包括工作思路的把握，也包括审判思路的把握，还包括研究思路的把握这一更高层次的内容。有人说，21 世纪真正的文盲不再是不认识字的人，而是不懂怎么学习的人。我认为这种观点很深刻，很有道理。如果没有思路，不懂怎么学习，认识字的人也同样可以成为文盲。一个人如果没有思路，就不知道如何学习，不知道如何提升自己，不知道如何破解问题，不知道解决某个问题需要掌握、梳理哪些信息，也就不知道如何高效地解决问题。这个才是真正的知识点，才是一种真正的学习能力、研究能力和破解问题的能力。所以，思路的把握是干警成长中相当重要的内容。

第三个层面，价值观的提升。法院领导怎么样才算是真正的关心干警？这是需要认真思考的一个问题。当前，法院案多人少矛盾比较突出，干警工作比较辛苦，作为领导者，经常关心下属，或者去有关部门为干警争取福利，这些都是重要的，但是这并不能从根本上解决问题，尤其是不能从根本上解决干警的成长问题。

我认为，从长远角度考虑，法院领导应该注重干警价值观的提升。价值观决定一个人的幸福感，影响一个人一生的成就。除了价值观以外，影响一个人幸福感和成就的，还有四个因素：一是执着的精神；二是激情；三是能力；四是尊重和关心。我认为，一个优秀的领导者，一定要对人性有深刻的认识，从影响人的成就感和幸福感的因素着手，提升下属的价值观。因此，从领导和管理的角度而言，需要做到：一是尊重下属；二是具有强大的价值观影响力；三是要提高下属的能力，要做教练型的领导；四是要督促下属形成执着的精神；五是点燃下属的激情。

第一，尊重下属。关于领导尊重下属，我认为需要注意以下几点：一是要真诚。领导跟下属在一起的时候，要坦诚相待，心中充满阳光。二是要平等。领导对待下属的态度一定不是居高临下、颐指气使，而应当将下属当成平等的对话主体。三是要了解下属。领导要尽量了解下属的思想、生活、工作状况。只有真正了解下属，才会发自内心的尊重下属。四是要信任下属。信任的力量是非常强大的，当你相信他能够完成一件什么事情的时候，他通常都能够完成。对一个人的信任是对他最大的尊重。为什么很多国家将搜身这种行为界定为一种很严重的行为，甚至通过立法来加以禁止？因为这里面涉及一种对人格的尊重和信任，随意搜身会破坏人与人之间的信任关系，破坏对人格的尊重。所以，很多国家为搜身设定了非常严格的条件，道理就在这里。领导管理中，也要充分信任下属，尊重下属的人格。五是要关心下属。通过看望、家访等形式关心下属。六是要关注。作为领导，要经常关注下属。这种关注会给下属信心和力量，让下属觉得领导就在身边支持着他。这也是很重要的。我以一个实际例子加以说明，我在长宁法院工作的时候，有次听说一个书记员归档工作来不及做，加班到凌晨，由于第二天还要加班，该名同志情绪上非常低落。我知道后，建议审判长留下来陪该名同志加班，审判长采纳了我的建议，留下来陪她加班，并且买了夜宵给她，那天晚上氛围就很愉快，然后该名同志主动提出让审判长回去，接下来一个人很快完成了归档工作。这是一个真实的案例。可以看到，该名同志两天加班的状况完全不一样，由于她知道有人在关注着她，感受到了尊重、平等，因而获得了工作上的动力。所以，不要忽视尊重下属带来的积极意义，而这些尊重下属的工作，需要法院里各位中层领导去付诸实施。又比如，长宁法院信访办主任滕道荣同志做工作很真诚。有一次他到上访户家里做工作，这个上访户本身听不进他说的话，但是她的婆婆听了以后，感受到了滕道荣同志的真诚,后来趁媳妇不在的时候,上访户的婆婆告诉滕道荣同志,她认为他讲得很有道理。我认为,她跟滕道荣同志说这句话的时候,是因为她接收到了滕道荣同志身上的那种真诚的信息。这也给我们领导对待下属提供了生动的启示,领导对下属一定要真诚,要发自内心的尊重下属。

其实,管理理念并没有什么特殊的秘诀,也没有很复杂的东西。关于这一点,我联想到通用电气(GE)董事长兼 CEO 杰克·韦尔奇[1]说过的话。有一次他到中国来开讲座,中国的很多大企业家也去参加,后来中国的企业家问他成功的秘诀,杰克·韦尔奇说其实秘诀很简单,然后说了几点。大致意思是:热爱为你工作的人,对他们负责,亲自培训他们,尽全力调动他们的积极性;倾听员工的想法,并给他们以尊严,取得成果,立刻庆祝。听了杰克·韦尔奇的回答,中国的企业家都很失望,认为这些都是常识性的东西,没有什么新意。我认为,杰克·韦尔奇说的几点内容,看似平常,但是作为管理者,要真正将它们付诸实际行动,则需要花费大量精力。因为,在管理中起决定性作用的,并非方法、原则、技术等方面,而是管理者的理念、管理者思想和内心的意愿。领导者秉持一种什么样的心态,领导者是否真正发自内心的关心、尊重下属,才是最为关键的。只有管理者真正尊重被管理者,掌握被管理者每个人的心理状态,走进被管理者的心灵世界,管理活动才会获得被管理者的认同,管理才会走向成功。

第二,具有强大的价值观影响力。为什么说提升价值观很重要?因为价值观是一种人生态度,有什么样的价值观,才会有什么样的行为;有什么样的行为,才会有什么样的习惯;有什么样的习惯,就会有什么样的性格;有什么样的性格就会有什么样的命运。简言之,价值观决定行为,行为决定习惯,习惯决定性格,性格决定命运,这是一个简单的逻辑链条,但对于领导、管理活动而言却是非常重要的内容。

---

〔1〕 杰克·韦尔奇,这位美国商界的传奇人物,在短短 20 年间,使 GE 的市场资本增长 30 多倍,排名从世界第十提升到第一。杰克·韦尔奇培养出了多个弟子,分别在多个世界五百强企业里面担任 CEO,可以说,杰克·韦尔奇是管理方面的大师级人物。

优秀的领导者，一定要把注意力放在提升下属价值观的层面。领导者要具备强大的价值观影响力，去引导下属的价值观，改变下属的价值观，进而改变下属的主观世界。这也是强化中层领导管理责任非常必要的内容。在中层领导的价值观引领下，完全可以让法院干警愉快地工作，把乐观向上的人生态度带回家，进而影响自己的家人和子女，形成一种积极的惯性力量。判断中层领导的领导力水平，核心就体现在对下属的价值观影响力上。所以也可以说，价值观影响力是领导力的核心。领导对下属的价值观影响，直接决定了下属的工作态度，而工作态度是人生态度的体现，人生态度反过来影响生活形态，各个方面相互影响。当然，作为领导者而言，也需要不断地超越自己，不断地给自己提出挑战，不断地提升自己的价值观，并且一定要想办法影响我们干警的价值观。

那么，对于领导和管理而言，如何才能够具有强大的价值观影响力？我认为，一是要加强学习。一方面要注重言传身教。言传是我们价值观影响力的一个很重要的方面。共青团上海市委在评选十大杰出青年的时候，[1]除了书面考察以外，还有一个重要的内容，就是候选人要面对评委进行两分钟的简短演讲。我认为这是有道理的，因为作为青年领袖，要去影响别人，当然需要将自己的事迹说出来。领导要具有强大的价值观影响力，也应该注重言传方面的学习，针对性地开展相关训练，比如，可以邀请专家学者授课。另一方面，要进行大量的阅读。当前，很多领导没有养成读书的习惯，就算读书也是“蜻蜓点水”，我认为这是需要改进的。实际上，通过阅读大量的经典著作，对于提升领导的价值观，进而发挥价值观影响力具有重要意义。可以说，阅读是领导自我提升、自我改造，提高自己思想境界的一个很有效的渠道。二是要持续性地以身作则。管理的核心，是自我管理。情绪

---

〔1〕“上海市十大杰出青年”，是由共青团上海市委员会、上海市青年联合会、上海市精神文明建设委员会办公室、《解放日报》、上海杰出青年协会、上海青少年发展基金会共同举办的评选活动，用以表彰不同领域的领军人物所做出的出类拔萃的骄人业绩。评选活动每年举办一次，每次最终评选出十名杰出青年。

是有感染力的,作为领导,自己的言行不仅仅是个人的,或多或少会对下属的情绪和工作氛围产生某种影响。领导要以身作则,用自己的人生态度去影响别人,用自己乐观豁达的心态去影响下属,用自己积极向上的精神状态去影响下属,从而营造积极向上、斗志昂扬、活泼阳光的氛围。

接下来需要讨论的问题是,领导如何实现价值观的影响力?我认为,还要有一些具体的方式。关于这一点,长宁法院有些业务庭就做得比较好。比如,民一庭、民二庭的领导与干警的定期谈话。我认为这是很人性化的一个举措,值得提倡,下一步可以考虑将这种做法上升到制度层面,建立相应的制度,上升到法院日常管理中。概括而言,领导实现价值观的影响力,主要有以下几种方式:一是与下属谈话。鼓励下属袒露心声,这里面要注意的是谈话的私密性,注重保护下属的隐私。二是帮助下属分析问题。帮助下属把他们遇到的问题、困难分析清楚。三是帮助下属找出解决问题的答案。领导一定要用个人的行为去影响下属,对下属进行问题辅导,这是一种"个人辅导",帮助下属找出解决问题的答案。当然,无论是与下属谈话,还是帮助下属分析问题,抑或是帮助下属解决问题,都需要用到前面提到的"武器"——真诚,因为价值观的影响是相对抽象的,没有办法规则化的,只能进行体会。所以,只有真诚,才可以取得下属的信任,进而获得下属的认同。

第三,提高下属的能力。提高下属的能力是优秀领导的一个重要品质。提高下属的能力,要求领导成为教练型的领导。首先,领导要掌握下属工作的基本状况,做到心中有数。其次,领导要发现下属工作中存在的问题和不足,下属有些什么问题,有些什么不足,领导要"看得见"。再次,领导要发现下属工作问题的原因。最后,领导要帮助下属分析原因,帮助下属制定对策和措施,引导下属逐步实施改进措施,直到出现最后的成果。概括而言,领导对下属要做到"原因看得见""问题看得见""状况看得见""结果看得见"。通过四个"看得见",从根本上帮助下属解决问题,下属的能力就会得到提升。

在提高下属能力上,我认为还需要注意四个细节性问题:一是要将提高下属能力与激发下属的积极性结合起来。有的时候,下属并不是没有相应的能力,而是领导没有在适当的时机激发出他的能力。可以肯定的是,我们领导在提高下属的能力与激发下属积极性方面,仍有进一步拓展的空间。二是提升能力要因人而异。提高下属能力要因人而异,不能千篇一律,对所有下属采用同一种能力提升方法,要结合下属个人的兴趣爱好、性格特点等个性化进行能力培养。三是要注意循序渐进,把握细节。下属能力的提升,绝不是一蹴而就的事情,而应该掌握方法,张弛有度,循序渐进。特别是在安排下属从事重要事情,或者该事情是下属第一次接触的时候,要特别注意步骤,做好全程的跟踪辅导,防止因工作任务困难而对下属的自信心造成打击。我举个例子加以说明。比如领导安排下属去其他单位讲课,如果该下属系第一次接触这样的工作,那么,领导就有责任、义务来帮助该下属做好充分的准备。具体而言,领导应该指导该下属制作讲课提纲、撰写讲稿、修改讲课内容、组织小范围试讲,并将讲课时间、节奏和语速等细节问题提出意见建议。因此,领导提升下属的能力并非简单的工作,而需要花费大量时间、精力。只有这样,下属的能力才会真正得到提升。四是要做好规划。下属能力的提升,不是一次性就可以完成的。如果 20 年以后下属在业务上、能力上的水平与 20 年前没有差别,这是领导的责任。领导一定要强化责任意识,不断为下属创造机会、平台,要着眼于下属的职业生涯,在不同的阶段提升不同的能力,确保下属的能力处于螺旋式上升的过程。

第四,督促下属形成执着的精神。〔1〕

第五,点燃下属的激情。领导怎么点燃下属的激情?我认为,一是领导自己要有激情。领导无论是在工作上还是日常的管理活动中,都要保持激情状态。二是要及时肯定下属的点滴进步。领导要及时发现下属工作中的点滴进步,并像杰克·韦尔奇说的那样,“看到成

〔1〕　未查到相应资料进行补充。

功,立刻庆祝”。比如,开瓶香槟,等等。这会让下属立即获得成就感,让下属充满成功的喜悦,也让下属的工作更有激情。三是要帮助下属完成自我超越。一般来说,通过下属自己完成自我超越,自己激发工作热情,有一定难度。作为领导,就要帮助下属做到这个事情,帮助下属实现自我超越,不断地提升下属的精神境界,从而帮助下属成为一个更成功的人。在经历过几次成功以后,下属可能会不断地对自己提出新要求,从而树立了信心,进入一个更为成功的境界。

第十章　可视力管理在执行流程改革中的实证

第一节　传统执行模式为什么需要改革

一、执行到底难不难

“执行难”是长期制约司法公信力的“瓶颈”问题。这个问题不仅在于民众感觉执行难，觉得胜诉权益无法得到有效的保护，而且在于法官自身也深刻体会到执行难。但二者感知的难并不相同。当事人说执行难，说法官执行不到位。法官说执行难，说不是不到位，而是被执行人没钱。于是，“执行难”就成为看不清楚的问题。

那么，“执行难”到底有多难？要想让问题看得见，首先可以采用抽样调查法。我曾经专门调阅抽查了106件执行中止案件，因为执行中止案件往往是群众投诉比较集中的领域。

（一）对106件执行中止案件的简单分析

本次共抽查了106件执行中止案件，其中被执行人为公司企业的共42件，被执行人为个人的共64件。在106件执行中止案中，除19件无大的问题外，其余均存在文书差错、告知不规范、后续事宜有待跟进、执行不力或措施未穷尽的情形，其中近半案件存在现有执行措施未穷尽的问题。

1. 告知不规范

告知不到位，可能影响申请人的权利实现。有的简单告知中止，对中止的后续跟进措施、将来执行方向、执行线索提供等未向被执行人充分告知，可能影响其今后权益实现。

2. 后续事宜有待跟进

后续跟进要进行动态控制。有些案件中止了还有恢复执行的可能,不能只要申请人不申请恢复执行,就让这些中止执行案一直处于"休眠"状态,需要进行动态控制,发现有执行可能的,要及时跟进,尽最大可能尽早实现当事人的合法权益。

3. 执行措施未穷尽

(1)在 87 件有问题案件中,除涉文书差错 16 件,涉告知不到位、不规范的 14 件,涉及后续跟进问题 6 件,涉及审执兼顾问题 3 件外,剩余 48 件均涉及执行不力或执行措施未穷尽的情形。被执行人为公司的案件,执行措施未穷尽主要表现为三个方面:一是公司下落的查明,如原被执行人办公地或登记地现为其他公司,但两公司间的关系未查明;对公司下落未询问相关人员。二是公司出资情况、股东情况,对公司出资是否到位、股东应否承担相应责任未调查。三是公司财务状况、银行账户变动情况,有的公司上一年度尚有千万资产,但执行时已无财产,原因未予查明,有的银行账户上存款为零,但此前变动情况不知。综合上述几种情况,一方面体现出部分案件执行工作中简单化操作,只要到公司登记地、办公地查不到被执行人就告知公司下落不明,没有去做更多的调查;另一方面也体现了对涉公司执行案件的执行理念有待改进,只要查询公司银行账户中无财产就告知公司无财产可供执行,注重公司目前的静态状态,而对公司的"前世今生"关注不够。这种情况的背后不排除某种为了快速结案追求中止的嫌疑。

(2)被执行人为个人的案件,执行措施未穷尽主要表现为两个方面:一是对房屋的执行还有待进一步更新理念,有的对房屋状况未查,有的查到仅有一套房屋未作是否可以以"大"换"小"的评估,还有的查到了两套房屋为何还是不能执行也未明确原因;二是对个人债务还是家庭共同债务关注不够,对被执行人的婚姻状况、家庭成员状况等关注不够。

执行中止是否过多、过滥?如何加强执行中止案件的控制?抽查的 106 件执行中止案件,基本都有当事人延期执行的申请,但是否仅有申请就可中止？更何况这种申请的自愿性与被动性的衡量，也是值得考虑的。恐怕其中有相当部分案件，执行难度可能比较大，执行法官迫于结案考核、执行效率，草草地让当事人写个申请，以中止了事。

（二）执行中止问题的原因分析

执行中止，是指执行程序开始后，因出现不能继续执行的特殊情况而暂时停止对法律文书的执行。其中发生最多的就是经查被执行人确无财产可供执行，执行法官经过调查后认为无财产可供执行而裁定暂停执行的案件。

执行中止问题的原因分析主要有以下几点：

一是权力配置过大。执行全过程中，涉及财产调查、财产扣押、评估、拍卖变现、执行款物发放等一系列权力。这些权力具有高度的自主性。以财产调查权为例，执行法官调查哪些财产线索点、找什么人调查、如何调查、调查深度、调查效率（早一天还是晚一天开始调查即存在较大反差）等内容。传统执行模式将所有这些权力都交由执行法官一人说了算。由于案件数量众多，权力的行使难以监督。

二是调查点过多，调查效率低。一般来说，对于被执行人为个人的案件，其调查工作一般涉及被执行人的房产、车辆、证券、社保人事、银行、出入境信息；而对被执行人为企业的，则主要是工商、银行、车辆、房产信息、股东等信息。若个案法官"单兵作战"调查所有的信息点，人力物力资源消耗必然十分巨大且效率低下。

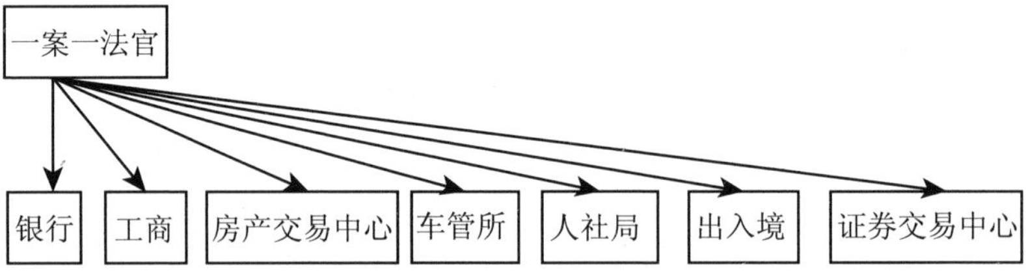

图 10－1　法官调查点示意图

三是工作环节过多，容易顾此失彼。在一名法官包办了执行财产调查、被执行人下落寻找、财产控制、变现等事宜时，一旦时间节点控制不足就容易顾此失彼，部分案件没有及时采取控制措施以致失去了执行时机等。

四是信息不公开，难以监督。由于执行过程中的相关信息不向当事人公开，因而造成执行信息不对称，申请执行人难以了解执行调查、扣押、变现等情况，难以监督。执行过程中的大量投诉，也是源于此。执行信息不仅不向当事人公开，而且向执行管理者的公开也做得比较差。因为法官调查的具体情况只是存在于自己的卷宗甚至自己的脑子里，许多信息没有留下痕迹。即使在执行信息化系统中设置了相关信息点，也由于多方面的原因造成信息不全、不及时。管理者对执行案件中的相关信息掌握不到位，自然也就产生了关键环节看不见的问题。

二、对传统执行模式的分析

传统的执行流程管理模式沿用“一人一案”的做法，由一名承办法官对案件负责到底，既是执行员，也是调查员，要负责执行财产查控等执行事务的具体实施，同时，又是裁判员，还要负责处理案外人异议、中止执行等裁决事项。

“一人一案”的管理模式，权责明确，易于考核，旨在加强执行法官的责任意识，加强执行力。但这一制度设计的实践效果并不理想，执行法官尽管在提高执行效率和效果方面做出了很多努力，但付出与获得的评价存在一定的差距，涉及执行工作的群众来信来访现象也比较突出。传统执行模式存在哪些问题？执行实施权在我国当下的司法实践中仍然“过于强大”，弊端也十分明显：

1. 执行工作的专业化程度不高

具体工作中，执行法官专业能力不强，履行岗位职责的专业化能力有待提升。例如，部分案件中依职权需要调查的事项调查不够全面、深入，执行接待缺乏艺术化处理方法，专业性较强的调查难以到位。

2. 执行行为的规范化程度不高

一是执行工作缺乏相应的制度化建设，没有形成相应的落实机制、责任机制。二是对一些关键环节、重要环节缺乏细化的工作规范仍存在较大的随意性，如执行拍卖中的拍卖底价的确定等。三是时间节点的控制不足，案件的结案周期较长，部分案件没有及时采取财产查控措施以致失去执行时机。

3. 执行工作的标准化程度不高

在执行工作的进度管理上，缺乏针对财产查控等具体执行环节的时间标准；在执行力度管理上，缺乏查控财产的类别标准；在处置方式上，因人而异，致使案件的法律效果和社会效果不甚理想；在个案管理上，缺乏进度管理及事务分类管理制度。

4. 执行程序的公开化程度不高

执行法官开展的具体工作无法及时反馈给当事人，当事人掌握的信息也无法及时传递给法官，不仅不利于案件的执行，还容易引发当事人的不利猜想。这也是法院涉及执行工作的投诉居高不下的重要原因。

5. 执行程序的监督程度不高

监督存在六个难点：

一是权力分散监督难。案件从接待开始，经过财产调查和控制、财产评估、拍卖变现，一直到款项发还等环节，所有环节的工作由承办法官独立负责。几乎每个环节都涉及巨大的执行权力的行使。由于这些权力分散于各承办人，再加上承办人与当事人之间的单独接触机会增加，廉政风险增大，监督难度加大。

二是调查结果核实难。查控执行财产这一核心工作基本上由承办人一人完成，调查的广度和深度主要取决于执行法官的责任心，但因法院领导和当事人缺乏相关的比对信息，难以对其调查结果进行核实、监督。

三是合议研判决策难。对于少数案件以及执行异议等重要问题，虽要求合议庭合议，但合议庭成员实际上很少能真正介入到案件的执行过程中去，研判结论也往往取决于承办人个人提供的信息，合议监督流于形式。

四是主体单一执行难。强制执行措施的提出和实施以执行法官个人为主，因此，执行法官能力不足等客观原因，或者是畏难情绪、执行懈怠等主观原因都可能导致执行难、执行拖延。监督者很难对这些主、客观原因作出甄别，也难以实施有效的监督。

五是信息“垄断”反馈难。执行案件第一手信息基本由执行法官采集和掌握，领导、当事人等能否及时、全面地得到这些执行信息，基本取决于执行法官的个人意愿或责任心。这种执行信息的“垄断”，导致监督难以展开。

六是动态执行管控难。调查财产和现场执行均由承办人承担的分工模式，导致执行法官“坐班率”低，一方面不利于法院管理监督，另一方面又容易因“找法官难”引发当事人不满甚至投诉。

第二节　执行流程应该如何改革

分段执行解决了传统模式的办案弊端，但是，分段式执行流程在实践运作中却存在管理手段滞后的困惑，主要体现在案件跟踪难、效率控制难、质量评估难、有效监管难、执行干部个人业绩考核难。五大难题的解决与否是分段执行流程改革能否坚持的关键，也是制约分段式执行流程改革的“瓶颈”。分段式执行模式涉及当事人接待、财产查控、财产处分和强制措施的实施，使执行人员在完成上述工作时因分工不同，有的是坐堂接待、有的需要经常外出，执行工作呈现工作内容的多元性、工作属性的机动性、执行人员的分散性和考核管理的复杂性，在管理上存在较多的难题和盲点。科学、有序地对执行工作进行高效管理是当前人民法院在执行工作中面临的重大课题，全国各地法院也在进行执行流程管理模式改革的探索，而管理手段的跟进是坚持分段执行的关键，用科学手段进行管理是分段式执行流程的监管利器。

一、执行流程改革的基本原则

执行工作的上述问题具有一定的普遍性。执行流程改革成为法院的必然选择，如北京市第二中级人民法院的分段集约化执行工作机制、成都中院的以“执行权层级管理”为主线的“分段集约执行”模式、山东省烟台市芝罘区人民法院建立的以节点控制为抓手的分段集约机制等。在总结经验，借鉴他人做法的基础上，我们对改革应当实现的目标有了更加清晰的认识：首先，必须对执行权进行合理分解并形成执行实施、执行决策等权力之间的相互制约；其次，必须通过制度建设、机制建设实现分解后执行权的专业化、规范化；最后，必须让廉政监督力量渗透到执行工作的基本环节、重点环节。执行流程改革理论依据主要有以下三点内容：(1)执行实施权因“过于强大难以监督管理”必须进行再分解后由不同的执行人员分阶段运作；(2)基于“团队的力量要远远优于个人”，采用管理学中的“流水线”作业的原理，实行“不同人员分阶段负责案件执行工作的某一部分工作”；(3)保障当事人的充分知情权。

基于以上认识，确定了执行流程管理改革的四个基本原则：

一是权力规范原则。执行的命令权、与执行实施的有机分离使执行实施过程形成真正的相互制约。通过将执行命令权由以往的承办法官个人掌握交由专门的决策机构负责，在一定程度上防范滥用执行权和利用执行权谋取不正当利益等行为的发生。

二是效率(集约)原则。实行以执行组为执行单位的做法，既便于集思广益制定较为周密的执行预案，弥补个人执行而造成的执行思路不够缜密、个人力量的单薄及执行过程中突发事件应对难的问题，同时又提高了执行效率，对批量密集性、重复性工作有突出作用。

三是专业化原则。工作流程的标准化分工，促进了职业化程度的提高。阶段化的分工使每个执行小组只负责某段执行工作，每阶段又设置具体的工作要求，执行人员易于掌握相应的执行技能，提高工作熟练度，工作质量较高。

四是可视化原则。“公开透明”“规范执行”是人民法院在执行工作中追求的一贯主题。规范公开能够保证执行权正常运行，对执行人员形成强有力的约束机制，使当事人真正有效地参与到执行中，促进全社会对执行工作的监督和理解。执行流程改革即以“视觉化”“透明化”“界限化”为宗旨，突出分段集约、分权制衡的特点，提升了执行流程的规范性和透明度。使执行管理要求“看得见”，执行薄弱环节“看得见”，问题解决方法“看得见”，执行人员成长“看得见”。

二、改革后的管理模式——分段式执行流程

2008 年年初上海长宁法院按照分权制衡的核心理念对案件的执行过程进行了流程再造，主要内容是：打破一个案件由一个承办人办理的模式，由多人或多个执行组在案件执行流程中分别对某一环节负责，最后经庭长、院长，审批后完成结案。具体而言，将执行程序划分为执行接待阶段、财产查控阶段、执行研判阶段、强制执行阶段，由相应的执行接待组、财产查控组、执行研判组和强制执行组负责不同执行阶段的执行工作。在各自的流程环节各司其职。每个执行环节的具体工作均有相应的工作标准，按照工作标准完成本阶段所有工作事项后，才能将案件移交下一工作环节。各阶段的工作交接实行登记备案，各执行环节贯彻相互协作、相互配合以及分权制约的原则。这种执行模式颠覆了以往的“一人一案”执行模式。

三、流程改革配套的五项基本制度

（一）形成固定人员接待当事人制度

设置执行接待组负责向申请执行人询问、告知执行情况，向被执行人发送财产申报表、核实其履行能力及财产状况，发现被执行人有可供执行的存款、房地产、车辆时，制作相应法律文书，移交财产查控组进行财产控制事项。接待时，承办人首先要查明案件的申请执行情况，询问债权人是否能提供债务人可供执行的财产线索，并告知如其不能提供，本院将依职权进行调查以查明其履行能力及财产状况。在以后的执行过程中，执行接待组还要负责反馈法院查明的债务人财产状况。

这样就可以避免当事人找不到执行法官而投诉执行作风的问题，

同时也可以将执行工作进展状况及时告知债权人，如果债权人提供了新的财产线索，可以由财产查控组进行补充调查。这样就使债权人可以及时地了解法院在执行程序中做了哪些调查工作、执行的进展情况，真正实现执行程序的公开透明。

（二）强化和扩充财产查控工作

在执行庭内设置专门的财产查控组。在案件经过执行接待后，交由财产查控组负责对案件所有需要查明的相关事实进行全面调查，并根据案件的具体情况对被执行人的银行存款、证券投资采取相应的划拨、冻结措施，对被执行人的房地产、机动车辆、股权予以查封或冻结。由于财产查控组承担了全庭几乎所有的调查工作，并至迟在收案的一个月后掌握被执行人的履行能力和财产情况，这样负责执行案件决策的执行组就能够较为正确地把握案件的执行走向，作出正确的研判结论。

（三）建立与案件流程相匹配的动态研判管理制度

在财产查控组查明被执行人的履行能力和财产情况后，案件将进入执行研判阶段。该阶段由执行研判组以合议庭评议的方式行使执行命令权，负责把握执行案件的结案导向，根据已经查明的案件相关事实作出研判结论，并根据具体情况将有继续执行可能的案件交由强制执行组负责具体的执行；将没有继续执行可能的案件移送至执行接待组，由执行接待组告知申请执行人执行进展情况后，分别以中止执行或执结执行的方式报结案件；或者根据案件的具体情况，需要对特定的事实予以查明的，则指令财产查控组在规定的期限内完成补充调查。遇有无法解决的疑难问题，将案件向院审判委员会汇报后，根据审判委员会的结论，督促相应的执行组在规定期限内完成相应的具体工作。

（四）建立以执行组为单位的强制执行制度

执行程序中的执行措施分为两种：一种是间接执行，即不与被执行人进行接触即可操作，如查封房产、冻结银行存款等；另一种是直接执行，即与被执行人或相关权利人进行接触，如搜查、扣押、强制拆除等,采取这类措施时,被执行人存在一定的对抗性。对于这类案件,在没有法警的配合以及相应后续执行手段的情况下,仅仅由两名执行人员完成该类执行措施就显得苍白无力,同时也容易让执行人员产生畏难情绪。因此,应摒除以承办人个人为单位进行执行的做法,而应代之以以执行组为执行单位并辅之以法警进行强制执行。以执行组相对集中地采取执行措施有如下几方面的优势:(1)采取重大执行措施时,必须进行合议并制作执行预案,以执行组为单位进行执行后,便于合议并制定执行预案;(2)集中执行便于法警队安排警力;(3)在执行现场,由于执行人员及法警的数量较多,对于执行过程中的突发事件就可以从容处置,同时由于人员数量众多会对被执行人的心理上造成一定的威慑。

(五)建立专门的案件执行督导制度

为了防止由于工作懈怠造成的案件执行过程中某一工作阶段的拖沓现象,除了在工作制度上明确各个执行流程的岗位职责和阶段性工作目标外,还需抽调政治素质良好和精通执行业务的人员设立一个专门的执行案件质量督导小组。执行庭负责人一旦在流程管理中的发现前述情况,即指令该小组调取具体案件在规定期限内完成相应的工作,事后再行追究具体出现工作问题的某一环节的工作责任。这样保障整个执行流程除了在工作制度上有制约,还有专门的监督机构进行监督制约,以保障案件的执行流程能够顺畅运行。

流程改革通过权力分解实现了执行监督的可视化,同时由于执行法官专司流程中的某项具体工作,也提高了执行的专业化。在该流程模式下,法院对执行中的当事人接待、财产查控、强制执行等环节还进行了集约化的操作。例如案件执行,涉及银行、房产、证券、车辆、工商、当事人住地、居委会等八个方面的调查,通过对上述八个方面调查来查明被执行人的财产线索,而过去,这些调查点,每位法官在每个案件中都要自己去跑一遍,调查工作量极大,调查效率也特别低,现在将这些工作都采取集约化的调查方式,每一种财产线索都由专人负责,一次可以集中完成大量调查,避免了大量的重复劳动,提高了执行效率。按照流程分工设计的这种分段执行模式相较于传统模式，在管理模式上是有着质的变化，执行庭长跟踪执行案件的整个执行过程直至结案，是按照分段程序实施全程动态化管理。

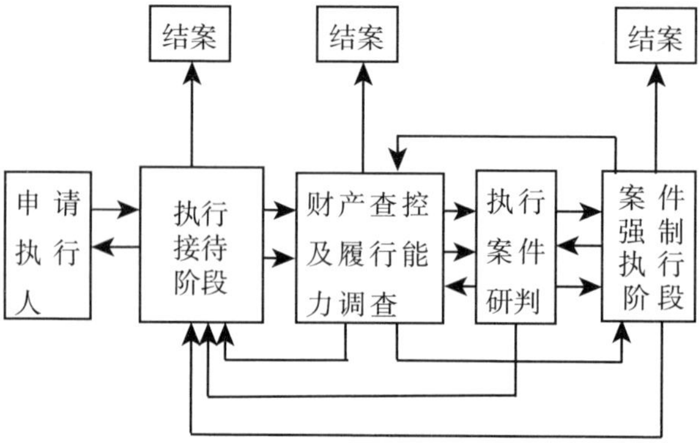

图 10－2　分段执行的示意图

四、新执行模式遇到了两大核心难点

实施执行流程改革后，长宁法院在各项执行数据上都取得了显著提升，执行流程化改革优势明显，但也同时遇到了“瓶颈”：

其一，流转环节监控难。上海高院的信息化管理软件是根据“一案一人”的传统办案模式设计的，而阶段化案件办理后，案件签收、流转、办理都无法依靠原有软件进行管理，案件在谁手上、案件在哪个阶段、案件处于何种状态都有失控的倾向。管理者对各个流程环节及案件在每个环节之间的流转难以监控，案件在流转中容易陷入真空状态，流转效率也比较低。如何管好案子、管好人是新执行模式遇到的第一个问题。

其二，工作绩效考核难。阶段化的分权运作导致工作绩效考核的困难，从而在一定程度上会影响到执行人员的工作积极性。传统的执行模式是一人包案，考核是简单的“计件式”，但分段执行模式是按照事务来进行分工，如果仍然采用按件计算的方法考核，那么执行接待、财产查控、强制执行等各个环节就无法进行考核了。因此，如何对各流程环节实现有效监控，如何制定适用于分段流程模式下的绩效考核方法就成为执行流程改革能否成功的关键。其实,这也是很多法院执行流程改革中久攻不下的难题。

为此,长宁法院启动了执行流程信息化介入工程,将“制度+科技”的理念植入分段流程管理中,研发了执行流程信息管理软件,通过信息技术的运用实现对执行流程的实时、有效、全面管理和监控。

第三节　运用信息化实现执行流程的“可视化”

要将改革进行到底,需要解决改革可能遇到的各种内外难题,通过开发信息化管理系统,长宁法院实现了对执行流程的监控与绩效考核的全面可视化。执行流程信息管理软件通过新技术的运用进一步提高了执行效率,也为更直观了解流程运转情况、完善新模式中各个执行环节的绩效考核管理提供了条件。

长宁法院开发的执行流程管理信息化系统,包括流程管理、办案操作、流程日志、绩效考核和数据维护五大子系统。尤其对分段工作的考核与统计采用了“平衡计分卡”理论,根据各个阶段的工作特性将其考核管理项目分解为数量指标、效率指标和质量指标,每一指标中再设计具体的量化分值。通过计分量化转分值的考核,真正实现对分段式集约化执行流程管理模式下的科学考核。同时,这套软件系统还涵盖了分段执行各个流程工作标准所对应的其他考核信息点,包括制作执行文书、制作接待笔录,查控信息输入等都在系统中有相应的模块。法官完成自己辖段执行工作的同时,绩效信息随即自动生成。

这套软件实现了执行绩效的可视化。软件对所有的执行信息点都进行了跟踪记录,对各种数据都进行了跟踪统计,各个流程的工作情况可以“一键式”生成统计报表和质量评估。这样不但让执行流程运转更加流畅,也让各个阶段中执行人员的工作成绩一目了然。

一、流程管理

流程管理界面是根据各级管理权限设置的案件分配、工作进程和案件收、结、存情况的管理平台。通过工作台这一界面,院、庭管理者可对于任一阶段进行管理,使整个执行过程包括案件的审理情况、财产查控情况、执行案件受理情况、案件分配情况、某一案件具体进展情况、执行人员已经完成的工作进度和工作周期一目了然。同时,流程管理界面设置了节点和周期管理预警提示,可实现对执行案件的流程动态管理。(见图 10-3 ~ 图 10-4)。

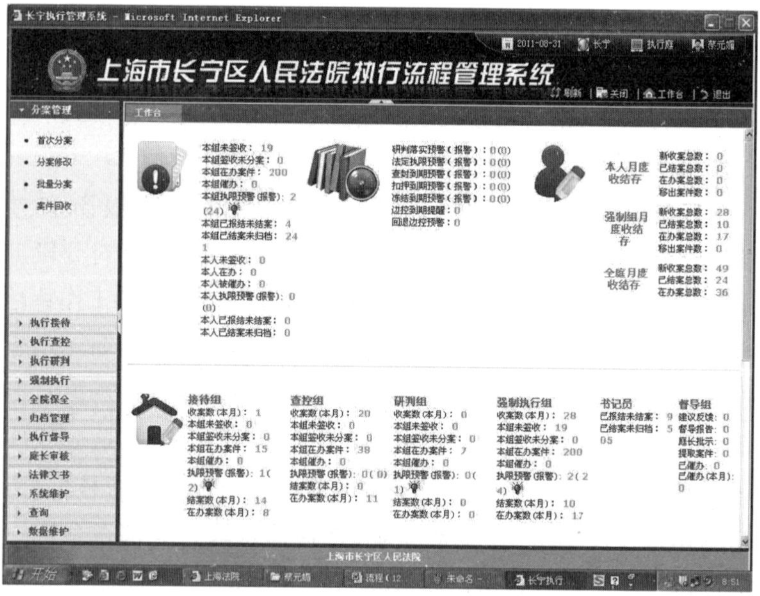

图 10-3

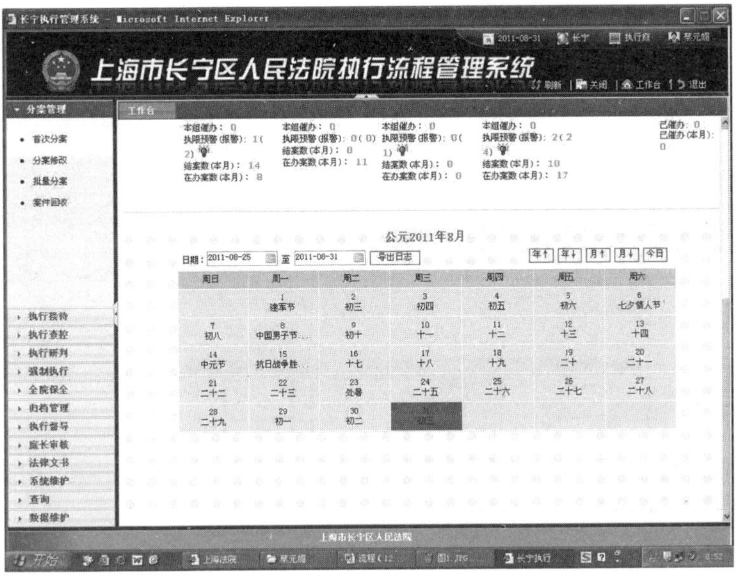

图 10 - 4

流程管理界面的"工作台"是整个软件系统一大特色模块，主要分为"预警报告提示区""分段集约显示区""执行办理流程区"以及"工作日志记录区"（见图 10 - 5）。

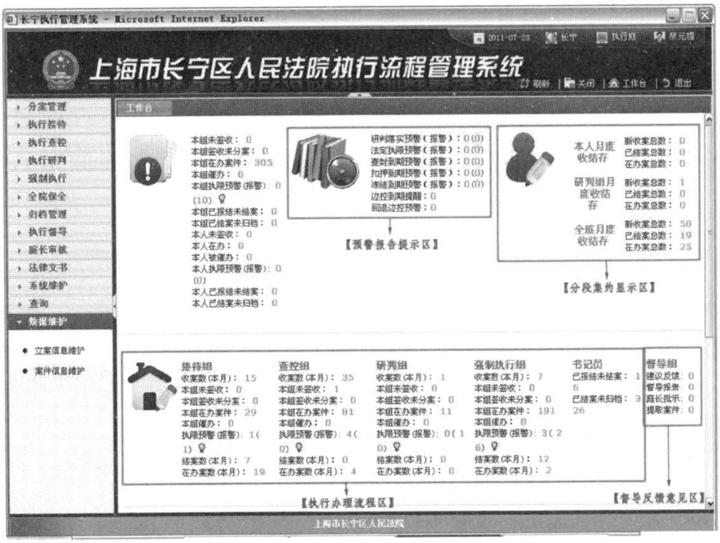

图 10 - 5

(1)预警报告提示区:该区域作为工作台主页主要是起到执行启动、执行措施、执行期限的提醒作用,让各承办人对不同执行阶段的执行天数、案件进程及采取的执行强制措施进行合理把握(见图 10-6)。

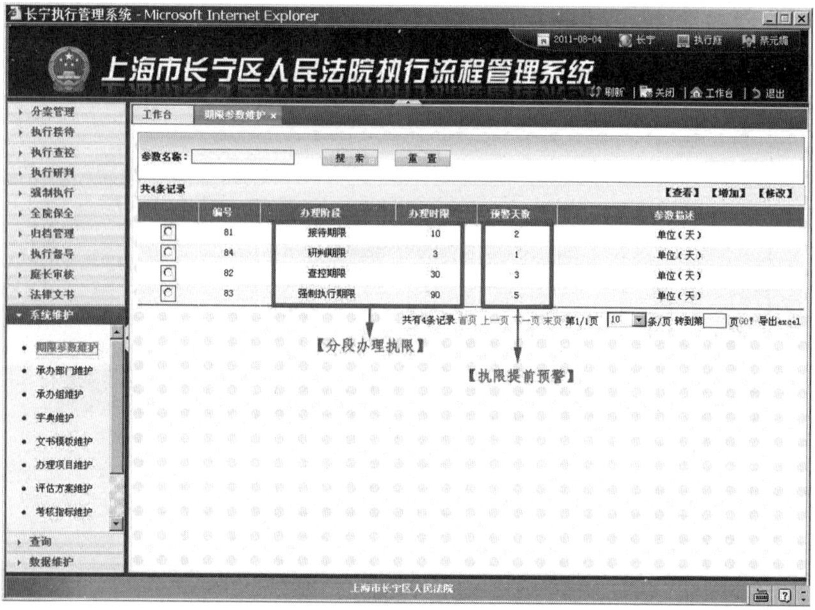

图 10-6

在案件临界执限天数时在工作台首页醒目区域(即前所介绍预警报告提示区和执行办理流程区)均有警灯提示(见图 10-7),案件已用时限和剩余时间(见图 10-8)一目了然,避免案件长时间不办理或案件超期情况的发生。

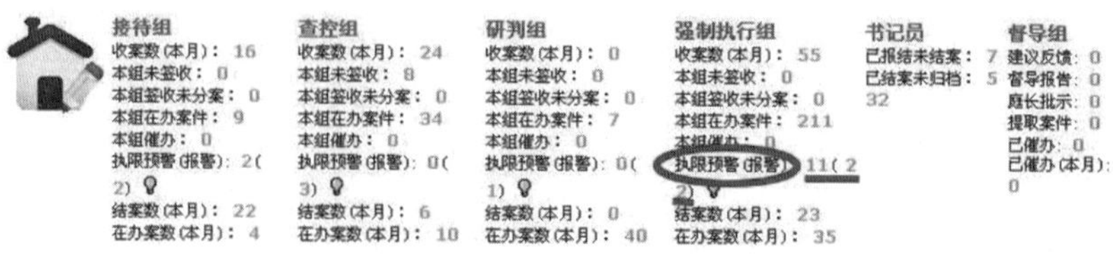

图 10-7

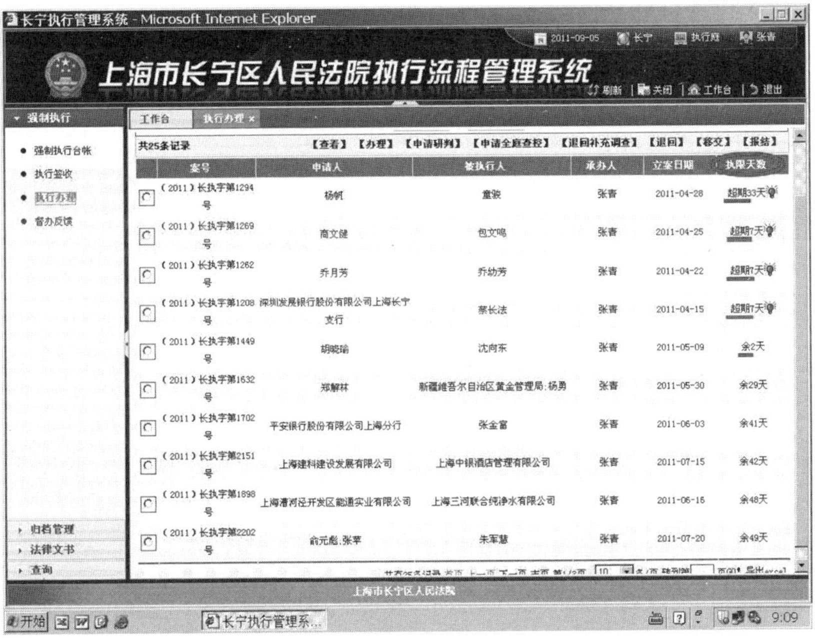

图 10－8

(2)分段集约显示区:针对每个不同组别的成员,设置相应的案件总体浏览模块,让各承办人能够概览本组案件办理概况,使每个人都建立起全局观念(见图 10－9)。

本人月度 收结存	新收案总数:9 已结案总数:12 在办案总数:21
研判组月 度收结存	新收案总数:11 已结案总数:7 在办案总数:9
全庭月度 收结存	新收案总数:64 已结案总数:296 在办案总数:126

图 10－9

（3）执行办理流程区：对于相应的执行阶段承办人设置相应的执行板块，使其对本组所办执行案件数有个较为直观的了解，能够更有效地合理安排工作、掌控执行节奏（见图10－10）。

接待组 收案数（本月）:0 本组未签收:0 本组签收未分案:0 本组在办案件:29 本组催办:0 执限预警（报警）:0(1) 结案数（本月）:0 在办案数（本月）:5	查控组 收案数（本月）:31 本组未签收:4 本组签收未分案:0 本组在办案件:78 本组催办:0 执限预警（报警）:0(0) 结案数（本月）:0 在办案数（本月）:0	研判组 收案数（本月）:0 本组未签收:0 本组签收未分案:0 本组在办案件:11 本组催办:0 执限预警（报警）:0(11) 结案数（本月）:0 在办案数（本月）:0	强制执行组 收案数（本月）:0 本组未签收:0 本组签收未分案:0 本组在办案件:198 本组催办:0 执限预警（报警）:2(28) 结案数（本月）:0 在办案数（本月）:0	书记员 已报结未结案:10 已结案未归档:314

图10－10

（4）工作日志记录区

该模块是用于记载执行人员每日工作及备忘，系统同时会根据承办人的案件办理情况自动记录其工作内容，工作日志既能使各人对工作事项进行合理安排，也便于领导掌握全庭工作，并合理分配执行资源（见图10－11～图10－13）。

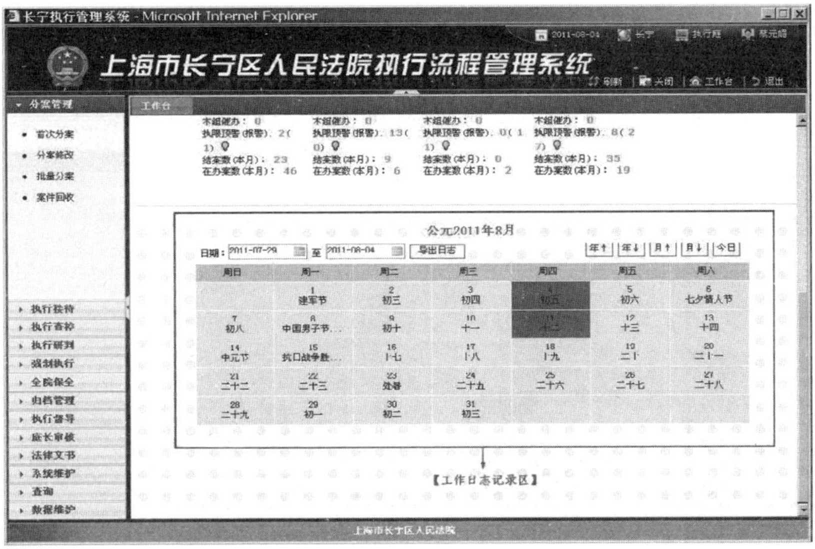

图 10 – 11

公元 2011 年 7 月

日期：2011 07 20　至　2011 07 26

周日	周一	周二	周三	周四	周五	周六
					1 香港回归纪……	2 国际体育记……
3 初三	4 初四	5 初五	6 初六	7 抗日战争纪……	8 初八	9 初九
10 初十	11 世界人口日	12 十二	13 十三	14 十四	15 十五	16 十六
17 被奴役国家……	18 十八	19 十九	20 二十	21 二十一	22 二十二	23 大暑
24 二十四	25 二十五	26 二十六	27 二十七	28 二十八	29 二十九	30 非洲妇女日
31 初一						

图 10 – 12

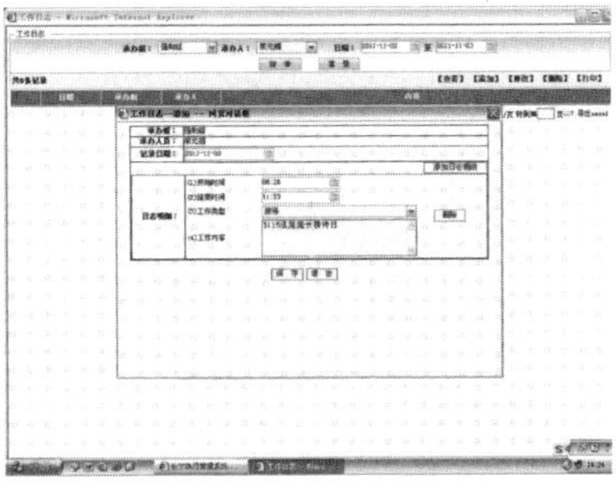

图 10 – 13

二、流程操作

流程操作界面是根据案件流转性质设置的，主要有分案管理、执行接待、财产查控、执行研判、强制执行、财产保全、归档管理和执行督导，针对各执行阶段不同的工作特性设计了每一执行阶段的执行人员所必须完成和输入相应数据的具体流程操作平台。执行人员完成各自工作后，须将相关数据录入操作界面后，案件才能进行移交，保证各个环节在工作上相互制约以及信息输入质量(见图 10－14)。

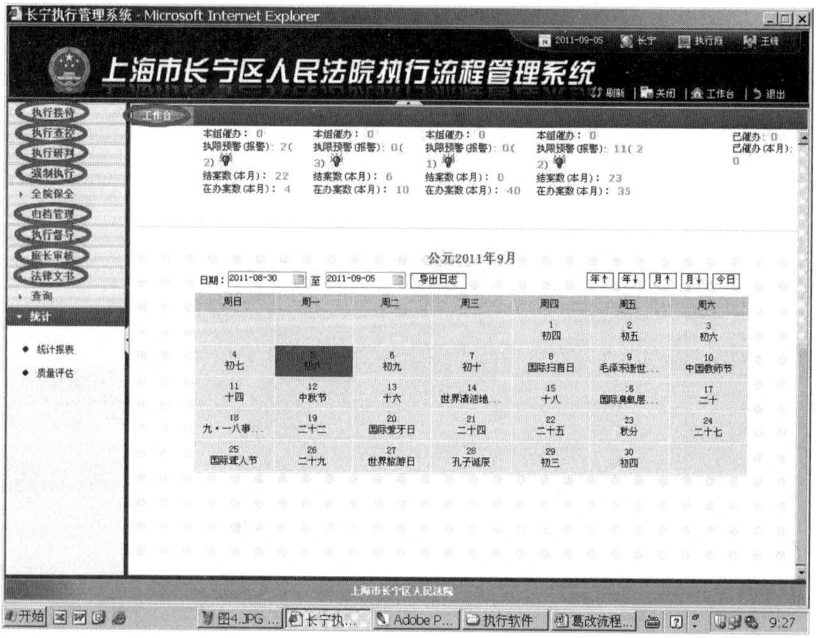

图 10－14

流程操作界面在执行办理阶段的运用主要以整合资源为主,避免流转环节浪费时间和资源,起到事半功倍的效果。在执行接待、执行查控、强制执行以及执行研判等阶段,软件分别设置了"台账""分案""分案修改""签收""办理"等工作板块,形成真正意义上的一个"流转过程"。

1. 专业化的执行接待模块

执行接待环节的设置,是为了向当事人全面公开执行流程,接受当事人的监督。

在分段式执行管理软件执行接待模块中,我们建立了执行进展信息同步录入的设置,这不仅能让当事人第一时间了解案件执行的动态,同时也可以避免以往传统执行模式下当事人找不到执行法官而投诉其执行作风的问题,实现执行程序的公开化、透明化(见图 10－15)。

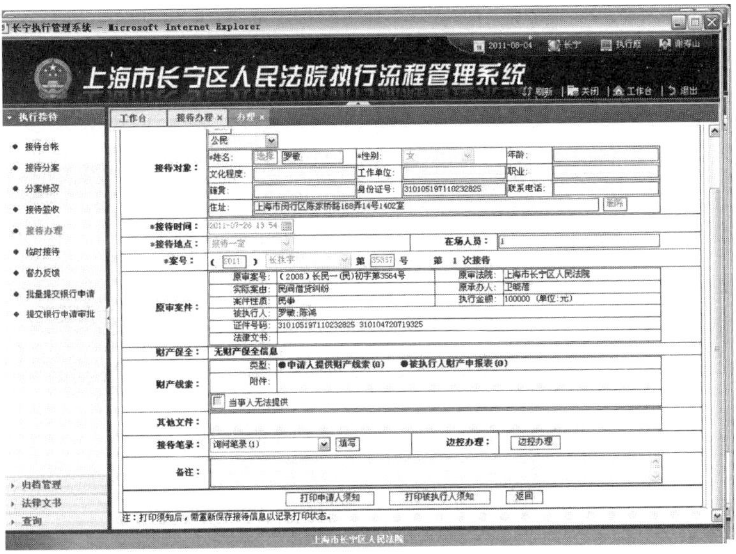

图 10－15

在总结传统执行接待的询问模式及笔录记载的基础上，我们设置了完整的执行询问笔录模块，将规范要件设置在谈话笔录中，使整个执行接待水准更专业，用语更规范，笔录记载更全面(见图 10－16)。

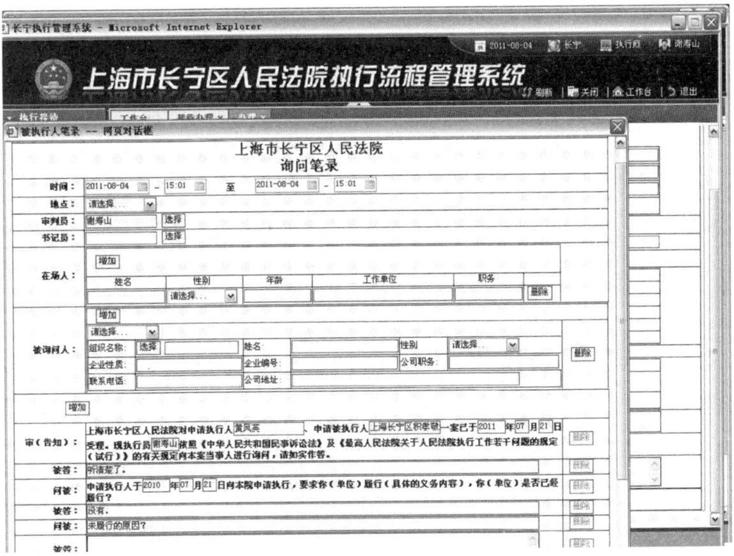

图 10－16

同时,针对部分中止案件、和解案件或暂时无法联系相关承办法官的来访当事人案件,我们在分段式执行管理软件内增添了“信息反馈”模块、临时接待笔录等,如实记载目前没有在办案件的办理接待等情况,避免案件执行工作无记载的状况,同时确保当事人来院能及时了解执行进展情况,降低信访投诉(见图 10－17)。

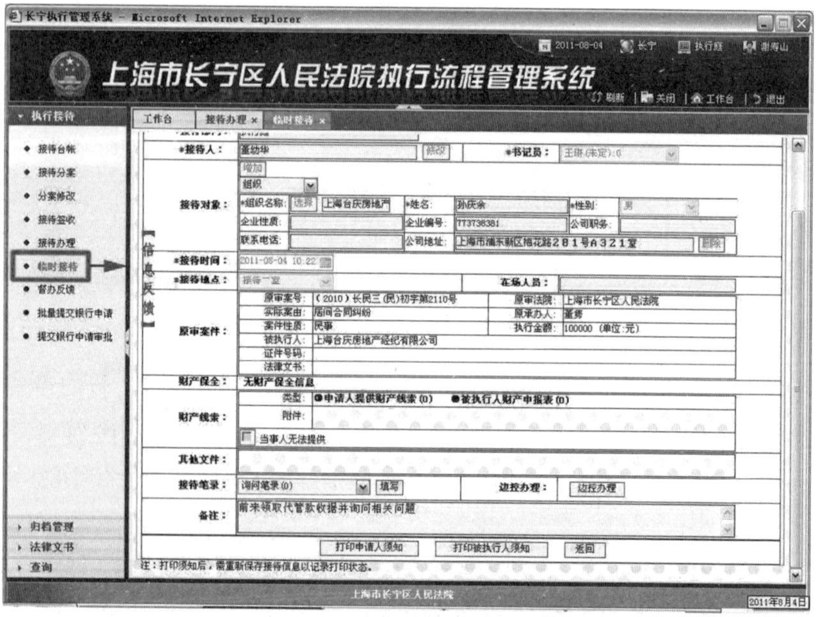

图 10－17

2. 集约化的财产查控模块

执行工作是一个由履行能力和财产调查到财产控制再到财产处分的一个流转过程。执行查控工作是整套执行模式得以运行的前提、基础。

分段式执行管理软件对执行查控阶段的表格化查控手段进行了细化,针对接待后仍不能自觉履行的执行案件,通过对被执行人财产情况的调查,不但有效地提高执行查控的效率,同时也增强了查控进程的可控性,有力地帮助强制执行组执行效率的提高。

相较原7.0版执行查控，新系统在执行查控工作模块设计专业化的“查控办理”“全庭查控”以及针对批量案件或是多项案件的“批量查询申请/审批”等模块，对需要查控的案件在第一时间内接受到查控任务，及时进行工作安排，并将工作结果在模块中反映，达到财产查控信息共享（见图10－18）。

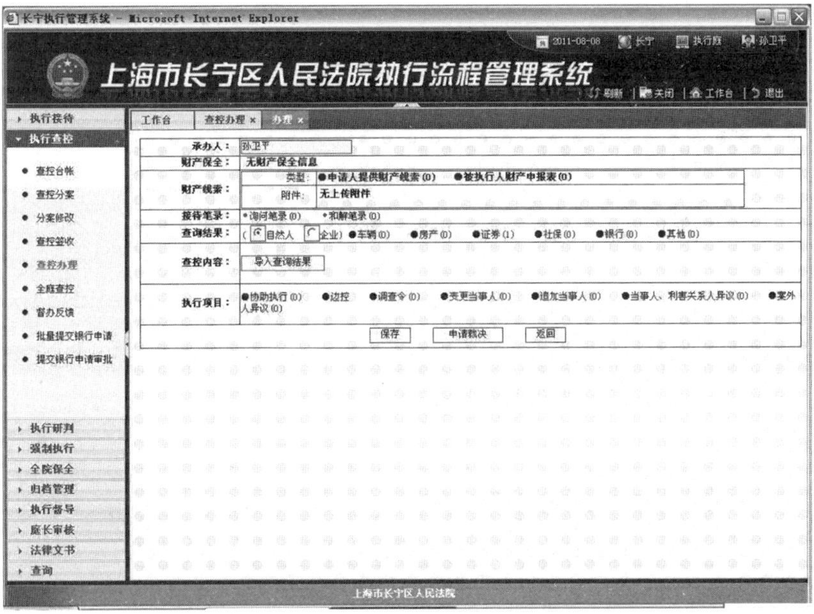

图10－18

如图所示（见图10－19～图10－20），在案件经过执行接待组移交至财产查控组后，由查控组负责对所有需要查明的相关事实进行全表调查，并将结果录入，使整个执行流程的各个组别都能对相关当事人的财产情况一目了然，也便于案件进一步流转后承办法官对当事人财产状况的知晓。

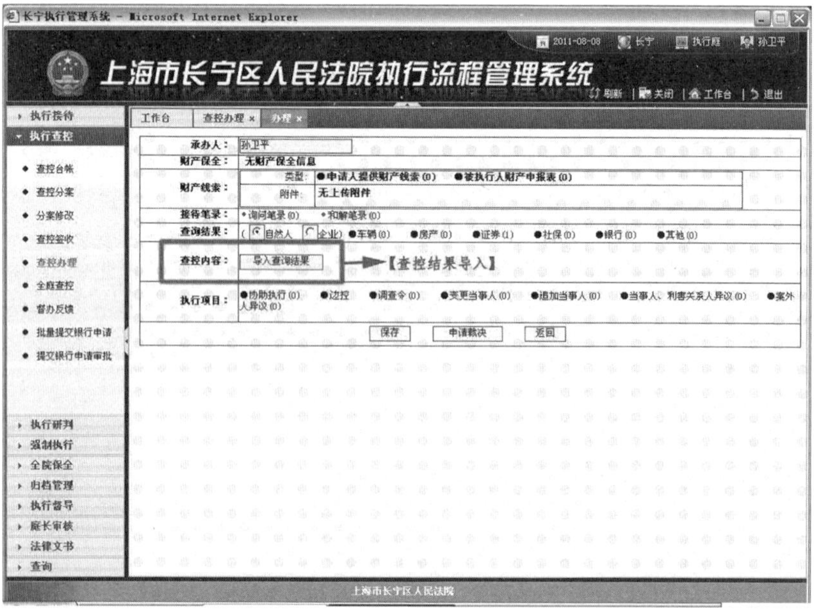
长宁执行管理系统 - Microsoft Internet Explorer
2011-08-08
长宁
执行庭
孙卫平
上海市长宁区人民法院执行流程管理系统
刷新
关闭
工作台
退出
执行接待
执行查控
查控台帐
查控分案
分案修改
查控签收
查控办理
全庭查控
督办反馈
批量提交银行申请
提交银行申请审批
执行研判
强制执行
全院保全
归档管理
执行督导
庭长审核
法律文书
查询
工作台
查控办理
办理
承办人：
孙卫平
财产保全：
无财产保全信息
财产线索：
类型：
●申请人提供财产线索(0)
●被执行人财产申报表(0)
附件：
无上传附件
接待笔录：
•询问笔录(0)
•和解笔录(0)
查询结果：
自然人
企业
●车辆(0)
●房产(0)
●证券(1)
●社保(0)
●银行(0)
●其他(0)
查控内容：
导入查询结果
【查控结果导入】
执行项目：
●协助执行(0)
●边控
●调查令(0)
●变更当事人(0)
●追加当事人(0)
●当事人、利害关系人异议(0)
●案外人异议(0)
保存
申请裁决
返回
上海市长宁区人民法院

图 10－19

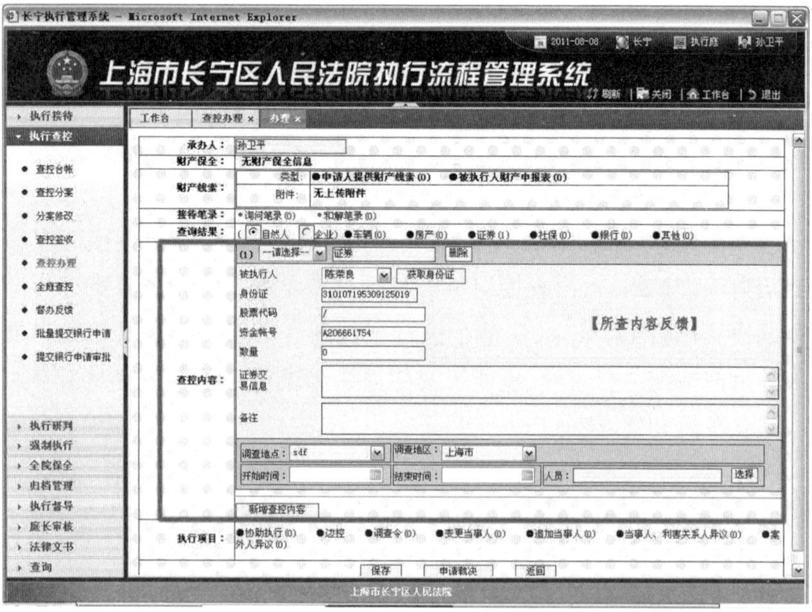
长宁执行管理系统 - Microsoft Internet Explorer
2011-08-08
长宁
执行庭
孙卫平
上海市长宁区人民法院执行流程管理系统
刷新
关闭
工作台
退出
执行接待
执行查控
查控台帐
查控分案
分案修改
查控签收
查控办理
全庭查控
督办反馈
批量提交银行申请
提交银行申请审批
执行研判
强制执行
全院保全
归档管理
执行督导
庭长审核
法律文书
查询
工作台
查控办理
办理
承办人：
孙卫平
财产保全：
无财产保全信息
财产线索：
类型：
●申请人提供财产线索(0)
●被执行人财产申报表(0)
附件：
无上传附件
接待笔录：
•询问笔录(0)
•和解笔录(0)
查询结果：
自然人
企业
●车辆(0)
●房产(0)
●证券(1)
●社保(0)
●银行(0)
●其他(0)
查控内容：
(1)
--请选择--
证券
删除
被执行人
陈荣良
获取身份证
身份证
310107195309125019
股票代码
/
资金帐号
A206661754
数量
0
证券交易信息
备注
【所查内容反馈】
调查地点：
sdf
调查地区：
上海市
开始时间：
结束时间：
人员：
选择
新增查控内容
执行项目：
●协助执行(0)
●边控
●调查令(0)
●变更当事人(0)
●追加当事人(0)
●当事人、利害关系人异议(0)
●案外人异议(0)
保存
申请裁决
返回
上海市长宁区人民法院

图 10－20

在实行集约化、表格化的集中调查基础上，新型执行系统增加了全庭查控模块，方便在执行各个阶段，对新掌握的财产信息能够第一时间做到查封、冻结、扣划，确保执行工作效率（见图 10－21～图 10－22）。

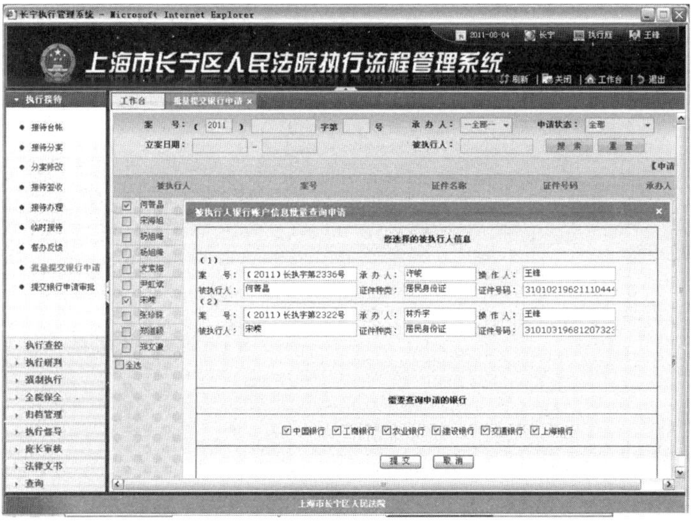

图 10－21

图 10－22

3. 协同化的强制执行模块

通过前组工作信息随案件的移交流转，结合所查悉的各项被执行人财产情况信息的资源共享，采取有效的强制工作措施，避免因环节的流转而增加执行难度和矛盾激化，同时在进入强制阶段的案件，承办人也可根据案件的执行进展与要求继续提出查控申请及采取相关办理措施(见图 10－23)。

图 10－23

同时，在阶梯式流程过程中，针对逐渐丰满的案件信息，强制阶段的承办人在新型系统中的信息捕捉量也趋于饱和，故对于依然拒不履行的当事人，必要的强制措施必须及时跟进。在新系统中，我们录入包括“搜查”“边控”“拘留”“拍卖”等强制措施，并将执行结果录入系统，方便其他承办人查阅，避免了信息的不公开化(见图 10－24～图 10－26)。

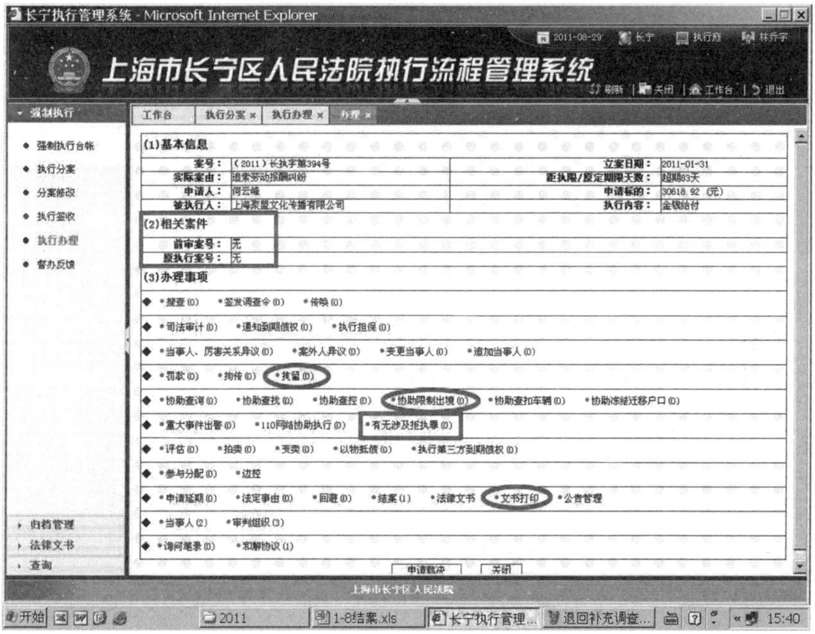

长宁执行管理系统 - Microsoft Internet Explorer
2011-08-29
长宁
执行庭
林乔宇
上海市长宁区人民法院执行流程管理系统
刷新
关闭
工作台
退出
强制执行
强制执行台帐
执行分案
分案修改
执行签收
执行办理
督办反馈
工作台
执行分案
执行办理
办理
(1)基本信息
案号：
(2011)长执字第394号
立案日期：
2011-01-31
实际案由：
追索劳动报酬纠纷
距执限/原定期限天数：
超期83天
申请人：
何云峰
申请标的：
30618.92 (元)
被执行人：
上海表盟文化专播有限公司
执行内容：
金钱给付
(2)相关案件
前审案号：
无
原执行案号：
无
(3)办理事项
搜查(0)
签发调查令(0)
传唤(0)
司法审计(0)
通知到期债权(0)
执行担保(0)
当事人、厉害关系异议(0)
案外人异议(0)
变更当事人(0)
追加当事人(0)
罚款(0)
拘传(0)
拘留(0)
协助查询(0)
协助查找(0)
协助查控(0)
协助限制出境(0)
协助查扣车辆(0)
协助冻结迁移户口(0)
重大事件出警(0)
110网络协助执行(0)
有无涉及拒执罪(0)
评估(0)
拍卖(0)
变卖(0)
以物抵债(0)
执行第三方到期债权(0)
参与分配(0)
边控
申请延期(0)
法定事由(0)
回避(0)
结案(1)
法律文书
文书打印
公告管理
当事人(2)
审判组织(3)
询问笔录(0)
和解协议(1)
归档管理
法律文书
查询
申请裁决
关闭
上海市长宁区人民法院
开始
2011
1-8结案.xls
长宁执行管理...
退回补充调查...
15:40

图 10 - 24

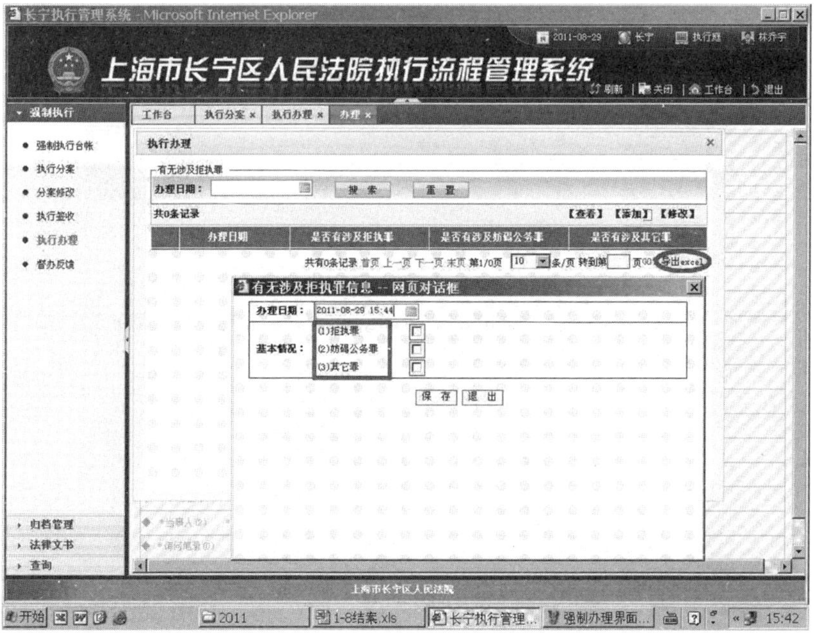

长宁执行管理系统 - Microsoft Internet Explorer
2011-08-29
长宁
执行庭
林乔宇
上海市长宁区人民法院执行流程管理系统
刷新
关闭
工作台
退出
强制执行
强制执行台帐
执行分案
分案修改
执行签收
执行办理
督办反馈
工作台
执行分案
执行办理
办理
执行办理
有无涉及拒执罪
办理日期：
搜 索
重 置
共0条记录
【查看】【添加】【修改】
办理日期
是否有涉及拒执罪
是否有涉及妨碍公务罪
是否有涉及其它罪
共有0条记录 首页 上一页 下一页 末页 第1/0页
条/页 转到第
页
导出excel
有无涉及拒执罪信息 -- 网页对话框
办理日期：
2011-08-29 15:44
基本情况：
(1)拒执罪
(2)妨碍公务罪
(3)其它罪
保 存
退 出
归档管理
法律文书
查询
上海市长宁区人民法院
开始
2011
1-8结案.xls
长宁执行管理...
强制办理界面...
15:42

图 10 - 25

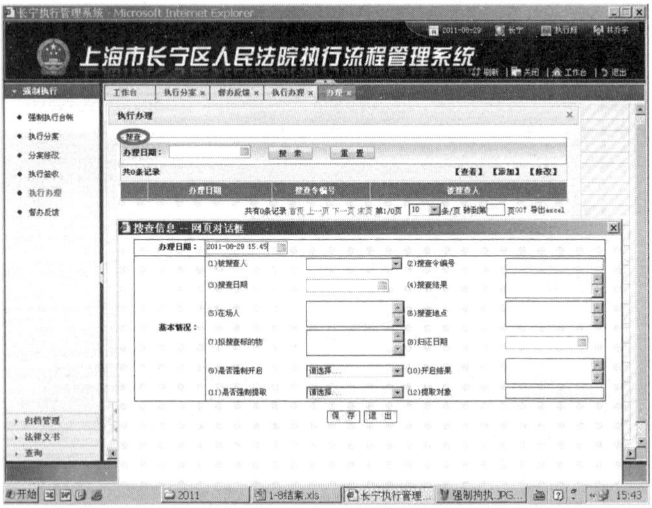

图 10－26

4. 动态化的研判管理模块

分段式执行管理软件设置了“研判”功能，办理案件承办人通过软件办理界面的相应执行案号进入申请研判界面，填写案件信息、打印研判申请表、将需研判案件申请至研判后即可等待研判结果（见图 10－27）。

图 10－27

研判组承办人收到研判信息后，研判组在研判执限期（3 个工作日）内对需研判的事项作出研判结果。在研判签收显示页面，案件一经签收即显示研判法官名字，且在研判次数上体现相关案件研判记录作为研判参考（见图 10－28）。

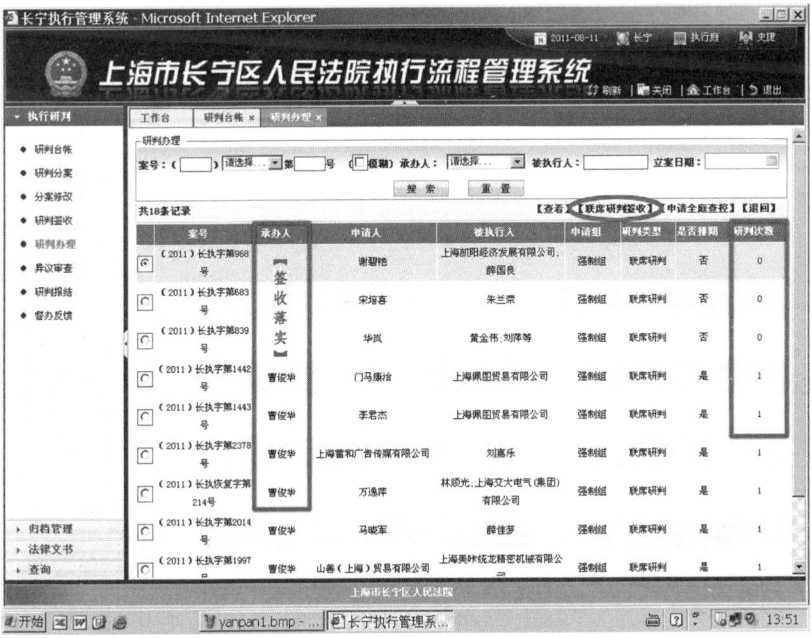

图 10－28

通过普通案件的一般研判、疑难案件的联席研判，确定执行思路，进行风险评估，指导下一步工作，将研判结果和执行期限通过软件系统发给承办人（见图 10－29）。

对研判申请审核后，研判组承办人通过申请研判所递交的调查材料及执行谈话笔录等，经研判后，制作研判记录和结论给申请研判人员，明确落实期限。研判记录同时也可根据参加研判人员的增减进行相应的调整（见图 10－30）。

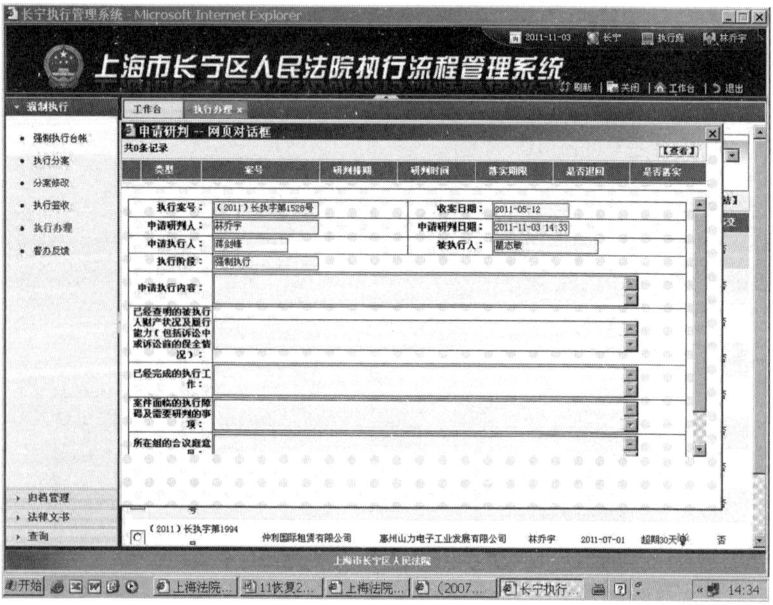
长宁执行管理系统 - Microsoft Internet Explorer
上海市长宁区人民法院执行流程管理系统
申请研判 -- 网页对话框

图 10-29

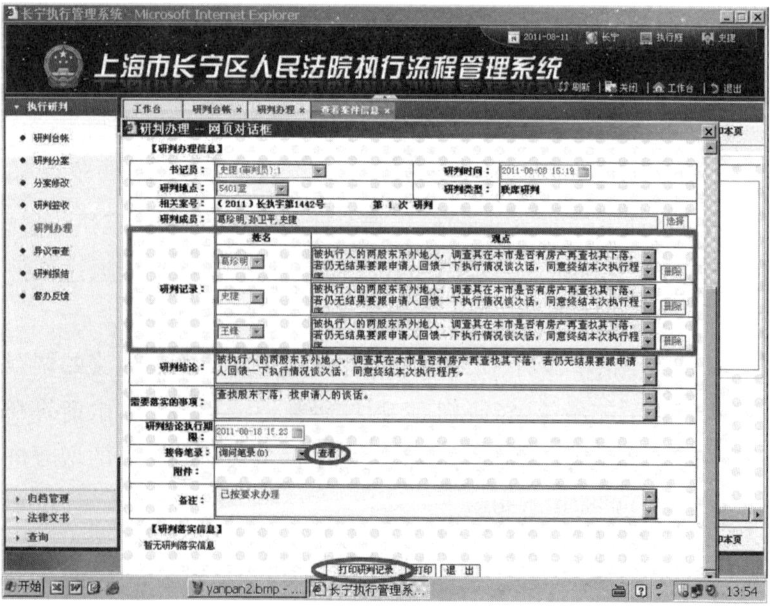
长宁执行管理系统 - Microsoft Internet Explorer
上海市长宁区人民法院执行流程管理系统
研判办理 -- 网页对话框

图 10-30

研判结论出来后，研判承办人将研判结论发给承办人，承办人按照研判要求开展工作，并将工作情况录入系统，系统默认了完成工作，案件研判任务即完成（见图10－31）。

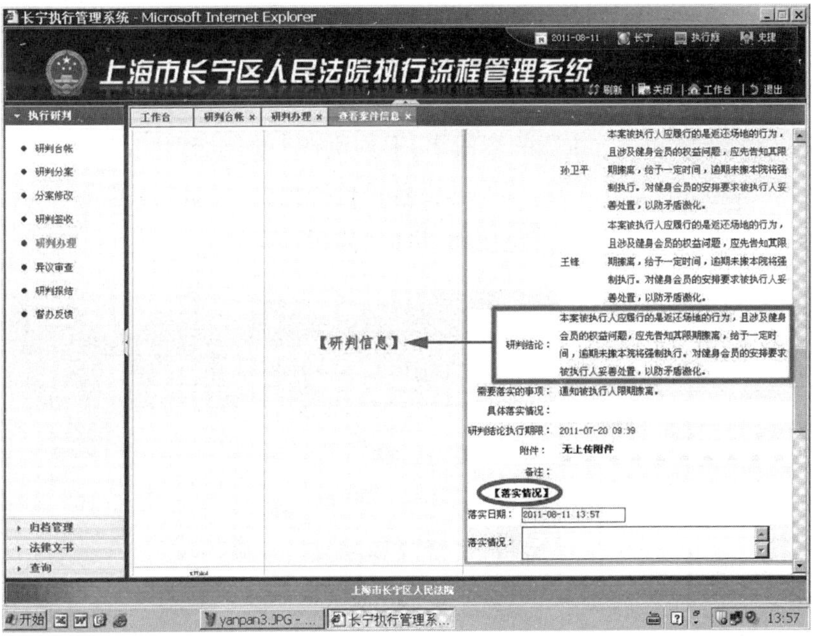

图10－31

三、数据统计维护

数据统计维护界面主要是执行部门领导和内勤对案件数据进行管理以及针对各执行阶段工作特点所涉及的数据进行维护和统计的界面。由于推行了分段式集约化执行流程管理模式，各个工作环节的考核就成为一个管理难点。我们的这套管理系统可以满足目标值的浮动设定与综合业务的考核需要。对于客观的执行绩效等静态数据，可以由软件自动提取，确保数据来源的客观。对于涉及廉政、信息、调研、信访等综合业务，我们还可以根据需要通过数据维护系统录入特定的目标值与实际值。由于考核是一个动态的过程，我们还可以根据需要强调的内容对绩效指标进行维护调整，这样可以形成一个比较全面的评估体系。

依托新执行软件对分段式执行进行全方位的数据采集,实现"一键式"的统计报表及质量评估。软件引用了当前管理学界公认"3E"标准即经济(Economy)、效率(Efficiency)、效果(Effectiveness)以及满意度等考核指标,将各组考核项目设为"数量指标""效率指标""质量指标",在每个指标下设具体的考核数量及相应的目标值,对除结案数、实际到位率、初执标的清偿率、平均执行天数、执限内执结率五大常规指标进行量化考核,同时还设置了接待完成率、动态查控率、研判听证完成率、强制措施实施比例、执行信访率等指标(见图10-32)。

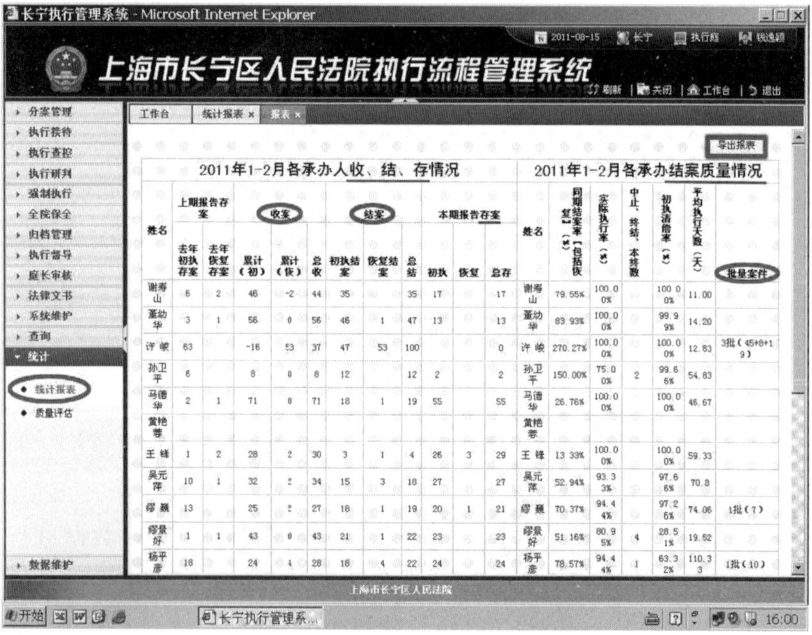

图10-32

软件设立了客观生成与主观录入相结合的评估体系,满足目标值的浮动设定与综合业务考核需要。对涉及案件办理自然形成的各项数据,如静态查控数、平均接待周期、疑难案件执结数等27项具体指标,通过软件自动提取。对涉及廉政、信息、调研、信访等综合执行业务,通过系统维护员根据院职能部门公布的数据录入目标值与实际值，形成一个全面评估执行人员工作的评分体系。在软件系统中，考评小组可通过系统维护对评估方案中的目标值进行修改，使之与全市法院考核指标的上下浮动相匹配（见图 10－33）。

图 10－33

设计全覆盖的计分评估方案，实现所有组别工作计分与办案数量间的自由转换。打破一个案件由一人办到底，软件对每个组、每位执行人员分别设定考核指标、目标值和评分标准，每位执行人员可据此获得一个工作计分，根据自己的工作计分占全庭总计分的比例，获得与之相当的结案数，从而与高院法官业绩档案中以结案数作为考核依据的模式相统一（见图 10－34）。

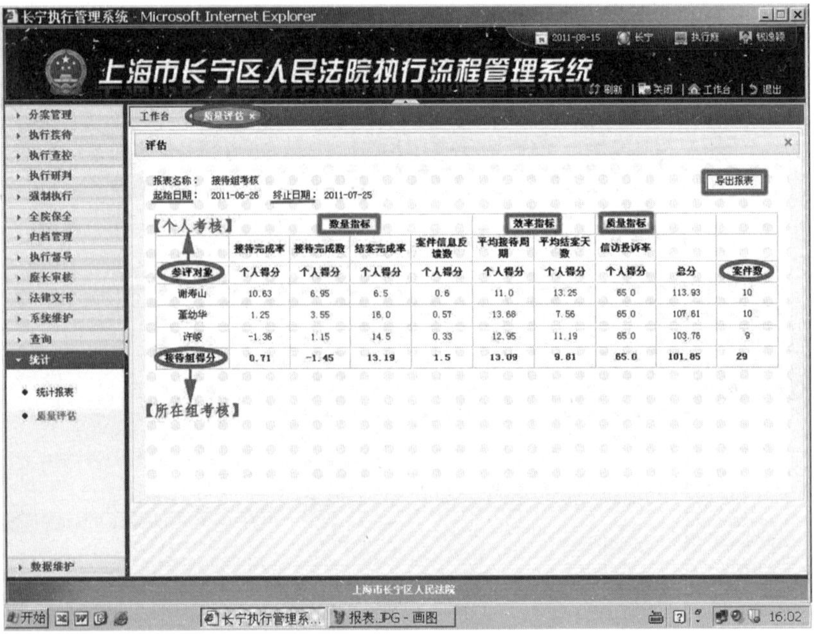

图 10－34

根据组别工作侧重设定考核项目的权重比例,制衡不同工作性质的评分差异。分值权重是依据某一考核项目、考核指标在整个考核体系中的重要性而定。如在执行接待组绩效考核中,侧重考核的是信访投诉率,对结案数量考核逐渐弱化,因此在权重设置上以上两项考核指标的比例是4:1,从而引导执行人员合理分配工作重心及资源(见图10－35)。

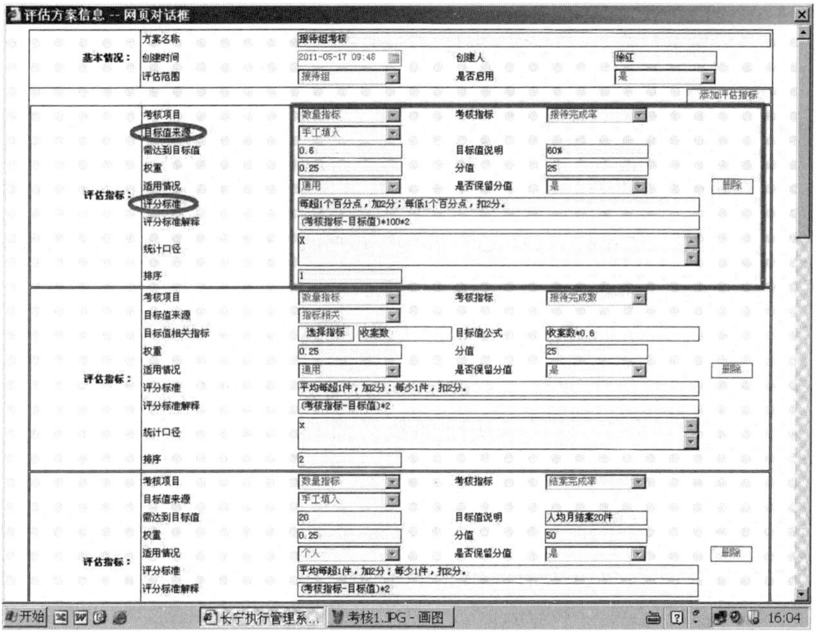

图 10－35

分段式执行管理软件按照定人、定岗、定量、定责、定标准的“五定”原则明确和细化了各个流程岗位的工作标准，并从中选取决定执行效果的内容作为绩效考核的项目。系统实现了与上海法院审判执行系统的有效对接。每个执行环节都设定了考核指标、目标值和评分标准，执行法官根据各个环节的工作要求获得对应的绩效得分，管理系统根据法官的计分占全庭总计分的比例，为之匹配相当的结案数，从而与高院法官业绩档案中以结案数为考核依据的模式相统一。通过执行模式改革与执行管理软件运用，能够促进执行流程中各个工作环节的高效衔接，从而提高整个执行流程的工作效率，实现执行工作真正意义上的动态管理。

第四节 可视化管理在执行流程改革中的实现

长期以来,法院的执行工作因不具备民诉法等法律规定的审判程序而各地做法差异甚大,加之“一人负责到底”的执行模式权力过于集中导致执行工作缺乏规范性和透明度。

长宁法院通过《上海市长宁区人民法院执行信息公开告知书》《申请执行人须知》等书面及电子信息形式将执行案件的所有执行节点和执行措施主动公开,使长宁法院的执行流程全程可视,自觉接受社会监督。特别是在争议较大的司法拍卖环节,长宁法院采取在互联网长宁法院网页上贴出拍卖品图片、鉴定意见书及“拍卖公示”的方法,向社会公众公开发布司法拍卖相关信息,引发了社会广泛好评。

一、执行流程可视化的实现路径

长宁法院运用信息化对改革后的执行流程开发了可视化的信息管理系统。实现了执行流程管理信息的可视化,执行案件全程的可视化,关键环节、绩效信息的可视化,工作作风的可视化。使执行工作全面标准化、规范化。

(一)工作标准可视化

长宁法院紧贴执行流程分段要求,设计与各执行阶段相匹配的工作标准,使执行工作标准为包括初任法官在内的所有执行法官都能可视、可控。

一是在执行接待阶段要求接待法官发送所有案件的执行通知书,告知当事人执行流程,完成被执行人财产线索的收集,做好执行接待笔录与录音,做好申请执行人的执行信息反馈,进行法律释明并告知申请执行人相关执行风险等。

二是在财产查控阶段要求调查法官做好申请执行人提供的财产线索以及本院依职权调查的财产线索的审核登记,对被执行人的各类财产登记记录实施表格化集约查询，将《基层组织调查表》发放到被执行人所在社区及居委，将每天的财产查控工作情况输入查控工作日志，及时为接待组反馈执行信息等。

三是在执行研判阶段要求研判法官制作研判笔录记明需要研判的焦点问题、研判法官对研判事项的观点以及最终的研判结论，制作《研判结论执行情况表》供强制组法官参考并检查相关执行组对研判结论的执行情况。

四是在强制执行阶段要求执行法官制作执行笔录反映整个强制执行过程并进行录音摄像，根据案件类型属金钱给付执行或行为案件执行采取不同执行措施，对拍卖、拘留等强制措施的运用实行合议讨论，应对突发事件采取摄像、录音、向在场目击者制作笔录等方式搜集、固定相关证据。

（二）案件管理可视化

结合自行研发的执行管理软件使各执行阶段对本组所办执行案件有较为直观的反映和了解，高效、合理地安排工作，把握执行节奏。执行管理软件在“工作台”界面设有“工作日志记录区”，要求每位执行员将完成的每项具体工作录入执行日志，确保日事日清、办案留痕、有迹可循。既便于强化对执行人员工作内容及工作进程的管理，又便于相关工作量和工作效率的统计。长宁法院的执行管理软件使管理者能够以直观方式，方便、简捷、清楚地把握执行案件所有过程，并提供辅助决策支持，有助于执行案件质量管理的规范透明。

（三）绩效考核可视化

长宁法院将绩效目标可视化作为考核管理的切入点，根据不同环节的岗位职责将各执行组的考核项目设为“数量指标—效率指标—质量指标”三大类别，分设具体考核指标及目标值，在指标可视的基础上设计合理的计分评估方案，根据不同阶段的工作性质设定分值，以完成的工作量、具体工作质量等计算出分值比，然后按照现行的绩效考核办法计算出执行庭庭室人均绩效，最后以人均绩效乘以该分值比得出个人的绩效，克服了流程管理下绩效计分与办案数量难以转换的矛盾。同时，对分段工作的考核统计采取企业管理中的“平衡计分卡”原理，按照定人、定岗、定量、定责、定标准的“五定”原则，细化了执行流程各岗位的工作标准，并从中选取决定执行效果的内容作为绩效考核的项目，根据组别工作侧重设定考核项目的权重比例。

二、可视化管理实现了执行工作的“八化”

改革后的执行管理流程在合理分解执行权力，强化执行权内部制约的基础上，实现了执行工作的“八化”。

（一）执行接待专业化

专设执行接待组，配备了具有国家二级心理咨询师资格的法官专门负责案件执行前端的具体工作，为执行案件当事人反馈信息、答疑解惑，确保执行工作公开透明，接受当事人的全方位监督。当事人第一时间即可掌握案件执行动向以及执行流程各阶段的有关信息，较大程度上减少了当事人因找不到执行法官，不了解案件进展情况而产生的信访投诉。

（二）财产查控集约化

设置专门的财产查控组，集中开展对被执行人财产的调查和控制工作。案件经过执行接待不能有结果后，即移交财产查控组，由专人负责对被执行人的银行存款、证券投资、房地产、机动车辆、股权等实施查控。查控组内部实行专业化分工，优化资源配置。同时，将查控结果以表格形式固定后反馈给当事人，由当事人补充信息、签名确认，实现法院资源和当事人资源的整合。

（三）查控内容标准化

对于查控的方向业已确定，但何种广度和深度仍需要标准化规定。对于银行规定的工农建交中五大国有银行必查，市证券交易所、市房产交易中心、市车管所、社保信息、工商登记基本信息作为必查动作，在查询表格中录入案号、被执行人姓名、被执行人身份信息集中发送至各协查单位，定时定期发送、回收，做到查控内容标准化。

（四）研判管理的动态化

利用执行长联席会议建立不定期的动态研判管理方式，对执行过程中遇到的疑难复杂问题进行即时研判，决定执行对策，并督促相应的执行工作在规定期限内完成。这一做法，在确保研判工作及时性的同时，将原来主要由承办法官个人掌握的执行决策权集中到执行长以上的管理层，有效地防范了滥用执行权甚至利用执行权“寻租”的行为。

（五）强制执行协同化

强制执行阶段实行以执行组为执行单位进行组织化、小分队化的执行做法，既便于集思广益制定较为周密的执行预案，弥补个人执行而造成的执行思路不够缜密、个人力量的单薄及执行过程中突发事件应对难的问题，同时又增加了法律威慑力，提高了执行效率，减少廉政和执行行为不当的风险。

（六）流程监控信息化

为防止阶段化执行可能出现的案件滞留问题，长宁法院秉持“制度 + 科技”的理念，开发了执行流程信息管理软件，通过信息技术的运用实现对执行流程的实时、有效监控。所有的执行信息包括案件所处执行阶段、承办法官、各阶段执行结果等信息均进入信息管理系统，预警功能的设置还能及时提醒各阶段法官注意时间节点，防止执行拖延。管理软件的启用，在便利管理人员进行“一对多”监督管理的同时，为接待法官及时向当事人反馈信息提供了技术支持，为执行法官进行案件的自我管理提供了有效工具。

（七）执行监督多重化

为了防止由于工作懈怠造成的案件执行过程中某一工作阶段的拖沓现象，我们除了在工作制度上明确各个执行流程的岗位职责和阶段性工作目标外，还将在执行综合组内抽调政治素质良好和精通执行业务的同志设立一个专门的执行案件质量督导小组。一旦在动态流程管理中的发现前述情况，即指令该小组在院长、庭长的领导下，调取具体案件在规定期限内完成相应的工作，事后再行追究具体出现工作问题的某一环节的工作责任。这样保障整个执行流程除了在工作制度上有制约，还有专门的监督机构进行监督制约，以保障案件的执行流程能够顺畅运行。

(八)绩效考核科学化

执行流程改革后,原有的通过收结案数、执行到位率、初执清偿率、中止终结率等对法官个人进行量化考核的办法已不再适用。考核采用世界通行的平衡计分卡考核方式,即根据不同阶段的工作性质设定分值,以完成的工作量、具体工作质量等计算出分值比,然后按照高院现行的绩效考核办法计算出执行庭庭室人均绩效,最后以人均绩效乘以该分值比得出个人的绩效。

第五节　执行流程改革成效

一、执行工作绩效明显提升

厉行执行流程管理改革以来,长宁法院的各项重要的执行绩效数据不断提升。不仅从改革前后长宁法院执行绩效数据的纵向对比上实现了质的飞跃,而且在全市法院执行条线的横向排名中得到了较大的提升。

表10－1　长宁法院重要绩效指标数据〔1〕

时间	收案/件	结案/件	实际执行率/%	申请执行标的/亿	结案标的/亿	执行标的清偿率/%	平均执行天数/天	信访/件
2008年全年	2695	2820	59.91	4.97	3.21	72.53	70.42	501
2009年全年	4338	4365	79.38	5.91	4.39	93	40.94	383
2010年1～10月	3762	3689	84.57	9.50	9.01	97.10	34.95	191

〔1〕　此处原文涂红,作者未及处理。

收结存案呈良性态势，执行标的清偿率逐年提高，平均执行天数逐步下降，长宁法院各项数据在全市执行条线的排名明显上升。

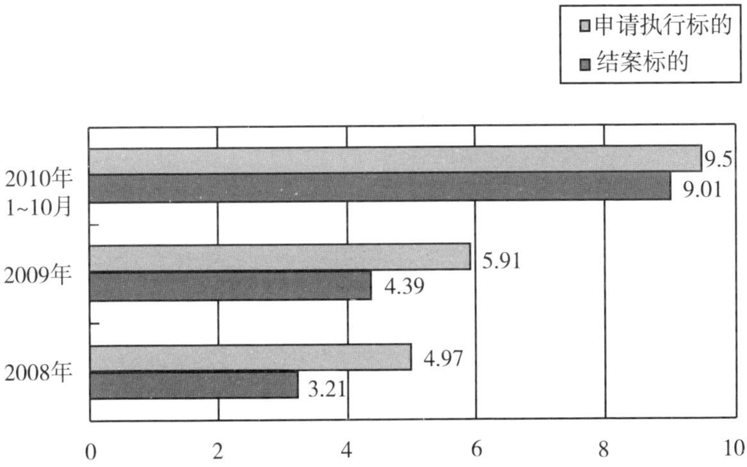

图 10－36　收结存案呈良性态势[1]

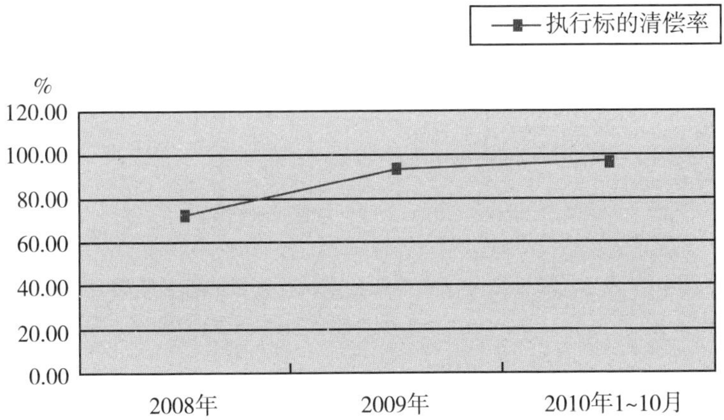

图 10－37　执行标的清偿率逐年提高[2]

〔1〕 此处原文涂红，作者未及处理。
〔2〕 此处原文涂红，作者未及处理。

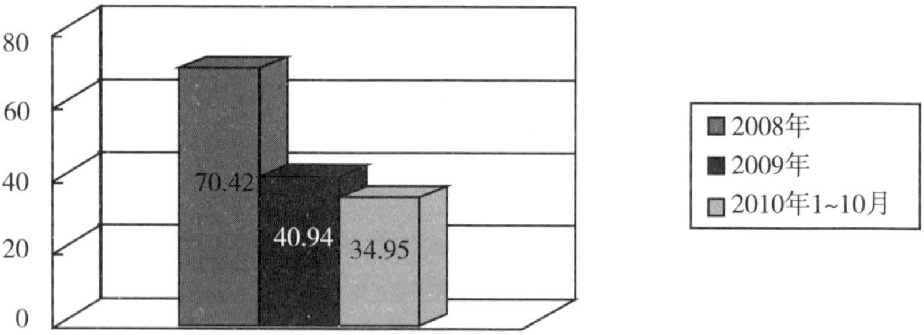

图 10－38　平均执行天数逐步下降[1]

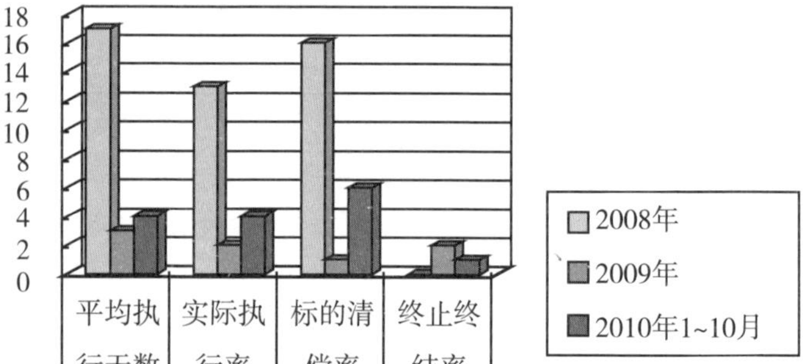

	平均执行天数	实际执行率	标的清偿率	终止终结率
2008年	17	13	16	0
2009年	3	2	1	2
2010年1~10月	4	4	6	1

图 10－39　长宁法院各项数据在全市执行条线的排名明显上升[2]

二、执行工作信访投诉率逐年下降

2009 年,长宁法院执行庭收到投诉信访(案件信访)383 件,来信总量较 2008 年的 501 件下降 23.55%。2010 年 1～10 月来信总量继续下降,收到信访件 191 件,较去年同期下降 33.6%。

---

〔1〕 此处原文涂红,作者未及处理。
〔2〕 此处原文涂红,作者未及处理。

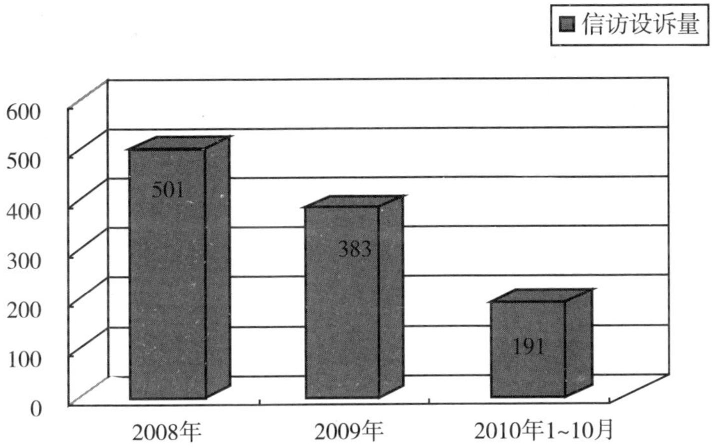

图 10－40

三、执行工作规范化程度提升

实行分段式执行后，每个执行阶段都制定了相应的工作规范，各阶段的工作交接实行登记备案，重大事项实行审核审批，尤其是执行流程管理软件的开发和运用，通过“制度＋科技”的手段，大大促进了执行工作的科学化、规范化管理，也使对执行工作的适时监控成为可能。

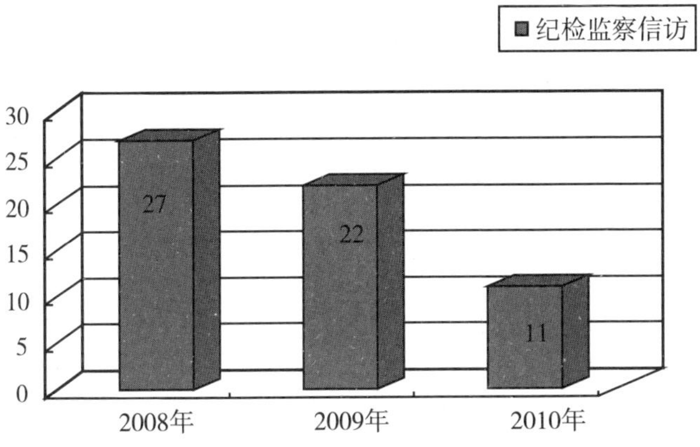

图 10－41

四、执行工作的廉政风险降低

分段式执行方式取代"一人一案"的执行模式，使执行权力得以有效分解，廉政风险随之降低。一方面，一个案件从接待到强制执行，至少有8人以上参与并对案件情况有所了解，个人对案件的终局影响大大降低，执行权寻租的难度加大。另一方面，执行案件处于流转状态，当事人与办案法官的接触机会大大减少，法官受腐蚀的机率大大降低。反映在纪检监察信访投诉上，执行庭在收、结案数量大幅攀升的情况下，投诉数量不升反降。2008年长宁法院监察室受理的执行庭信访件为27件，2009年为22件，2010年1～10月为11件。

五、当事人满意度有所提高

通过执行模式改革，执行过程更加公开透明，促进了作风的改进，当事人的满意度进一步提高，表扬信、锦旗数量大幅上升。2008年长宁法院收到的关于执行庭的锦旗、表扬信20件，2009年为42件，2010年1～10月为46件。

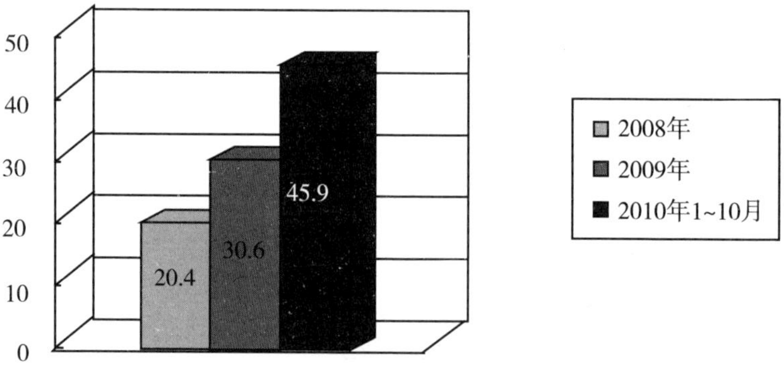

图10－42　表扬信、锦旗数量

长宁法院执行流程改革虽然取得了一定成效，但还存在一定问题，在管理模式尤其是绩效考核方法上与传统方法存在较大差异，仍然需要在实践中不断摸索，不断提高。

参 考 书 目

1. [日]远藤功:《可视力——实现可视化管理的5种方法》,林琳译,中信出版社2007年版。

2. [日]若松义人:《大野耐一的十条训诫》,崔柳译,机械工业出版社2011年版。

3. [美]吉姆·柯林斯:《从优秀到卓越》,俞利军译,中信出版社2009年版。

4. [美]加里·胡佛:《愿景》,薛源、夏扬译,中信出版社2003年版。

5. [美]彼得·德鲁克:《管理的实践》,齐若兰译,机械工业出版社2009年版。

6. [美]卓尔·考茨曼:《目标决定成败》,许效礼、王祥钢译,中信出版社2011年版。

7. [美]迈克尔·莱文:《破窗——细节管理如何缔造一流企业》,冯斌、胡晓卫译,中信出版社2006年版。

8. [美]斯蒂芬·P.罗宾逊、蒂莫西·A.贾奇:《组织行为学》,李原、孙健敏译,中国人民大学出版社2008年版。

9. [美]彼得·圣吉等:《第五项修炼·实践篇:创建学习型组织的战略和方法》,张兴等译,东方出版社2006年版。

10. [美]赫尔曼·阿吉斯:《绩效管理》(第3版),刘昕等译,中国人民大学出版社2013年版。

11. [美]斯科特·凯勒、科林·普拉思:《超越绩效——组织健康是最大的竞争优势》,盛溢译,机械工业出版社2012年版。

12. [美]理查德·A. 斯旺森:《绩效分析与改进》,张仪、杨生斌译,中国人民大学出版社 2010 年版。

13. [美]珍妮尔·巴洛、克洛斯·穆勒:《抱怨是金:将顾客的投诉看作珍贵的礼物》,北京师范大学出版社 2007 年版。

14. [美]彼得·德鲁克:《管理:使命、责任、实务》,机械工业出版社 2009 年版。

15.《马克思恩格斯全集》,中共中央马克思恩格斯列宁斯大林著作编译局编译,人民出版社 2006 年版。

16. 邹碧华:《要件审判九步法》,法律出版社 2010 年版。

思念·永恒

“邹碧华现象”留下的三个问号

最高人民法院　刘　峥

邹碧华用他并不太长的生命谱写了一曲可歌可泣的华美乐章。他是法官的榜样,是时代的楷模。透过“邹碧华现象”,有三个问题值得我们深思:一是法院和法官如何赢得社会的认可和尊重;二是如何看待“法律职业共同体”;三是如何关注法官群体的生存状态。

从邹碧华身上,我真切感受到,一个人,内心有高尚的信仰,并矢志不渝地坚持以这个信仰为准则去做事做人,就一定会赢得更多人的认同和敬佩。碧华的信仰就是“要做一个有良知的法官”。47 年的生命长度,26 年的工作历程。在历史的星河中,他犹如一颗流星匆匆划过茫茫夜空,照亮大地,短暂而闪亮。他以毕生的精力,夜以继日地投入到他所热爱的司法事业之中,在法院管理、司法公开、信息化建设、司法改革、裁判方法等诸多方面做出了常人难以企及的成就,用并不太长的生命谱写了一曲可歌可泣的华美乐章。他是法官的榜样,是时代的楷模。邹碧华同志的不幸离世,震动了整个中国法律界,也得到社会公众的普遍关注,被称之为“邹碧华现象”。透过“邹碧华现象”,我觉得有三个问题值得深思:

一是法院和法官如何赢得社会的认可和尊重。近年来,法院系统一直在认真研究并着力实践服务大局、司法为民、公正司法、回应社会的路径和方法,其目的是要通过这些理念之下的具体措施,让“人民群众在每一个司法案件中感受到公平正义”,增强人民法院的司法公信力和司法权威。当前,在司法体制改革逐步深入的大背景下,尽管司法权定位于中央事权，且将逐步实行由省级以下统管，但司法权的行使区域毕竟分布在各个地方，而我国各地的客观情况、人文环境和人员结构又千差万别，这些变动、差异因素自然也会投射到司法领域。碧华同志在长宁法院和上海高院工作期间，特别是他具体负责上海司法改革试点工作以后，在许多改革试点重大问题的决断和选择时，他特别能体会到与当地党委、政府沟通协调的重要性和必要性。在现有的治理框架下，各级法院在推进审判执行工作、审判管理和司法改革的过程中，应当认真思考人民法院的功能定位、职责范围、工作规律和运行方式，充分有效地发挥审判职能作用，不断推进审判体系和审判能力现代化。同时，各级法院特别是地方法院，应从制度和实践层面，正确处理好与党委、人大、政府之间的关系，争取获得更多的资源支持、积极配合和公众信赖。在国家层面，应在相关法律修改和司法改革设计中，充分兼顾中央事权与地方协助之间的边界，认真研究建立人民法院与其他机关、社会民众之间关系的新常态。碧华同志在长宁法院担任院长期间，从法院工作出发，立足法院职责，率先在全市搭建诉讼服务平台，挂牌成立了全市首家“诉调对接中心”；建立便民电话，方便群众诉讼；亲自接待群众来访，回访答疑解惑，化解了大量矛盾，在当地党委政府和普通民众当中均树立了很高的威信和认可度。

二是如何看待“法律职业共同体”。法官与律师的关系，确实是近年来比较敏感的话题，不同的人往往基于不同的立场和视角得出完全不同的结论和选择。碧华曾经说过，法官与律师的相互尊重是良性互动关系的一个起点，律师对法官的尊重程度代表着法治的发达程度，而法官对律师的尊重程度，则代表着社会的公正程度。社会公众特别是当事人对法官的认识，很大程度上通过律师获得，律师对法官的评价，直接影响当事人对法官的评价。因此，律师对法官形象的维护起着不可取代的作用。碧华在长宁法院担任院长期间，致力于积极推进“法律共同体”建设，尊重保障律师权益。他说，当法官与律师之间建立了相互尊重的时候，法庭内就会建立一种信赖的气氛。当这样的法官多起来的时候，整个司法就会获得受人尊崇的社会基础。基于此，长宁法院出台了《法官尊重律师十条意见》，赢得了律师界的广泛赞誉；到上海高院任副院长以后，他主导推动建立律师诉讼服务平台，并在该平台研发阶段，要求研发人员主动向上海各大律所征询需求意见，从而让律师通过这一平台可以正当而顺畅地参与诉讼活动。他理想中的“法律职业共同体”，是一个由法官、检察官、律师以及法学学者等组成的法律职业群体。尽管由于个体成员在人格、价值观方面各不相同，但通过对法律事业和法治目标的认同、参与、投入，这一群体成员终因目标、精神与情感的连结而形成法律职业共同体。在“法律职业共同体”中，除了强调对律师群体的尊重外，他还特别关注对法院工作人员的尊重。碧华常说：“从管理学来说，人是司法改革和制度运行中最为优先考虑的要素”“不能让老实人吃亏”“人员分类管理中，不能以挤压年轻同志的发展为代价”“在法院内，法官自身都得不到尊重，怎么能让他从内心唤起对当事人的尊重呢?”他是这样说的，也是这样做的，他想让每一个人得到尊重，无论长幼，无论职位高低。这是一个接受过现代文明熏陶的领导者才会有的优秀品质。

三是如何关切法官群体的生存状态。这也是碧华不幸辞世最让我感到痛心的事情，必须引起决策层和社会各界的关注和关爱。人世间最宝贵的是生命和健康。司法活动具有特殊的性质和规律，司法权是对案件事实和法律的判断权和裁决权，要求法官必须具有相应的实践经历和社会阅历，具有良好的法律专业素养和司法职业操守。从表面上看，法官坐在高高的审判台上，身穿法袍，手握法槌，神圣而威风。实际上，一方面，法官选任有更严的程序和更高的标准，社会公众对法官群体也有更高的要求和期待；另一方面，对法官，实行的是与公务员基本相同的管理模式，在职务序列和工资待遇等方面并无差异。近年来，我国不少地方特别是经济发达地区的基层法官群体，一方面，这些地方法院的受理案件数量逐年递增，那里的法官数量却并没有相应增长，他们任务重、压力大，有相当一部分法官一年要办理数百件案件，或许他们还处于疾病或亚健康的状态，仍然默默无闻地坚守在繁忙的第一线，没有多少人知道他们的名字，也没有多少人知道他们有多辛苦、有多大压力。另一方面,他们职级低、待遇差、发展空间有限,部分地区法院还出现人员流失和法官断层现象,进一步加剧了“案多人少”的矛盾。目前,在编制不能增长,待遇难以实质性改变的情况下,各级法院可以考虑给予法官更多的具体关怀,以内涵式发展为路径,认真落实从优待警的政策措施。在人员配置上,在准确核实各个法院、各个部门、各个岗位工作量的基础上,合理配备审判业务部门和综合管理部门的人员比例,由此科学确定各类人员的相对比例,以事定编、以事设岗,实行不同类型的管理模式。在业绩考核上,切实尊重审判执行及其他不同工作的规律和要求,在考核指标的确定和使用上,应符合法院工作实际,同时,要以提高工作质量和效率,以及调动每个人的积极性和能动性作为出发点,建立有效、可操作的奖惩机制,切实解决机关人员管理中长期存在的“忙闲不一、苦乐不均”的问题。在制度设计上,落实党的十八届四中全会精神,不断完善法官职业保障体系,推进建立法官专业职务序列及工资制度。在日常管理上,各级法院应想办法帮助干警解决实际困难,解决他们的后顾之忧,努力做到用事业激励人心、用关爱温暖人心,不断增强法院队伍的凝聚力。合理安排工作和休息时间,改进工作方式,加强对干警的人文关怀、心理疏导,保障广大干警身心健康。坚持年度体检、医疗保障,鼓励开展体育文化活动,积极创造宽松、愉快、有尊严的工作、生活环境。

(原载《人民法院报》2014 年 12 月 18 日)

两周年，我们该如何纪念邹碧华

最高人民法院　何　帆

在无数个忙碌的间隙，又到了碧华去世两周年的日子。

碧华离世次日，我曾写文章追念《别了，碧华兄》。之后，就再未撰文。因为太忙，与他相关的官方座谈会、宣讲会、演讲赛，都没能参加。唯一一次例外，是民间组织的一次小型追思会，因为邹连德先生（碧华父亲）也在，与老人匆匆见了一面。

前段时间，朋友圈见过电影《邹碧华》几张剧照，演员不错，应是一部佳作，但我不会去看，因为记忆中真实的碧华，已无法用其他影像叠加。是的，大银幕会呈现更多意气风发、更多感人肺腑，但记忆深处那些与纠结、失落、感伤、温暖有关的细节，却是任何艺术作品也无法还原的。

人生短暂，有过浓墨重彩交集的人，都难免有渐行渐远那天，更何况是一位逝去两年的朋友。

两年。英国脱欧，巴黎恐袭，习马相会，川普当选，反贪转隶，司改进入攻坚期……世界，我们，都已发生太多始料不及的变化。于我而言，这两年经历的变故与波折，也大多在预料之外。

但是，无论外界发生什么变化，对我来说，碧华一直都在，也从未远去，因为让他牵肠挂肚、为之献身的事业，仍是我们工作的日常；他所孜孜努力、竭力克服的问题，有的已经解决，有的仍横亘在前，需要不断推进求索。

老友忌日，不想写太多感伤话语，也不想用书信方式，姑且记录几个脑海里时常浮现的交往细节，并补记一些感受吧：

【细节1】某天深夜，碧华打来电话，说自己翻来覆去睡不着，一直在考虑助理审判员“就地卧倒”的问题。他说，如果将助理审判员全部转化成法官助理，存在极大隐患。为什么呢？他自己统计了上海人员数据，如果搞“一刀切”，即使算上5年内退休的空额，现有助理审判员中还有近200人不能入额。

这会造成什么结果？他说：第一，未来五年的晋升通道几乎被堵死，将有大量助理审判员、法官助理积压，而每年只有几十个可用员额，根本不够用。第二，法官等级晋升全面延后。由于人员积压，入额的最低年龄将不断上升，即使改革政策未来释放很多红利，法官等级可以按期晋升，法官由于入额年龄太大，也没办法充分享受红利。满打满算，到退休也可能只达到四高。第三，严重影响办案力量。助审员是办案主力，倘若有大批长期入不了额，案多人少矛盾可能加剧爆发，工作任务没法完成。还有其他影响，譬如年龄结构上升，而学历结构反而下降。因此，必须走“优化结构”的路子。碧华最后说，这些隐忧现在可能不明显，但以后你们设计总体方案时，可要记住考虑啊。

【追记】如今，法官员额制已在全国推开，在上海率先示范下，助理审判员大面积“就地卧倒”的现象并未出现。上海法院采用“新老划断”办法，规划一部分员额用于改革前已具有法官身份的“老人”，另一部分用于改革前没有法官身份的“新人”——法官助理。首批使用员额25.6%，第二批遴选完成后不到30%，为队伍可持续发展留下了空间，法官助理们也有望在未来的遴选中入额。

时至今日，在一些地方法院座谈上，常会有未入额的年轻法官追问：“员额快用满了，我们到底得等待多久才能进入员额？”刚入法院的年轻助理也会问：“未入额法官消化完估计得五六年时间，什么时候可以轮到我们？”这时，我都会感慨碧华的先见之明，并把他当年的顾虑告诉相关法院负责同志。

【细节2】2014年7月18日，我们在上海召开“法官工作量测算与法官员额制改革座谈会”。碧华展示了将案件权重系数引入法官员额测算的“司法改革与数据分析”PPT，令在座同志惊叹不已。

这也是我与碧华唯一一张合影

我坐在他旁边,偷偷说:"这个 PPT,可以拷给我学习么?"碧华略犹豫:"这个……还不成熟,我还要进一步修改。"我没有勉强他,打开电脑上的文件夹,默默浏览自己托朋友从美国联邦司法中心弄来的最新案件权重系数测算报告。

碧华果然注意到这份报告,用胳膊肘碰碰我:"这是好东西哇,可以拷给我学习吗?"我笑了:"这是美帝法院的东西,还不成熟,怕误导你啊。"碧华急了,在自己电脑上鼓捣了半天,递给我一个 U 盘,说:"里面是我刚才的 PPT,我们换吧!"

我笑着将自己的报告拷给他。这就是碧华,纯问题导向,嗜新知如命,有时就像个大男孩。他可能不知,即使他不跟我交换,我也只能把报告交给他,因为只有了解一个新生事物价值的人,才能让它焕发出该有的价值。而在那个独特的时期,只有碧华懂,也只有碧华有魄力推动将设想变为现实。

【追记】案件权重系数测算标准已在上海法院广泛运用,用于员额测算、人员配备、绩效考评等工作。各地法院也意识到这种方法的科学性,北京、江苏法院均结合本地实际,探索总结出案件权重测算办法。是的,即使到现在,即使在上海,这一测算办法也是有争议的,运行中也存在质疑，但在同等情景下，没有人能够跳出这一思路，找到更好的替代标准和办法。有标准总比没标准好，可以在运行中不断完善。总说这不科学那不科学，难道非得按案件数量算工分，才叫科学？

【细节3】一次，碧华问我为什么进法院？我说："因为想做一个专家型法官呀。"他赞叹："法律人就该这么想。"我开玩笑回应："不过，曾有一个领导提醒我，在国家机关，任何一个职业梦想如果和'专家型'挂上钩，那在仕途上就走不远了。"

碧华笑道："这话说得也对，也不对。首先，人活着应该追求卓越，而不是追求仕途。另外，你光在一个方向'专'，确实哪儿都走不远。写《要件审判九步法》时，我对自己的定位是审判专家，希望在审判业务上精益求精。到长宁做院长后，我开始琢磨如何用可视化的方法做好法院管理，实现法院工作质效的持续改善，这时我对自己的定位就是争取成为一个管理专家。所以，追求卓越，就是在每一个岗位上历练时，都要成为专家。"

【追记】今天，碧华总结提炼的要件审判九步法，仍是许多法官钟爱的"审判秘籍"。上海法院的教育培训部门已将它开发成视频课程，由资深法官演示讲解，未来还可能将之打造为关于审判实践的训练体系。司法责任制实行后，案件审理将逐步走上标准化、规范化、流程化道路，从这个角度看，九步法既是一种思维方式、一套审判方法，也蕴含着法律适用统一、庭审效率提升的管理思维。

读《邹碧华传》，看碧华如何运用管理学思维，去解决干部梯队结构不合理、中层干部管理能力弱这样的宏观问题；以及法庭灯管老化、文书差错率高、执行效率低下、当事人联系不到法官这样的具体问题，我都会感慨，这些都是法院运行中的老问题，可许多领导却选择视若无睹。是的，大小会议上，很多领导都会呼吁、会叫苦，但喊来喊去，都是案多人少、待遇低下问题，却很少有人对自己力所能及可以解决的问题开动脑筋，通过改革手段和管理科学挖掘潜力、提升质效。

前几天，我在四川调研改革工作，发现成都法院相当重视管理学方法的运用。对于法官随意点结案件的情况，中院实行归档结案新标准,以档案检查为管控节点,将接收归档作为结案时间。对于上诉调卷效率低下的情况,中院严格上诉移送历程,实行上诉流转“统进统出”原则,一下子解决了调卷迟延问题。发现问题,规范流程,建立标准,解决问题,这不正是碧华精神的最好体现吗?

【细节4】某次在上海开会,碧华请北大校友郑戈、冷静夫妇吃饭,我作陪。席间,碧华谈到,他在担任长宁院长期间,留下几十万字的工作日志。这些素材,全部用来写一本名叫《法院的可视化管理》的著作。我对这本书特别感兴趣,说出版后一定认真拜读,再奉献一篇深度书评。他听后哈哈大笑,说你不能光写书评,一定要深度参与到这本书里来,包括封面设计。我呵呵一笑,心想我哪儿有时间深入参与,自己的事情都忙不过来呢,能写篇书评就不错啦。

【追记】碧华一语成谶,我果然“深度参与”了这本书。就在十分钟前,我还和该书责编,法律出版社的韦钦平女士在微信群里讨论《法院的可视化管理》的封面问题。只是,这已是碧华的遗著了。

碧华去世后,我们用了很大力气,都没有找到他的工作日志,幸好在他的U盘中,找到了《法院的可视化管理》残稿。一年前,在韦钦平女士的大力推动和上海高院崔亚东院长、郭伟清副院长的大力支持下,我和最高法院政治部的刘峥同志,会同上海法院几位同志等,一直在做一项艰难而有意义的工作:增补完善这部书稿;案例缺失处,增补案例;论述脱节处,理顺逻辑;重复交叉处,清理冗文。

为尽可能贴近碧华原意,我请原在长宁法院工作的张枫法官寄来碧华所有的讲课视频和课件,认真学习后,结合自己与碧华私下交流的情况,悉心校订了相关内容。在所有人的努力下,除极个别地方还需要讨论完善外,书稿已接近出版标准了。

我想,对一位逝去朋友最好的缅怀,就是延续他的事业、发扬他的思想。整理、出版他遗著的意义,大于成千上万篇追忆文章或溢美之词。

邹碧华是个了不起的人。他的了不起,不仅仅在于对群众真诚、对下属关爱、对律师友善、对事业热爱、对业务精通、对改革担当,更在于他的思想超前于这个时代。当我们努力在琢磨第二步、第三步怎么迈出去的时候，他已经预计到了第四步、第五步该怎么走，并开始操心第六步、第七步的问题。

碧华去世后，每次与上海法院同志聊天，都会讨论：这个问题，碧华会怎么看？他又会去怎么解决？当司法云计算和智慧法院不再遥远，我们也会想，他若在世，该会多么激动兴奋，多么想有所作为。在潜意识里，我们总会觉得，碧华会想得更深刻些，更稳妥些，目光也会更长远些。

是的，我们都在努力追寻碧华的脚步，试图接近他的高度，却发现始终慢他一个节拍。过去没有在意，后来认真思考的问题，他很早就思考过、纠结过、实践过，而且形成一套方法论。过去让我们纠结、伤神、矛盾的人生选择和职场难题，他却很早就已看开，并轻装上阵，大步向前。

或许，这就是一个人的高度、境界和格局。

邹碧华之所以了不起，之所以伟大，之所以难以超越，答案就在上述细节里，也在不息的风里。

（原载微信公号“法影斑斓”2016年12月10日）

从问题意识看邹碧华精神

法律出版社　韦钦平

任何事物的发展与进步，取决于人们在实践中不断地发现问题并解决问题。在我看来，邹碧华法官最大的特点在于他能够发现司法实践中存在的突出问题，并敢为人先、勇于攻坚克难，用创新的思维和科学的方法，坚持不懈地解决问题。

化经验为方法——提升实现司法价值目标的能力

"在一个法治成熟的社会，司法活动的细密化、专业化，其实都表现在法律方法的精密程度当中。"[1]法官裁判，离不开法律适用，法律适用的方法是每一个法官都需要掌握的基本职业技能，不掌握一套科学缜密的法律适用方法，司法公正、高效的价值目标就难以实现。邹碧华认为：法官作为一种必须直面责任的职业，必须高度重视和强调方法。离开了专业的思维方式，没有基本的职业技能，所谓的责任只能是一种空谈，所有的司法价值目标都只能是空中楼阁。邹碧华凭借长期对审判业务的专注与钻研，将积累取得的经验上升为统一适用的法律方法，为提升法官和律师的司法能力作出了贡献，也充分体现了他对司法事业的责任感和高瞻远瞩的使命感。刚到长宁区法院时，邹碧华通过对一批结案时间超过 12 个月的民事"老案"专门调查研究发现，法官对法律适用方法的把握参差不齐，法官整体上缺乏法律适用方法的训练，没有养成专业的法律思维方式。《要件审判九步法》一书

〔1〕 张文显主编：《法理学》(第三版)，法律出版社 2007 年版，第 247 页。

是他为解决这一问题而精心打造的。天同诉讼圈微信公号这样描述九步法:九步法环环相扣又层层递进,清晰地勾画出法官审理案件的思维导图,不仅对培养法律思维方法和提高法律适用能力具有很强的启发意义,更是律师办案、法官审案的实际操作指引。由于案件纠纷的复杂疑难性,使得同案不同判的现象还在一定程度上存在,司法公正受到质疑。法律适用方法的运用对于正确适用法律,统一裁判尺度,提高司法公信力具有重要的意义。要件审判九步法试图构建一种裁判的方法与标准,使裁判的过程遵循法律专业的思维方式与逻辑,使得裁判的结果可以得到证成与检验。当统一的裁判方法得以确立,当裁判的结果可以有一种有效的方法得以检验,司法公信力的提高和法律权威的树立定会成为必然。

2010 年 9 月邹碧华法官在沈阳召开的民商事案件审判方法研讨会上

化问题为创新——用科学的方法破解司法难题

对于司法实践中存在的问题,无论是老问题还是新问题,或者在别人看来不是问题的问题、不能解决的问题,邹碧华都能够发现其中的关键所在。只要是违背司法规律、有碍司法公正和效率、阻碍司法发展与进步的问题,都会引起他的重视并逐一解决。

执行问题一直是长期困扰法院工作的老大难问题。在长宁区法院工作期间,邹碧华调阅了大量中止执行的卷宗,分析寻找产生问题的多重原因,寻求解决问题的理论上的支撑和实践中操作的可行性,运用了分权制衡的核心理念将案件的执行分解成接待、财产查控、研判管理、强制执行等诸多环节,由不同的执行法官或执行组在各自的流程环节各司其职。一方面,通过权力分解实现了执行监督的多重化,同时,也提高了执行的专业化程度。最难能可贵的是,这一改革措施运行一段时间后,由于执行案件不是一个人负责到底,案件到那个流程不清楚。为了解决这一问题,他运用管理学中的可视力理论,主持研发了案件管理的软件,做到了每个案件全程可查可控,真正提高了案件的办理质量和效率。此外,信访接待问题也是长期困扰法院工作的疑难问题。在司法实践中,法官履职时的语言、行为、表情都可能影响到当事人情绪和语言,进而影响到当事人对法院判决的认可度,甚至激化矛盾。这就要求法官在履行职责时,要一丝不苟,不仅做到适用法律准确、程序合法,还要做到语言规范、举止得体,在每一个履职的细节均能做到不偏不倚。邹碧华调取了法官接待当事人的监控录像,从中查找分析发现问题,他发现法官在接待当事人过程中存在诸如手机铃声不断、进进出出等不专注的行为,没有给予当事人应有的尊重和关注。他分析,法官之所以在接待当事人或法庭上出现这些问题,是法官行为规范和心理学知识的欠缺。在他看来,“要从根本上化解矛盾,实现法律效果和社会效果的统一,就需要法官不仅能运用法律理论和方法帮助当事人‘打开法结’,也能运用心理学知识和技能帮助当事人‘打开心结’。”他不仅自己这样去做,而且力争使心理学知识在审判工作各个阶段上的运用成为一种习惯。为此,他和长宁法院的资深法官们一起,在实践中不断总结提炼心理学知识在法庭上运用的体会和经验,形成了《法庭上的心理学》一书,为法官在办案过程中运用心理学知识提供了有益的参考和借鉴。除却以上这些老问题,在别人看来不是问题的问题。比如,当事人打电话找不到法官的问题、裁判文书制作不规范、法官尊重律师等问题,他都出台具体的制度和措施予以解决。

问题意识不仅在于发现问题,而且在于敢于直面问题,解决问题。

现实中不乏对问题视而不见、熟视无睹的现象。邹碧华不仅敢于直面执行和信访等司法难题,而且不忽视每一个细节问题,运用管理学、心理学等其他学科的知识,创新地解决问题,与那些对问题熟视无睹的现象形成了鲜明的对比,传播了积极的正能量。

(原载《人民法院报》2015 年 7 月 17 日)

传承是最好的纪念

上海市高级人民法院　张　枫

《邹碧华传》执笔人严剑漪说得好：我们每个人都会死两次。第一次，是我们自己停止了呼吸。第二次，是所有记得我们的人也都离开了这个世界。

碧华院长虽然离开了，但是因为他的曾经到来，让这世界多了一份美好，也多了一群人面朝阳光。

我们永远无法忘却和他在一起的日子。

碧华院长刚来长宁法院时，我已经担任了十多年的助理审判员，时时感觉自己就像是一只趴在玻璃上的苍蝇，前途光明，但是出路没有。那段时间，书已经基本不看了，完全凭着经验和感觉办案子，还时时怨天尤人、牢骚满腹。

在他开创的职业生涯规划座谈会上，我被他的“七年之痒”一语惊醒。从那天起，我驽马十驾奋起直追。

那一年，我的职业面貌焕然一新。

三年后，我取得了硕士学位，发微博自我陶醉。碧华院长留言表示祝贺，并且激励我继续努力成为真正的“研究生”。

回想与碧华院长相识的那些年，我们这些年轻人正是在他无数次的激励、批评、指引之下慢慢改变、渐渐成长。

记得那是2012年，碧华院长在创新一项工作时，让我为新来的工作人员安排一间办公室。我从便捷、美观的角度出发，找了一间我认为的最佳房间。但是，没想到，碧华院长在查看了房间之后，对我大发雷霆。因为这间房间没有窗户，空气完全不流通。

这是我记忆中最惨的一次被批，但也是最醍醐灌顶的一次领悟。

经过这次洗礼，我更多地理解了为何他能在很短的时间里就能叫得出长宁法院几乎每一位干警的姓名，为何他坚持去立案大厅、法庭，亲身感受基层干警的工作状态，为何他要为每一位法官创造单独的办公空间，为何他会提出“干警与法院共同成长”的理念，这是因为他的同理心。

从此之后，我学会了更多地站在对方的角度，去理解对方的情感。

也是2012年，我奉碧华院长和庭长之命，对诉调对接中心的业务进行规范化管理时，引发了一位调解员老师的不满，导致在工作会议上出现了争执。

虽然这个小摩擦在我的努力之下妥善解决了，但是，我总感觉内心隐隐作痛，觉得这不是我想象中的管理。

在之后的一次交流中，碧华院长回应了我的疑惑，他重点就管理艺术对我进行了开悟，让我明白了管理绝不是倚老卖老，更不是依权压势，管理需要用心，管理更需要方法。

那天晚上，我就根据他的指点画出了中心的人员结构图和工作流程图。我还根据他的推荐，网购了一大堆管理学书籍。

那天之后，中心的管理变得更加清晰和有力，规范化改造也顺利展开。

还是2012年，长宁法院成立立案二庭，负责信访工作，党组决定由我前去主持工作。

8月22日上午，碧华院长为此和我聊了近3个小时。他对法院信访局面的寝食不安，对本院信访人的了如指掌，以及对改变法院信访工作局面的信心和责任感，深深触动了我。

长期在审判岗位工作的我，开始干起了看起来似乎与法治格格不入的工作。如何让更多的人走出认知差异，如何让更多的人重建生活、回归社会，成了我延续碧华院长信访工作责任感的核心追求。

此后的岁月，我和我的同事们努力着、改变着，渐渐地，我们离法治也越来越近。

这些年来，不管岗位如何变换，碧华院长的“让世界因为我们的存在而变得更美好”的使命感，始终在激励着我砥砺前行。

有人说，离开是他传奇的落幕，我却想说，那是他传奇的开始。

猝不及防，用生命迸射的一线微茫燃起了司法改革的绚烂光华。

他那激情深刻的讲演，他那谆谆不倦的教导，至今仍然萦绕在我的耳边。

他的认真、他的投入、他的疯魔，仍然影响着我对于工作的态度。

“上士闻道，勤而行之”。可喜的是，越来越多的人们开始了接力与传承。

我想，这就是最好的纪念。

管理，知行合一的艺术

上海市高级人民法院　陆　伟

记得2012年初夏，碧华院长在长宁法院后院的建青小楼里开始构思《法院管理可视化》一书，两年多的时间里陆续整理了近三十万字管理心得，直到2014年12月不幸离世。斯人已逝，精神长存。在他离开两年后的今天，这本书稿经补充完善后问世，这是对他最好的回忆和纪念。这本书不仅仅是他管理学知识、观念、理论系统梳理的产物，也是他数十年持续磨炼、精进中逐渐领悟到的生命之道。

知行合一，贵在实践

管理是当下使用最为频繁的词语之一。与其他学科不同的是，管理学几乎没有专业壁垒，是一门人人都能说上两句的“软科学”。但正如电影台词所言，“很多人知道许多大道理，却依然过不好此生”，管理并没有因此而变得简单易行。正因此，彼得·德鲁克将管理定义为是具体的实践而非一门科学和专业。这种实践的有效性取决于管理者能否面对真实的世界，不断地进行自我检视、自我塑造，以正确、务实的观念指导行动。实践中，管理常常由于缺乏理论与常识的指导，囿于惯性，限于低效。但另一方面，只注重理论与知识的堆积，又常常使管理陷入空洞与理想化的错误。知是行之始，行是知之成。从这个角度看，管理与王阳明先生的知行合一之说异曲同工，是一门知行合一的艺术。熟悉碧华院长的人都知道，他是一位务实的行动派，将全部的意念放在他追寻目标的实践之中，他提倡将个人价值理念转化为具体的行动方案。在长宁法院工作的几年里，我陪同他最多的，便是往返于各个庭室,在各种"现场"发现问题、解决问题、自我纠正。这种行胜于言的管理让我受益匪浅。我在他身上不仅感受到了他的人格魅力,更体悟到"知行合一、贵在实践"这句话的价值。

目光向内,做自我管理的领导者

佛教中有自觉、觉他的概念,意指做人首先必须做到"自觉",也就是自己想清楚人生道理,然后才能做到"觉他",即帮助身边的人明白人生道理。如果一个人不能做到自觉,是不可能觉他的。碧华院长推崇彼得·德鲁克的管理理念,常提及"管理的本质就是管理者的自我管理"这句话。在长宁法院工作时,他在不同场合多次讲到:"作为领导者,必须有能力改变或引导人们的价值观。这意味着他必须成为一名'灵魂的工程师'。要改变人们的灵魂,必须自己先具有高尚的灵魂。领导者必须不断提升自我价值观,才有可能去激励别人,才能在涉及重大选择的时候作出正确的选择,才会有事业感、使命感,才会有事业的献身精神。"在众人眼中,他是孜孜不倦的布道者,更是精力无穷的"永动机",一言一行都渗透着使命感和责任感。这么多年来,他要求下属做到的事情,首先自己必然能做到。比如,他要求大家要养成日事日清的习惯,他自己便坚持文件夹不过夜,再晚也要把文件看出来,该批示的当天就批出来。他要求大家不迟到,他每次都会按时到会。这种由内而外的精神力量,深深地感染了周围的人,与他共事的时光,在很多人记忆中是"一段激情燃烧的岁月"。

激励引导,管理者的独特功能

管理者的主要任务之一,是激发组织成员的工作动力和参与感,唤起他们的工作欲望。某种意义上讲,赋予他人实现组织价值及自我价值的能力和愿景,正是管理者有别于他人的独特能力。碧华院长到长宁后,确立了"让法院干警和长宁法院共同成长"的目标,多措并举,为各个层面的干警搭建平台、开辟通道。他倡导人性化管理,强调从干警的需求出发来修正管理措施,剔除消极因素,解决后顾之忧,让干警在工作中体验价值感、成就感，形成自我激励的良性循环。当一个组织把成员的成长作为管理目标时，组织成员将会焕发出无限的活力，也只有当组织成员真正热爱工作时，才会是幸福的。正因此，长宁法院许多优秀的干警得到了自我展示的舞台，从中受益匪浅，并因此热爱自己的工作，获得了人生中一笔极为宝贵的财富。

“可视化”印象

上海市高级人民法院　李则立

头一回听说“可视化”这个词儿，记得是陪同邹碧华院长接待来沪考察的兄弟法院。当时碧华院长刚刚从长宁法院院长调任上海高院副院长，滔滔不绝地谈着他在长宁法院的“管理实验”。他说，管理最怕“三不”，“看不见，管不着，受不了”，首先要做到“看得见”，怎么才能看得见？通过“可视化”。他津津乐道长宁法院的执行流程改革，通过流程再造、执行工作分段分工、分权制衡，实现“视觉化”“透明化”“界限化”，改善了执行程序公开化程度不高，具体工作无法及时反馈等问题。“看得见”，是我对“可视化”的第一印象。

2014 年，新一轮司法改革拉开帷幕，上海是首批试点，邹碧华院长担任司改办主任，我也被抽调到司改办工作。改革伊始，为什么要改？怎么改？何种方案？众说纷纭，莫衷一是。如何让大家看清楚专业化、职业化的改革方向？有一天，碧华院长兴奋地说，“我做了一套 PPT，给我 5 分钟，就能把这个事情说清楚！”他用各种色块代表各类人员，画了多张对比图，显示目前的队伍情况，不同员额制改革方案可能导致的不同结果。几页 PPT，情况跃然“图”上，分析入木三分。“可视化”威力尽显，问题浮出水面，原因清晰可见，解决办法也就有了针对性。无怪这位“新锐”院长总是要求属下做 PPT、“画图”。画图只是让信息“看得见”的手段之一，表达简单凝练准确，背后是大量的信息收集、整理、归纳、总结。这就是一个典型的让信息直观、可见的“可视化”过程。也无怪碧华院长致力于信息化建设，互联网、大数据的发展为信息的传达提供了更多可能。

为了让信息可视，碧华院长开发了不少“产品”，比如测算办案工作量的权重系数。入额遴选，考核业绩，然而办 1 个复杂案件和办 100 个简单案件，哪个工作量大？公平性成了摆在眼前的一个问题。案件权重系数，提取笔录页数、开庭时间、文书页数、审理天数等基本要素，通过大数据计算，让业绩更“可视”。记得有位专办“骨头”案件的基层法院副庭长，办案总量不算多，入额考核中对工作量的测算有顾虑，应用权重系数之后，他的工作量是案件数的几倍，一看数字，感到公平合理。碧华院长还将他的要件审判九步法结合到信息化建设中，裁判文书应当做到当事人的诉辩称与卷宗记载一致、当事人的诉讼主张与基础规范一致等八个“一致”。信息化系统对裁判文书进行比对，如果存在不一致可以发现裁判文书的问题，通过算法进一步确认。碧华院长说过，可视化让信息呈现，管理更是一个持续改善、持续提升的过程。

深感这部书与碧华院长的管理实践高度融合，难怪他将这部书称为“管理日志”。他早在长宁法院担任院长期间，就将这部书列入写作计划，并完成大部分内容。但是他的突然离世也让这本书的写作戛然而止。有幸参与本书修缮，通读遗稿，“看得见”日志如何形成。有的是会议讲话整理，想来对于一些问题有了深入思考，但整理入书时还比较口语化，未来得及改写；有的是只言片语，想来是利用车上、会议间隙的碎片时间记录在手机、笔记本上的片羽灵光；还有的则是参考书籍的案例，下面写了简短评论，想来是夜深人静，书房里挑灯夜读，做下的笔记。他在繁忙的工作中学习、思考、总结，笔耕不辍，记录下成功甚至失败的经验。碧华院长说，领导者以身作则是最好的价值导向，他就是这样一位身体力行的管理者。翻开本书，仿佛他又坐在我们面前，直面问题，指陈痛处，毫不留情；分析问题，旁征博引，抽丝剥茧，娓娓道来；解决问题，用世界的眼光，用他的神来之笔。那些不假修饰的文字，可见他的初心。

碰到何帆老师，修缮本书，他也在纠结，是去尽量充实资料，还是保留这部书的原貌？讨论良久，我们都觉见字如面的“本真”更为难得。所以,除了需要充实和改写的部分,书中依然一派"邹碧华"风。

"可视化"连接了管理,也通向邹碧华院长的精神世界。衷心希望这个理念随着这本书的发行通向更多的人。我想,这是对碧华院长最好的纪念。

2014 年 6 月邹碧华法官一行在上海市宝山法院调研

不忘初心　锐意改革

上海市长宁区人民法院　王建平

“一人逝而众人哀”。2014 年 12 月 10 日，驮负着厚重使命的“庭前独角兽”遽然离去，甚至没来得及与他深爱的这个还不十分完美的世界道别。赶来送他最后一程的人，有他的领导，他的同事，他的学生，他接待过的案件当事人，慕名而来的律师，甚至还有许多素不相识、仅仅为他的演讲、文章所感召的人。“一人逝而众人思”。两年后的今天，这位在我法官生涯中、在法官和律师等不同职业群体中、在中国司法改革的浪潮中产生超乎寻常影响的“一个最可敬的法律人”，又再次引起了我深深的怀念！

鼓励我勇攀少年审判改革高地

2008 年 6 月邹碧华院长来到长宁区法院任职直至 2012 年 11 月赴任上海市高级人民法院副院长。当时，还是研究室主任的我，有幸见证了他生命中最丰富多彩和最令人难忘的华丽篇章，从而给了我无穷无尽的力量。尤其是 2012 年 8 月的一次谈话，改变了我的工作重心，成为我审判调研生涯的重要转折点，也成就了我到少年审判战线后再创佳绩的梦想。

2012 年 8 月 21 日，邹院长突然把我叫到他的办公室说道：“你能不能换个工作岗位，去一块新的高地攀登？”已经十分熟悉和热爱调研工作的我，早已把调研当作事业孜孜不倦地去追求，创造出了连续四年中标最高人民法院重点调研课题等累累硕果。这块高地已经坚守了多年，难道还有另一块新的高地？于是我为难地说：“我还是在研究室留守吧,换个工作岗位不一定能做好。”邹院长看出我有畏难情绪,便说道:“调你去少年审判庭工作,那是中国大陆少年司法的发源地,将近三十年了,还有努力开拓创新和继续发展的广阔空间,那里更适合你。”又说:“人们可以不知道院长是谁,但不能不知道少年法庭!”话里话外透着对少年司法前景的自信乐观,不禁让人多了些底气。经他这么一说,我顿时觉得,把我调到少年审判庭工作似乎变得非常神圣而任重道远,便欣然受命。

这是一位具有创新精神的燃灯者。邹院长曾经对我说过,他来我院工作前在上海市委党校学习期间,阅读了许多世界管理学和心理学名著。在他的倡导下,我对“时间管理”“权重管理”“绩效管理”“集约化管理”“可视化管理”“信息化管理”等有了新的认识,并在审判管理中加以运用,从而为少年司法改革注入了新鲜的元素。

2012 年 11 月 2 日,在邹院长即将赴任上海高院副院长前,我院召开党组中心组学习(扩大)会议,根据会议安排,我在会上作了主题发言,提出“以审判工作为中心,在深化改革不断创新上下功夫”等五点设想。我的发言受到邹院长充分肯定,这给我这个少年审判战线的新兵以莫大的鼓舞和激励。真的没想到,这也竟然成为他对我的最后一次评价。

激励我探寻少年审判改革之路

当我们在研究邹碧华现象时发现,他的“公正为民、敢于担当、勇于创新、崇法尚德”精神十分丰富,其中,聚焦改革和勇攀高峰几乎涵盖了“邹碧华精神”的主要领域,需要我们去深入挖掘。

我来到少年审判庭工作,正值纪念少年法庭成立三十周年活动筹备阶段。于是,我遵循邹院长改革思路,对少年审判三十年改革探索实践进行了全面梳理和总结,在法学类核心期刊《青少年犯罪问题》杂志上发表了题为《少年审判三十年的实践与思考》一文。三十年来,少年审判工作在理念创新、制度创新、方法创新、专业创新和成果创新等方面取得了巨大成就,走出了一条有中国特色、时代特征、地方特点的少年审判改革之路，全国法院少年审判工作人员为维护家庭和谐、促进社会稳定、建设平安中国作出了积极贡献。

记得 2009 年少年法庭成立二十五周年的时候，最高人民法院于 11 月在上海召开少年法庭工作座谈会。为配合会议召开，邹院长提出我院需要出版一本以长宁区法院名义撰写的理论专著。当时，我还在研究室工作，根据组织安排，我作为该书的责任编辑，与少年庭共同研究、分头落实，完成了由邹碧华任主编的《少年法庭的创设与探索》。该书于同年 10 月由法律出版社出版，由我于 10 月 31 日会前送到旗忠村上海法院法官培训基地会场，成为大会珍贵的资料。

邹院长才华横溢、学养深厚的“学者型法官”气质在法律界有口皆碑。博学谦和的学者风范、果断坚毅的领导才能以及宽容真诚的人文情怀在他身上和谐地共存，他是我们谋事创业的典范和楷模。

策励我研究少年审判改革难题

《从优秀到卓越》是邹院长曾经推荐购买要求发给我院全体中层以上干部学习的一本书。我照着他描绘的方式，传承他追求的境界，为法治中国的建设去尽力做些努力，这对我后来研究和探索少年审判改革思路和路径也产生了一定影响。

在司法改革中，提升法官职业的专业化程度是重头戏。法官职业的专业化取决于机构专业化。如果没有专业化机构，何来专业化法官。

三十年河东，三十年河西。原先说的是自然现象，后来比喻世事变化。三十年，人生一道坎；三十年，工作一面镜。研究发现，中国大陆少年审判在经历了三十多个不平凡的春秋之后，在少年审判改革与家事审判改革齐头并进发生交叉和重叠之际，该向何处去？该亮什么剑？是目前少年审判改革已经到了十字路口面临方向性选择中亟待研究解决的问题。

少年审判，只能加强不能削弱，只能前进不能倒退，需要通过加强机构建设和人才培养，向长久化和专业化的方向推进和发展。于是，我先后就少年刑事审判未来发展思路、少年家事审判若干疑难问题和少年法庭改革的方向等三大问题作了前瞻性思考，撰写的论文相继发表，引起最高人民法院少年法庭指导工作办公室的高度重视，并于2016年10月19日应邀赴京参加"少年法庭改革与建设"专家论证座谈会。在聆听了最高法院党组副书记、常务副院长沈德咏的重要讲话之后，我就加强少年审判机构建设、推进少年审判指定管辖和明确少年审判职责定位等重点问题发表意见，为研究未来少年审判可持续性发展献计献策。

惟改革者进，惟创新者强，惟改革创新者胜。我在较短时间内熟悉和适应了少年审判工作，我主办的一起少年刑事案件于2016年8月入选《最高人民法院公报》，成为全国首例；我带领的团队——少年审判庭于2016年1月荣获"全国法院先进集体"称号，我在少年司法改革研究和探索实践领域又有了新的发展……以此告慰当年鼓励、激励我在少年审判工作中不断前进的邹碧华同志！

（原载《人民法院报》2016年12月16日）

灯火常在　行者不孤

上海市长宁区人民法院　周宜俊

欣闻邹碧华院长的《法院可视化管理》一书即将出版，我想这必将有助于进一步传播、发扬邹院长的法院管理理念，有助于推动人民法院司法事业的不断发展，这也是对他最好的纪念。长宁法院是邹碧华院长法院管理实践的起点，作为其曾经的同事，我想从三个方面谈谈对邹院长法院管理实践的感受。

活着就是为了改变世界

一个团队的领导者必须引导团队成员向着正确的方向迈进，这就意味着他必须成为一名"灵魂的工程师"。邹院长是一个有着强烈使命感的法院管理者，这种使命感激发了他的责任意识、担当精神。他不仅自己献身党的司法事业，还自觉地扮演着"灵魂的工程师"角色。"活着就是为了改变世界"，他是这么说的，也是这么做的，直到生命的最后一刻他还奔走在司改的路上。他说在上海高院当庭长期间，他就将成为全国最好的庭长作为自己的目标；到长宁法院做院长，他立志要做全国最好的基层法院院长。他说："我越来越清晰地认识到，我必须对党的事业负责，党把领导一个法院的任务交给我，我就不再只是我自己了。我的角色要求我必须把推动我国法治事业的进步作为自己的使命。只有实实在在把这种使命感融入自己的内心，才有可能转化为一种强大的动力。因此，在这种状态下，无论承受多大的工作压力也不会感到累，无论遇到任何困难也不会屈服，无论处于何种逆境也不会退缩。"正是这种强烈的使命感，赋予其源源不竭的动力。他总是那样朝气蓬勃、信心满满，总是有着用不完的智慧和力量，总是能给人以温暖和阳光。面对困难和挫折，他从不抱怨，永不言弃，只要认准了目标，他就会为之坚持不懈、奋斗不止。他不仅点燃自己照亮他人，更引领周围更多的人发出自己的光和热，照亮正义的道路。他是当之无愧的燃灯者！

最重要的是价值观管理

邹碧华院长认为，对法院管理而言，在所有要素中，价值观是决定个人、团队或组织行为的关键要素。有什么样的价值观，就会有什么样的行为。法院的核心价值观就是公正、廉洁、为民，而这一核心价值观必须由每一名干警在日常工作中践行才能得以体现。因此，在开展法院管理过程中，他将价值观管理放在了首要位置。

管理并不是管理者一个人的事，它需要被管理者认同管理者的核心价值观，更需要一个强有力的团队去推行管理者的价值观。到长宁法院担任院长后，邹碧华院长潜心调研大半年，在 2009 年 1 月的党组务虚会上第一次提出了长宁法院的发展战略目标：从优秀迈向卓越。他向党组成员们深入剖析了长宁法院的良好基础和进一步发展面临的瓶颈，解读了这一战略目标的要义、衡量指标和实现步骤，阐释了法院管理的先进理念和科学方法。62 张 PPT，他滔滔不绝地讲了整整一天，赢得了党组成员们的高度认同。其后，他又开始为中层干部授课培训，组织编制中层干部管理台账，层层传导法院管理的核心价值观，倾心倾力培养中层干部管理能力。他就像一个布道者，更是一个践行者，因为他深知，价值观必须转化为行动力，才能释放光芒和力量。于是，他走遍了全体文员的家，让他们感受到法院的关心；下班后敲开还亮着灯的办公室，对加班的干警表示慰问，让他们感受到领导与他们同在；他调阅了大量的执行中止案卷，逐案分析中止执行的原因，查找是否遗漏可供执行的财产线索；他走访电话总机接线员，了解当事人的电话为什么经常无人接听……于是，电话小总机在长宁法院诞生，当事人不再投诉电话无人接听，法官也不用担心电话干扰其撰写裁判文书；于是，分段式执行流程改革有序推开，打破了执行案件传统的“一人一案”办理模式，实现了财产查控的专业化、标准化、集约化，更多胜诉当事人的合法权益得以兑现，兄弟法院也纷纷前来考察交流；于是，越来越多的庭长们学会了运用中层管理台账和任务清单，“八个必谈、八个必访”成为其中重要的内容，庭长们关注的重点也从审判绩效指标更转向干警的成长和发展。干警们心齐气顺干劲更足，审判综合绩效指标有了进一步提升，当事人投诉也少了。邹碧华院长感觉到在法院管理方面越来越得心应手、游刃有余了。

将干警“关”在“心”上

邹碧华院长曾说：“关心有两种，低层次的关心是嘘寒问暖、工作中施以援手，高层次的关心是‘关’在‘心’上。”他认为，只有让干警感受到幸福，得到成长，干警才会将幸福传递给当事人，为当事人提供更好的司法服务，提供更为优质、高效的司法产品，让当事人在每一个案件中都感受到公平和正义，从而提升司法的权威和公信力。因此，他提出干警与法院共同成长理念，赢得全体干警的认同，也促使一批干警茁壮成长。

他敏锐地关注到青年干警平庸化的现象，引导青年干警始终保持向上的动力。他亲自为青年干警进行职业生涯规划培训，以自己的成长经历引导青年干警树立远大理想，脚踏实地迈好人生每一步，为了理想和目标不懈奋斗永不停步。他要求政治部定期将青年干警的审判业绩、调研信息工作成果和各项综合业绩予以汇总反馈，并在一定范围内进行公开，营造“比学赶超”的良好氛围，助推青年干警成长。于是，唐杰英、刘亚玲、孙海峰、钱晓峰、章晓琴、顾鸣香、张枫、卫晓蓓、顾薛磊、张青等一批青年干警很快脱颖而出。今天，他们有的已成长为长宁法院各个领域的骨干力量，有的被选调到上海高院担任中层干部，有的被评为全国法院优秀法官、年度十大亮点人物。他们的成长也激励着更多的年轻人积极进取，奋发有为。

他高度关注干警司法能力的提升，主张更多地通过提升能力缓解案多人少的矛盾。为此,邹碧华院长时常深入法庭和接待室,旁听不同法官的庭审和接待,与法官交流如何提升庭审驾驭能力和群众工作能力;他集中听取长期未结案情况汇报,帮助法官查找问题症结,总结审判方法,厘清审判思路。于是,《要件审判九步法》横空出世,成为指导民商事法官办案的"独孤九剑",法官们感受到运用九步法断案,方向更准了,思路更清了,可以少走很多弯路。于是,很多法官被选派参加心理咨询师培训,并通过自己的努力成为了心理咨询师,法官们感受到运用心理学知识开展调解和信访接待,更能把准当事人的"脉",解开矛盾的"结",当事人的对抗少了,法官心里也舒坦了不少。正是这些点点滴滴,让干警们感受到邹院长的关心,也让干警们由衷地敬佩和怀念他。

"我不能改变全部世界,但我可以改变我周围的部分世界。我不能改变我周围所有的人,但我可以改变我周围的一部分人。"邹院长的声音还在耳边回响,很多人也因邹院长而改变,并引领着更多的人去改变这个世界。

青年法官的引领者

上海市长宁区人民法院　顾薛磊

邹院长曾经写过这样一段话:“在追求人类精神价值的道路上,我们有时候会感觉孤独,但只要我们真的踏上这条道路,我们会发现,其实我们并不孤独。”

生命宛如静静的河流,背着使命的我们,一步一步前行,静待花开。

2009 年,我主审白血病孩子铭铭的案件,与邹院长有了第一次交集。邹院长嘱咐我们,发挥少年法官的特长,长期关心孩子。案子审结后,我一有空就去医院看望铭铭,陪他聊天散心,和爷爷奶奶一起鼓励他与病魔做斗争。就这样,铭铭顽强地活了下来。

2012 年,邹院长调任高院副院长。邹院长的嘱咐成了我一直的坚守,而对铭铭这样的困境儿童持续的判后关注,也成了我们少年庭法官的必修。

2014 年 11 月,我很荣幸入围了上海市第十七届杰出青年候选人。

2014 年 11 月 15 日中午我接到一个陌生电话,当电话那头响起邹院长的声音时,我很吃惊,彼时已是高院副院长的他却还在关心我的成长,我的心里泛起一阵暖意。

他在电话中先恭喜我能入围二十强,之后,他问我是否已准备好现场的演讲和回答问题,我回答得支支吾吾很不自信。他当即问我明天下午和后天上午是否有空,希望能与我当面交流他参加杰青评选的经验。后来我与邹院长在浦东的大拇指广场见了面,邹院长看出了我的紧张情绪,安慰我说,“紧张是正常的,当初有位候选人演讲时也紧张地连喝两瓶矿泉水……”之后,他跟我讲当初他的选题,他说:“我们要把自己最真实的一面展示给评委看,让他们了解我们法官,了解我们这一代法官的憧憬”。邹院长和我分享了他当年选题“做一个有良知的法官”的来由。原来他大学毕业后得知被上海高院录取,打电话告诉远在江西老家的母亲,电话那头的母亲并没有喜悦,只是冷静地告诉他,“要做一名有良知的法官”。母亲的这句话深深地映入他的脑海,这句深刻而朴实的话,也成了他的座右铭。他告诉我:“小顾,你必须成功,你不仅代表了你个人,更代表了长宁法院三十年来少年法官的默默付出,你要让大家来了解法官的辛酸苦辣,让更多的人来帮助少年庭的孩子们……”两个小时的辅导,邹院长只喝了一杯白开水,饭也没吃便匆匆离开。离开时,他嘱咐我,有任何困难和问题都可以找他。那天匆匆一别,我甚至没有来得及说感谢。

后来邹院长为我的演讲稿加上了一句话“有朝一日,我们一定能像国外的法官那样,一个电话就能让儿童福利局的工作人员来到法庭,一纸令状就能让警察24小时保护孩子”。有同事提出善意的提醒,这是否有点太理想化,是否会影响演讲的效果,建议我修改。但是我明白邹院长的用意,面对司法改革,我们青年法官会遇到曲折,但在遇到困难时,我们青年法官不要退缩。总有一日,中国法官的司法素质赶超西方法官,这是我们这一代青年法官的使命和担当。

12月10日15点12分,我一直在忐忑中发给邹院长一个短信,“邹院长,很冒昧地打扰你了,周六我将参加杰出青年的评比,心中很是忐忑,在此次参选中我也感受到了很多温暖,尤其是邹院长能在休息日还特意帮我辅导,我无以为报,只能再次说谢谢,谢谢。顾薛磊”。

发出的短信再也没有得到回复。

我怀揣着对邹院长敬仰和哀思,带着邹院长的嘱托,12月13日我现场演讲,获得了评委们的认同。现场提问时,有评委提到了邹院长的离去,我的眼泪禁不住一下子夺眶而出。

邹院长无私地帮助我,是一位法律前辈对法律后辈的提携,是老杰青对新杰青的殷切希望。如今的我也走上了管理岗位,我越来越理解邹院长对我说过的话——“法官就好像一盏灯,尽自己所能照亮身边的人,给周围的人指出明路,这就是法官存在的价值”。推动法治进步要靠一代一代法官薪火相传,杰出青年的接力棒传到了我的手中,我会做好传承和担当,将推动少年司法的进步作为我的使命,矢志不渝。

编后记:“燃灯者”精神的传递

司法公正是我们永恒的价值追求目标,公开是促进公正的有效方式。在法院内部实行可视化管理,可以让司法活动中存在的问题更加透明与清晰,有助于我们寻找问题的根源与症结,找到解决问题的方法、流程、步骤,从而总结经验、提炼规则,形成长效机制,使司法活动逐步走向标准化、规范化、专业化的道路。当司法活动中那些流程节点的事情全面呈现出来时,当工作绩效、价值导向、管理能力全部实现可视化时,对于促使个体成员产生责任感、提高工作效率、维护司法公正将会产生重要的作用。可视化管理的运用,有助于全面深化司法改革,提高司法公信,树立司法权威,其理论意义与实践参考价值不言而喻。可视化已越来越多地被人们所接受。

一、书稿的创意产生与写作过程

本书是邹碧华法官的遗著,创意的产生是其到上海市长宁区法院上任后不久,看到基层法院存在的种种问题,被习以为常,视若无睹,而这些细节的问题,严重影响了司法公信,妨碍了司法的公正与效率。当时即萌生了写一本“如何做好基层法院院长”的书,包括新任基层法院院长如何开好第一次党组会、法官价值观的管理等这些细节的问题。这是2009年春天我去长宁法院时,邹碧华法官与我谈到的。之后,邹碧华法官在日常工作中,从问题出发,不断总结积累,撰写工作日志,生前他讲,已写了40万字的工作日志。

2013年6月18日我曾发邮件给他:“写给基层法院院长看的书稿怎样了?”这是最早以书面形式询问稿件的进展。2014年我即不时发短信询问一下稿件情况。同年5月,他在最高人民法院讲述了可视化管理在法院的运用,我督促他写作的任务要抓紧,他回复让我放心。

同年8月7日短信问:"邹院长好,现在司改的任务重,您还有时间写作吗?随着司改的推进,法院管理也会发生很大变化,书的内容架构是不是也要有一定的前瞻性,是不是也不好写。"他回复说:"已经按照司改的要求作了调整。请求这本书的设计由我自己来策划哦!"

2014年9月25日,我在上海出差,因当天我要到浦东法院办事,就约定在浦东法院附近一个咖啡店见面。当时他前一天晚上十一点多才回到上海。我们谈到了司法改革,他用手机给我展示了一系列统计图表,提到了案件权重等,说稿件基本好了。当时之所以没有过多的追问稿件的具体进展,是感觉到那段时间他太忙了,以我对他的了解,承诺的事定会去完成。

2014年12月10日,引起整个法律界震动的那个傍晚,我痛心难安!

二、书稿的寻找与发现

2014年12月13日我代表出版社到上海参加邹碧华法官追悼会。期间,探望了邹碧华法官的妻子唐海琳女士和父母。简单提及了一下书稿,唐海琳女士及家人表示同意出版。

事后,顾及家人的心情,我搁置了一段时间。到2015年5月13日微信询问唐海琳女士,稿件还无下落。

2015年7月21日在上海参加最高人民法院举办的邹碧华精神研讨会,下午去拜会唐海琳女士,商讨用各种有关的关键词去搜,包括在移动硬盘、U盘内等。猜测很有可能在便于携带使用的移动设备上。期间找到了几篇文章和PPT,导论的内容《构建法院内部的可视化管理模式——深化司法改革的必由之路》是从这些文章中挑选出来的。

2015年8月3日下午16:41,唐海琳女士发微信,说稿件找到了,在一个U盘里。我满怀兴奋!

三、书稿的整理与补充完善

稿件收到后，我快速浏览、梳理、比对了稿件内容，确定了终稿文件。书稿共十一章内容，大部分时间截至2014年9月、10月，除第九章、第十章外，文字基本完成，主要缺个别事例、概念、数据、图表等。在章的基础上，我划分了节，将书稿存在的问题全部梳理出来，做在目录章节下，以便于查找补充完善。

稿件整理补充完善总体分以下几个阶段：

第一阶段，确定补充完善方法及具体人员分工。2015年10月22日在长宁区法院召集相关人员初步了解座谈情况，定于2015年10月31日在上海市高院召开一次书稿补充完善的座谈会。会上大家交流了书稿补充完善的看法，形成以下意见：

第一，在最大限度范围内，保持书稿的原貌，仅就他书稿已提到的内容、观点、事例、图表等进行补充完善。

第二，在熟悉掌握邹碧华法官与书稿内容有关的基础材料，如PPT课件、讲座、培训、发表的文章等内容的基础上，从现有素材资料中去寻找、补充、完善，添加图表、数据等，做到有据可查。

第三，明确各章节补充完善的责任人，具体分工如下：第一章、第二章，最高人民法院何帆；第四章、第五章，上海市长宁区人民法院孙海峰；第六章，上海市高级人民法院陆伟；第七章，上海市高级人民法院张枫、上海市长宁区人民法院许思思；第八章，最高人民法院刘峥；第九章，上海市高级人民法院张新、俞小海；第十章，上海市高级人民法院李则立；第十一章，上海市长宁区人民法院缪景好、钱逸颖。由于第十章，数据失真，内容太少，最后合并到了"第六章工作绩效的可视化"中，由陆伟和李则立共同完成。第十一章改成了现在的第十章，其他章节没有变动。我负责导论、第三章的内容。

第二阶段，稿件的完善及增补。稿件补充修改计划于2016年1月完成，由于大家工作繁忙，直到2016年4月才陆续完成交稿。特别予以说明：第九章的内容，原文字数较少，书稿是在原稿的基础上，由张新主任、俞小海法官，根据邹碧华法官讲课的视频资料、PPT 等加以整理补充完成。在修改完成的书稿基础上，我们进行了第一遍审读编辑加工，排出稿件第二稿。

第三阶段，稿件素材实地查找与补充。涉及长宁法院当时某些具体制度规范的内容，受条件所限，各个负责人在补充修改完善时没有解决。主要涉及原稿明确指出要插入的数据、图表、清单等，需要长宁法院熟悉当时邹碧华法官工作的人来补充。2016 年 6 月 2 日下午，我们再到长宁，就书稿的具体问题与相关部门进行了沟通。此次沟通之前，时任长宁区法院的胡国均副院长特别认真负责，已将所有问题一一分解到所在业务庭、办公室、政治部、研究室等相关部门。会议进行得特别有效，明确了可以查找到的数据、图表资料等，落实了具体责任人及反馈时间。2016 年 6 月 17 日，补充材料全部发到我邮箱。

第四阶段，最后统稿、成稿。补充材料经过梳理、上下文衔接插入到已有稿件中，又补充了部分注释内容形成了第三稿，在第三稿的基础上，我将所遇问题征求何帆、刘峥法官的意见，由三人商定，进行统稿，主要统一了前后概念，剔除了重复的案例，调整了个别内容的次序，对于内容没有展开、材料无法查证的做了说明性注释，形成第四稿。之后，稿件又经三人通读，提出部分意见，并经所有具体分工人员通读其所承担的部分后形成定稿，其间又从长宁补充了个别材料。

现有成书稿件需要说明的问题：

1. 个别重复案例，用于说明不同的问题，难以把握取舍，没有做删减处理。

2. 为保持原貌，稿件部分内容保持了口语化风格，特别如第九章的内容。

3. 由于参考书目的版本不同，部分内容注释出处未能查找到相应的页码。

4. 书稿内容原文涂红之处，有的是一个标题，有的是未添加的图表、数据等，为保持原貌，一一作了说明性注释。

由于受条件与能力水平所限，书稿未达尽善尽美之程度，但基本呈现了邹碧华法官法院可视化管理的思想和观点,不足、缺失之处权作留给大家思考的空间。错漏、不当之处还望海涵,亦真诚欢迎读者批评指正!

四、“燃灯者”精神的传递

稿件从寻找至补充修正完善的整个过程,涉及诸多部门及相关人员,从最高人民法院到上海市高级人民法院、长宁区法院,再到邹碧华法官的家人,都给予了无私的帮助和高度的配合与支持,整个过程是“燃灯者”精神不断延展、传递的过程。

上海市高级人民法院崔亚东院长、郭伟清副院长、陈亚娟副院长(时任长宁区法院院长)、上海市长宁区法院陈萌院长在书稿的整个整理完善过程中给予了大力的指导与支持!而早在2015年2月6日我去上海出差,看望唐海琳女士时,恰逢崔亚东院长,谈到书稿问题,他当即表示给予全力帮助!2015年8月27日在西宁召开的中国审判理论研究会2015年年会上,崔亚东院长又当场安排了上海市高级人民法院研究室张新主任全力配合帮助整理稿件。

当我把稿件找到的消息第一时间告诉最高人民法院的刘峥、何帆法官时,他们没有讲任何条件,表示全力支持!最后通读中,刘峥法官全面认真审读把关,提出了很多具体的修改建议。何帆法官通读后也给出了许多很好的建议。之前,在邹碧华法官刚刚去世,何帆得知有这部书稿后,即给我打电话,让我去上海时,问一下稿件的情况,说帮助整理出版。没有刘峥法官和何帆法官的鼓励、支持与帮助,书稿很难整理完成到今天的程度。

书稿的整理完善及出版的整个过程中,上海市高级人民法院研究室张新主任积极组织并参与其中,承担了很多具体的工作。同时,研究室的陆伟法官、李则立法官、俞小海法官积极参与了稿件的整理补充工作。

上海市长宁区法院的陈萌院长、时任长宁区法院的胡国均副院长整体统筹、精心组织安排相关部门和人员,全力配合稿件资料的查找与完善，并给予了具体的指导意见。上海市高级人民法院法宣处张枫副处长（时任长宁区法院立案二庭庭长），长宁区法院少年庭王建平庭长、研究室孙海峰副主任都积极参与，提供了有益的帮助，许思思、缪景好、钱逸颖法官克服办案压力，积极承担了部分书稿的补充完善工作。长宁区法院的金练红、王俊、孙卫平、章晓琴、丁辉、王惠林、许君、汪露、刘洁、张环等同志为修改完善工作提供了意见建议和参考资料。

除此之外，上海市高级人民法院的退休法官陈全国先生，时任上海市高级人民法院金融审判庭的杨路庭长，新闻办的严剑漪女士对本书的出版给予了支持与帮助。

最高人民法院周强院长、上海市高级人民法院崔亚东院长在百忙之中拨冗作序，让大家备受鼓舞！

对于以上各位领导和法官放弃休息时间，在担负繁重的审判工作之余给予的无私帮助，我表示衷心的感谢，并致以崇高的敬意！

特别感谢邹碧华法官的妻子唐海琳女士全程给予了高度的配合和全力的支持与帮助！感谢邹碧华法官的父亲邹连德先生满怀思念与深情为本书的出版创作了邹碧华法官激情演讲的肖像作品，感谢其弟邹俊华先生为本书封面设计提供了思路与帮助！感谢邹碧华法官的母亲许贻菊女士、儿子邹逸风的支持与帮助！

结语

不经意间，邹碧华法官已逝世两年有余。在他逝去的日子里，法律人以不同的方式表达了对他的追思与缅怀！更为重要的是他追求法治、敢于担当、无私奉献的精神，已在法律人心中生根发芽；他创新的理念与科学的方法已在法律实践中得以运用与验证。“高山仰止，景行行止”，“燃灯者”精神助推着司法的完善与进步，推进着中国法治文明的进程！

今天，凝聚着“燃灯者”精神，承载着邹碧华法官多年可视化管理思想与方法，倾注了上上下下这许多人心血与汗水的集大成之作，终于可以付梓出版了！他的遗愿得以实现，我如释重负，也倍感欣慰。

作为一名编辑,我从未如此深入地参与到一部书稿中来,也从未有一部书稿让我深刻地感受到作者对中国司法实践如此敏锐细微的观察与分析,震撼、感动之余,使我更加深刻地领悟到邹碧华法官的思想和精神!

周而复始,又是春暖花开时,捧读书中的文字,亲切的话语,仿佛他还在,这或许是对他最好的纪念!

韦钦平

2017 年 3 月

图书在版编目(CIP)数据

法院的可视化管理/邹碧华著. --北京:法律出版社,2017.6(2018.4 重印)
ISBN 978-7-5197-0269-4

Ⅰ.①法… Ⅱ.①邹… Ⅲ.①法院-管理-研究-中国 Ⅳ.①D926.2

中国版本图书馆 CIP 数据核字(2016)第 273613 号

法院的可视化管理
FAYUAN DE KESHIHUA GUANLI

邹碧华 著

策划编辑 韦钦平
责任编辑 韦钦平 万 颖
封面设计 乔智炜

出版 法律出版社
总发行 中国法律图书有限公司
经销 新华书店
印刷 北京通州皇家印刷厂
责任校对 杨昆玲
责任印制 吕亚莉

编辑统筹 法律应用·大众读物出版第二分社
开本 710 毫米×1000 毫米 1/16
印张 24
字数 309 千
版本 2017 年 6 月第 1 版
印次 2018 年 4 月第 2 次印刷

法律出版社/北京市丰台区莲花池西里 7 号(100073)
网址/www.lawpress.com.cn
投稿邮箱/info@lawpress.com.cn
举报维权邮箱/jbwq@lawpress.com.cn
销售热线/010-63939792
咨询电话/010-63939796

中国法律图书有限公司/北京市丰台区莲花池西里 7 号(100073)
全国各地中法图分、子公司销售电话:
统一销售客服/400-660-6393
第一法律书店/010-63939781/9782
西安分公司/029-85330678
重庆分公司/023-67453036
上海分公司/021-62071639/1636
深圳分公司/0755-83072995

书号:ISBN 978-7-5197-0269-4
定价:69.00 元
(如有缺页或倒装,中国法律图书有限公司负责退换)